经以济世
辅仁而弘
贺教育部
人文社科项目
成果文库

季羡林
时年九八

教育部哲学社会科学研究重大课题攻关项目
"十三五"国家重点出版物出版规划项目

# 中国满族语言文字保护抢救口述史

ORAL HISTORY OF PROTECTION AND RESCUE
OF CHINESE MANCHU LANGUAGE

刘厚生 等著

中国财经出版传媒集团
经济科学出版社
Economic Science Press

图书在版编目（CIP）数据

中国满族语言文字保护抢救口述史/刘厚生等著. --北京：经济科学出版社，2021.11
教育部哲学社会科学研究重大课题攻关项目 "十三五"国家重点出版物出版规划项目
ISBN 978-7-5218-3326-3

Ⅰ.①中… Ⅱ.①刘… Ⅲ.①满语-文字学-研究 Ⅳ.①H221

中国版本图书馆 CIP 数据核字（2021）第 261862 号

责任编辑：孙丽丽　戴婷婷
责任校对：隗立娜
责任印制：范　艳

## 中国满族语言文字保护抢救口述史

刘厚生　等著

经济科学出版社出版、发行　新华书店经销
社址：北京市海淀区阜成路甲 28 号　邮编：100142
总编部电话：010-88191217　发行部电话：010-88191522
网址：www.esp.com.cn
电子邮箱：esp@esp.com.cn
天猫网店：经济科学出版社旗舰店
网址：http://jjkxcbs.tmall.com
北京季蜂印刷有限公司印装
787×1092　16 开　20 印张　385000 字
2022 年 5 月第 1 版　2022 年 5 月第 1 次印刷
ISBN 978-7-5218-3326-3　定价：82.00 元
（图书出现印装问题，本社负责调换。电话：010-88191545）
（版权所有　侵权必究　打击盗版　举报热线：010-88191661
QQ：2242791300　营销中心电话：010-88191537
电子邮箱：dbts@esp.com.cn）

# 课题组主要成员

顾　　　　问：蒋力华　张福有　张璇如　田子馥
首　席　专　家：刘厚生
子课题负责人：李德山　郝庆云　黄志强
　　　　　　　费　驰　穆鑫臣　姜小莉
主　要　成　员：（以姓氏笔画为序）
　　　　　　　丁吉涛　马　力　于　洋　王　月　王　锐
　　　　　　　王明霞　王世凯　王永年　王晓丹　王晓微
　　　　　　　王惟娇　车　丽　邓天红　白文阁　包　昱
　　　　　　　卢仕豪　石　卓　石君广　史长军　刘　楠
　　　　　　　刘建富　刘彦臣　刘可鑫　刘晨曦　任润元
　　　　　　　关　利　关达夫　关万里　关志坤　闫　超
　　　　　　　那国学　吕　萍　李　路　李小雪　李德新
　　　　　　　李洪鹏　朱　影　张　戍　张　军　张　通
　　　　　　　张晓波　张晓晨　张沛然　张秋阳　吴涛涛
　　　　　　　陈思玲　孟宪振　孟宪发　孟二壮　孟荣禄
　　　　　　　杨　岩　杨洪波　杨永旭　宗兴波　周　赫
　　　　　　　郑挥南　赵　全　赵静文　赵婧伊　费希娟
　　　　　　　贺元秀　胥乃丹　胡亚楠　徐立艳　徐杰醉
　　　　　　　陶淑琴　梁　芳　黄运刚　谢文香　彭瑞轩
　　　　　　　詹俊峰　戴克良
摄　影　摄　像：李　洲　宋先通　李朝军
　　　　　　　刘军臣　高智鹏　卢　迪

# 总 序

哲学社会科学是人们认识世界、改造世界的重要工具，是推动历史发展和社会进步的重要力量，其发展水平反映了一个民族的思维能力、精神品格、文明素质，体现了一个国家的综合国力和国际竞争力。一个国家的发展水平，既取决于自然科学发展水平，也取决于哲学社会科学发展水平。

党和国家高度重视哲学社会科学。党的十八大提出要建设哲学社会科学创新体系，推进马克思主义中国化、时代化、大众化，坚持不懈用中国特色社会主义理论体系武装全党、教育人民。2016年5月17日，习近平总书记亲自主持召开哲学社会科学工作座谈会并发表重要讲话。讲话从坚持和发展中国特色社会主义事业全局的高度，深刻阐释了哲学社会科学的战略地位，全面分析了哲学社会科学面临的新形势，明确了加快构建中国特色哲学社会科学的新目标，对哲学社会科学工作者提出了新期待，体现了我们党对哲学社会科学发展规律的认识达到了一个新高度，是一篇新形势下繁荣发展我国哲学社会科学事业的纲领性文献，为哲学社会科学事业提供了强大精神动力，指明了前进方向。

高校是我国哲学社会科学事业的主力军。贯彻落实习近平总书记哲学社会科学座谈会重要讲话精神，加快构建中国特色哲学社会科学，高校应发挥重要作用：要坚持和巩固马克思主义的指导地位，用中国化的马克思主义指导哲学社会科学；要实施以育人育才为中心的哲学社会科学整体发展战略，构筑学生、学术、学科一体的综合发展体系；要以人为本，从人抓起，积极实施人才工程，构建种类齐全、梯队衔接的高校哲学社会科学人才体系；要深化科研管理体制改革，发挥高校人才、智力和学科优势，提升学术原创能力，激发创新创造活力，建设中国特色新型高校智库；要加强组织领导、做好统筹规划、营造良好学术生态，形成统筹推进高校哲学社会科学发展新格局。

　　哲学社会科学研究重大课题攻关项目计划是教育部贯彻落实党中央决策部署的一项重大举措，是实施"高校哲学社会科学繁荣计划"的重要内容。重大攻关项目采取招投标的组织方式，按照"公平竞争，择优立项，严格管理，铸造精品"的要求进行，每年评审立项约40个项目。项目研究实行首席专家负责制，鼓励跨学科、跨学校、跨地区的联合研究，协同创新。重大攻关项目以解决国家现代化建设过程中重大理论和实际问题为主攻方向，以提升为党和政府咨询决策服务能力和推动哲学社会科学发展为战略目标，集合优秀研究团队和顶尖人才联合攻关。自2003年以来，项目开展取得了丰硕成果，形成了特色品牌。一大批标志性成果纷纷涌现，一大批科研名家脱颖而出，高校哲学社会科学整体实力和社会影响力快速提升。国务院副总理刘延东同志做出重要批示，指出重大攻关项目有效调动各方面的积极性，产生了一批重要成果，影响广泛，成效显著；要总结经验，再接再厉，紧密服务国家需求，更好地优化资源，突出重点，多出精品，多出人才，为经济社会发展做出新的贡献。

　　作为教育部社科研究项目中的拳头产品，我们始终秉持以管理创新服务学术创新的理念，坚持科学管理、民主管理、依法管理，切实增强服务意识，不断创新管理模式，健全管理制度，加强对重大攻关项目的选题遴选、评审立项、组织开题、中期检查到最终成果鉴定的全过程管理，逐渐探索并形成一套成熟有效、符合学术研究规律的管理办法，努力将重大攻关项目打造成学术精品工程。我们将项目最终成果汇编成"教育部哲学社会科学研究重大课题攻关项目成果文库"统一组织出版。经济科学出版社倾全社之力，精心组织编辑力量，努力铸造出版精品。国学大师季羡林先生为本文库题词："经时济世　继往开来——贺教育部重大攻关项目成果出版"；欧阳中石先生题写了"教育部哲学社会科学研究重大课题攻关项目"的书名，充分体现了他们对繁荣发展高校哲学社会科学的深切勉励和由衷期望。

伟大的时代呼唤伟大的理论，伟大的理论推动伟大的实践。高校哲学社会科学将不忘初心，继续前进。深入贯彻落实习近平总书记系列重要讲话精神，坚持道路自信、理论自信、制度自信、文化自信，立足中国、借鉴国外，挖掘历史、把握当代，关怀人类、面向未来，立时代之潮头、发思想之先声，为加快构建中国特色哲学社会科学，实现中华民族伟大复兴的中国梦做出新的更大贡献！

**教育部社会科学司**

# 摘　要

自2016年起,"中国满语文保护抢救口述史与满语音像资料库建构"课题组用了三年时间,行程万里,对全国满语言文化遗存较丰富的京津冀、东北三省和新疆地区作了深入的调研和考察。参与采访和调研的师生及其他工作人员90余人,受访者(包括问卷调查对象)逾千人。重点采访了167人,收集了大量的口碑资料,录制了丰富的音频、视频,录像300GB,口语3 000句,整理出来的文字资料约百万余言。课题组如期圆满地完成了调研任务,2020年结项,《中国满族语言文字保护抢救口述史》(简称《口述史》)一书,是该课题的结项成果。

《口述史》生动记录了三年来课题组成员跋山涉水、风餐露宿采访调研的艰辛,以及增长学识、提升阅历的喜悦,激发了展望未来、争取更大成就的追求。

《口述史》阐释了新中国成立70多年来,尤其是改革开放以后,全国许多高校和科研单位以及满族自治县的中小学以各种形式学习传承满语文的历程和现状,满语作为非物质文化遗产也得到国家和广大群众的关注和重视。

目前,新疆伊犁察布查尔锡伯自治县尚有2万多锡伯族同胞在使用作为满语继承和发展的锡伯语,内蒙古自治区和东北黑龙江省齐齐哈尔市富裕县以及黑河市也有一部分满族人在说满语,但绝大多数人已使用汉语,满语逐渐生疏了。汉语文作为我国各民族的通用语言,是时代的需要,历史的必然,然而少数民族语言如何得到进一步的保护抢救,使其得以传承,是摆在我们面前的一个新的课题。《口述史》

建议，应立即着手，通过科技手段，利用音频、视频的方式把满语保存起来，给后人留下一份宝贵的遗产，为今后研究满语提供真实可靠的依据。

更值得重视的是满文典籍和史料。《口述史》指出，满文在清代使用了300余年，清朝政府的公文档案大部分是使用满文书写的，目前仅北京中国第一历史档案馆就有200多万件（册），东北三省的档案馆也庋藏颇丰。但这些珍贵的文化遗产至今束之高阁，鲜有人去翻译和利用，十分可惜！这与当前全国能够从事满文翻译和研究的专业人才奇缺有关，故在传承满语文的基础上，亟须培养高水平的满语文人才，以使后继有人。《口述史》一书以满腔的热忱向国家提出建议，向社会发出呼吁，保护抢救满语言文化遗产时不我待。

当前我国已进入人工智能、5G时代，数以百万计的满文档案和典籍仅靠人工翻译需要上百年。因此，必须借助现代化科技手段才能加速整理、翻译进程，从而使文化遗产更好地为祖国现代化服务。

满语文的保护抢救工作任重道远。未来，对满语文这一门重要的少数民族语言在人工智能方向上的科技研发和应用，必然会发挥它们积极的现实意义和作用。

# Abstract

Since 2016, the research group of "Oral History of Protection and Rescue on Chinese Manchu Language and Construction of Audio-Visual Database of Manchu Language" has spent three years to travel thousands of miles to conduct an in-depth research and investigation in the Beijing-Tianjin-Hebei Region, the three provinces of Northeast China and the Xinjiang Uygur Autonomous Region, which are rich in Manchu language and cultural relics. More than 90 teachers, students and other staff participated in the interview and survey, and more than 1 000 respondents (including the questionnaire respondents) were interviewed. The research group made focused interviews on 167 people, and a large number of word-of-mouth data were collected, rich audio and video were recorded, including 300GB video, 3 000 spoken sentences, and about one million words were sorted out. The research group successfully completed the research task as scheduled. The book "Oral History of Protection and Rescue of Chinese Manchu Language" (referred to as "Oral History") is the result of this project.

The *Oral History* vividly records the hardships of travelling across mountains and rivers, having an arduous journey or field work in interviewing and researching by the research team members as well as the joy of increasing knowledge and experience in the past three years; it inspires the pursuit of looking forward in the future and striving for greater achievements.

The *Oral History* illustrates the history and current situation of learning and transmitting Manchu language in various forms in many universities and research institutes as well as primary and secondary schools in Manchu autonomous counties throughout the country in the past 70 years since the founding of the country, especially after the reform and opening-up, and the Manchu language as intangible cultural heritage has also received the attention and importance of the government and the general public.

At present, Chabuchar Xibe Autonomous County in Yili of Xinjiang has more than twenty thousand Xibe people in use of Xibe language as the inheritance and development of Manchu language; also some part of Manchu people speak Manchu language in Inner Mongolia and Fuyu County of Qiqihar City and Heihe City of Heilongjiang. Chinese is the common language of all ethnic groups in China. That is the need of the times and has a historical necessity, but how to further protect and rescue ethnic minority languages, and to be passed on is a new issue in front of us. The *Oral History* suggests that we should start immediately to preserve Manchu language through audio and visual technology, leaving a valuable legacy for the future generations and providing a true and reliable basis for the future study of Manchu language.

More attention should be given to the ancient books and historical archives in Manchu language. The *Oral History* points out that Manchu language was used for more than 300 years in the Qing Dynasty, and most of the official documents of the Qing government were written in Manchu character. At present, there are more than 2 million documents (volumes) in the First Historical Archives of China in Beijing, and a large number of the documents in Manchu language are collected in the archives of the three provinces of Northeast China. But these precious cultural heritages are still placed on the top shelf, and few people will translate and use them. What a pity it is! This situation is closely related to the shortage of professionals who can engage in translation and research of Manchu language in China. Therefore, on the basis of inheriting Manchu language, it is more urgent to train high-level talents in Manchu language. The *Oral History* proposes to the country and appeals to the society to protect and rescue the Manchu language and cultural heritage with full enthusiasm. Time waits for no man!

China has entered the era of artificial intelligence and 5G currently. It will take more than one hundred years to translate the millions of archives and classics in Manchu language by human translation. Therefore, it is necessary to make use of modern scientific and technological means to accelerate the process of sorting and translation, so that the cultural heritage can better serve the modernization of China.

The protection and rescue work of Manchu language still has a long way to go. The technological research and development and application in the direction of artificial intelligence of Manchu language is important to the ethnic minority language, it will definitely play a positive practical role in the future.

# 目 录
Contents

绪论　1

## 北京篇

**第一章** ▶ 20世纪初内阁大库档案的面世与满文文献的整理　15

　　第一节　内阁大库8 000麻袋档案的始末　15
　　第二节　当代抢救传承满语文的首倡者　18

**第二章** ▶ 新中国成立后满文人才的培养受到国家的重视　26

　　第一节　国家图书馆首创满文进修班　26
　　第二节　中央民族学院开设满文专业　29
　　第三节　中国第一历史档案馆培养满文档案翻译人才　33

**第三章** ▶ 改革开放后满文人才的培养　46

　　第一节　对中央民族大学当前传承、抢救满语文情况的采访　46
　　第二节　对北京市社会科学院满学研究的访谈　51

## 河北篇

**第四章** ▶ 河北地区高校满语言抢救与传承　61

　　第一节　东北大学秦皇岛分校重视满学研究　61
　　第二节　河北民族师范学院传承满语文纪实　61

## 第五章 ▶ 河北省满族自治县满语文传承情况综述　69

　　第一节　青龙满族自治县满族文化底蕴深厚　69
　　第二节　宽城满族自治县传承满语文情况纪实　73
　　第三节　采访丰宁满族自治县满语文教学　78

# 辽宁篇

## 第六章 ▶ 辽宁地区高校满语文保护抢救工作访谈　91

　　第一节　辽宁大学在满语文传承工作中取得进展　91
　　第二节　沈阳师范大学满语文传承工作十分深入　95

## 第七章 ▶ 辽宁省社会科学院、辽宁省档案馆满语文保护抢救访谈　103

　　第一节　辽宁地区满语文传承情况概述　103
　　第二节　辽宁省档案馆座谈档案工作　108
　　第三节　辽宁省档案馆专家谈满文档案整理和研究　118

## 第八章 ▶ 沈阳故宫博物院、辽宁省民族与宗教研究中心、辽宁民族出版社访谈　122

　　第一节　沈阳故宫博物院满学研究成果突出　122
　　第二节　辽宁省民族与宗教研究中心满文利用情况介绍　125
　　第三节　辽宁民族出版社满学成果出版情况座谈　128

## 第九章 ▶ 辽宁省满族自治县满语教学情况综述　133

　　第一节　本溪满族自治县传承满语文的"本溪模式"　133
　　第二节　清原满族自治县满语文教学正在起步　139
　　第三节　新宾满族自治县满语文教学取得良好效果　142
　　第四节　桓仁满族自治县满语文教学成效显著　145
　　第五节　宽甸满族自治县满语文教学工作走向深入　148
　　第六节　岫岩满族自治县满语文教学工作取得进展　150

## 吉林篇

### 第十章 ▶ 吉林省大学满语文教育现状及保护、抢救口述资料　163
　　第一节　东北师范大学在抢救、传承、弘扬满语文方面的工作成就　163
　　第二节　吉林师范大学满语文教学专访　172
　　第三节　长春师范大学满语文教学访谈　176

### 第十一章 ▶ 吉林省区域图书馆、档案馆满文资料存储及抢救工作概述　182
　　第一节　吉林市龙潭区档案馆满文文献收藏及满语培训规划　182
　　第二节　吉林市档案馆满文档案收藏情况访谈　184
　　第三节　吉林市图书馆馆藏满文图书调研　185

### 第十二章 ▶ 吉林省中小学满语文传承现状及保护、抢救综述　188
　　第一节　吉林市乌拉街镇中心小学满语文教学座谈　188
　　第二节　四平市地区满语文传承情况调研　190
　　第三节　白山市第三中学满语文教学实录　200
　　第四节　珲春市杨泡满族乡小学满语教学采访　203

### 第十三章 ▶ 吉林省民间相关满语文的学习现状　207
　　第一节　对吉林市龙潭区满语文培训班学员的采访　207
　　第二节　满文函授班与人才培养情况简介　210
　　第三节　如何实施对满语言的抢救性保护　212

## 黑龙江篇

### 第十四章 ▶ 哈尔滨市满语文的保护传承抢救　219
　　第一节　老一辈满语文专家谈满语文保护传承　219
　　第二节　满语文专家谈满语文教学与科研　221

## 第十五章 ▶ 齐齐哈尔市满语保护与抢救　224

　　第一节　齐齐哈尔市富裕县三家子村满语保护抢救纪实　224
　　第二节　齐齐哈尔市地方高校对满语文的抢救　239
　　第三节　齐齐哈尔市满族文化研究会活动情况访谈　247

## 第十六章 ▶ 黑龙江部分地区满语文的保护抢救情况简述　251

　　第一节　黑河地区满语文的传承情况座谈　251
　　第二节　阿城地区满语文的传承情况介绍　255

**新疆篇**

## 第十七章 ▶ 锡伯语对满语传承的意义　263

　　第一节　锡伯族源流　263
　　第二节　锡伯语与满语比较　265
　　第三节　锡伯语文的教育状况　267

## 第十八章 ▶ 锡伯语存续情况调查访谈　270

　　第一节　走访锡伯文书法艺术家　270
　　第二节　与锡伯族青年座谈锡伯语的未来　273

## 第十九章 ▶ 锡伯族民俗、民歌等的传承与抢救　277

　　第一节　对锡伯族民俗与民间故事讲述者的访谈　277
　　第二节　采访锡伯族民间歌手　279

**参考文献**　285
**后记**　289

# Contents

Introduction   1

## The Part for Beijing

**Chapter 1   The Emergence of the Cabinet Archives and the Arrangement of Manchu Language Documents in the Early Twentieth Century   15**

   1.1   The Ins and Outs of 8 000 Gunny-bags of Archives of the Cabinet   15
   1.2   Contemporary Initiator of Salvage and Inheritance for Manchu Language   18

**Chapter 2   The Cultivation of Manchu Language Talents Has Been Attached Importance by the Government After the Founding of the People's Republic of China   26**

   2.1   The National Library Initiated Manchu Language Class for Further Studies   26
   2.2   Central Institute for Nationalities Offered a Major of Manchu Language   29
   2.3   The First Historical Archives of China Cultivated Translation Talents for Manchu Language   33

Chapter 3    The Cultivation of Manchu Language Talents After the Reform and Opening-up    46

    3.1    Interview with Minzu University of China about the Present Situation of Inheritance and Salvage for Manchu Language    46

    3.2    Interview with Beijing Academy of Social Sciences about Manchu Studies    51

# The Part for Hebei

Chapter 4    The Investigation and Studies for the Salvage and Inheritance for Manchu Language in the Colleges and Universities of Hebei Province    61

    4.1    Northeastern University at Qinhuangdao Attaches Importance to Manchu Studies    61

    4.2    On-Spot-Report for the Inheritance for Manchu Language in Hebei Normal University for Nationalities    61

Chapter 5    Summary of the Inheritance of Manchu Language in Manchu Autonomous Counties of Hebei Province    69

    5.1    Qinglong Manchu Autonomous County Has Profound Foundation in Manchu Culture    69

    5.2    On-Spot-Report for the Inheritance for Manchu Language Teaching in Kuancheng Manchu Autonomous County    73

    5.3    Interview with Fengning Manchu Autonomous County about Manchu Language Teaching    78

# The Part for Liaoning

Chapter 6    Interview about the Preservation and Salvage Work of Manchu Language in the Colleges and Universities in Liaoning Province    91

    6.1    Liaoning University Has Made Progress in the Inheritance of Manchu Language    91

6.2 Shenyang Normal University is Deeply Engaged in the Inheritance of Manchu Language　95

## Chapter 7　Interview about the Preservation and Salvage for Manchu Language in Liaoning Academy of Social Sciences and Liaoning Provincial Archives　103

7.1 Overview of the Inheritance for Manchu Language in Liaoning Province　103

7.2 Talk about Archival Work in Liaoning Provincial Archives　108

7.3 Experts of Liaoning Provincial Archives Talk about the Arrangement and Research of Manchu Archives　118

## Chapter 8　Interview with Shenyang Palace Museum, Ethnic and Religious Research Center of Liaoning Province and Liaoning Nationalities Publishing House　122

8.1 Shenyang Palace Museum Has Made Outstanding Achievements in Manchu Studies　122

8.2 Introduction to the Usage of Manchu Language in Ethnic and Religious Research Center of Liaoning Province　125

8.3 Discussion on the Publication of Manchu Studies by Liaoning Nationalities Publishing House　128

## Chapter 9　Summary of Manchu Language Teaching in Manchu Autonomous Counties of Liaoning Province　133

9.1 "Benxi Mode" of Inheriting Manchu Language in Benxi Manchu Autonomous County　133

9.2 Manchu Language Teaching is Beginning in Qingyuan Manchu Autonomous County　139

9.3 Good Results Have Been Achieved in Manchu Language Teaching in Xinbin Manchu Autonomous County　142

9.4 Huanren Manchu Autonomous County Has Achieved Remarkable Results in Manchu Language Teaching　145

9.5 Manchu Language Teaching in Kuandian Manchu Autonomous County is Deepening　148

9.6　Xiuyan Manchu Autonomous County Made Progress in Manchu Language Teaching　150

# The Part for Jilin

### Chapter 10　The Oral Information for the Present Situation, the Preservation and Salvage for Manchu Language Education in the Universities of Jilin Province　163

10.1　Northeast Normal University Has Made Outstanding Achievements in Salvaging, Inheriting and Carrying Forward for Manchu Language　163

10.2　Interview about Manchu Language Teaching in Jilin Normal University　172

10.3　Interview about Manchu Language Teaching in Changchun Normal University　176

### Chapter 11　Overview of the Storage and Salvage for Manchu Language Materials in the Libraries and Archives in Jilin Province　182

11.1　The Collection of Manchu Language Documents and the Plan for Manchu Language Training of Archives Bureau of Longtan District of Jilin City　182

11.2　Interview about the Collection of Manchu Language Archives in Jilin City Archives　184

11.3　Investigation on Manchu Language Books in Jilin City Library　185

### Chapter 12　Summary on the Inheritance, Preservation and Salvage for Manchu Language in Primary and Secondary Schools of Jilin Province　188

12.1　Discussion on Manchu Language Teaching in the Central Primary School of Wulajie Town of Jilin City　188

12.2　Investigation on Manchu Language Inheritance in Siping City　190

12.3　The Record of Manchu Language Teaching in No. 3 Middle School of Baishan City　200

12.4　Interview about Manchu Language Teaching in the Primary School of Yangpao Manchu Township of Hunchun City　203

**Chapter 13　The Present Situation of Manchu Language Learning in the Folk of Jilin Province　207**

　13.1　Interview with the Students of Manchu Language Training Course in Longtan District of Jilin City　207

　13.2　Brief Introduction to Manchu Language Correspondence Courses and Talent Cultivation　210

　13.3　How to Implement the Emergency Protection of Manchu Language　212

# The Part for Heilongjiang

**Chapter 14　The Preservation, Inheritance and Salvage for Manchu Language in Harbin City　219**

　14.1　Elderly Experts of Manchu Language Talk about the Preservation and Inheritance for Manchu Language　219

　14.2　Manchu Language Experts Talk about Manchu Language Teaching and Research　221

**Chapter 15　Preservation and Salvage for Manchu Language in Qiqihar City　224**

　15.1　On-Spot-Report for the Preservation and Salvage for Manchu Language in Sanjiazi Village, Fuyu County, Qiqihar City　224

　15.2　Salvage for Manchu Language in the Local Colleges and Universities of Qiqihar City　239

　15.3　Interview about the Activities of Manchu Cultural Research Association of Qiqihar City　247

**Chapter 16　Brief Introduction to the Preservation and Salvage for Manchu Language in Some Areas of Heilongjiang Province　251**

　16.1　Discussion on the Inheritance of Manchu Language in Heihe Area　251

　16.2　Introduction to the Inheritance of Manchu Language in Acheng Area　255

# The Part for Xinjiang

## Chapter 17  The Significance of Xibe Language to the Inheritance of Manchu Language  263

17.1  The Origin and Development of Xibe Ethnic Group  263

17.2  The Comparison Between Xibe Language and Manchu Language  265

17.3  The Present Situation of Xibe Language Education  267

## Chapter 18  The Survey on the Existence of Xibe Language  270

18.1  Interview with Xibe Language Calligraphy Artists  270

18.2  Discussion with Xibe Youth on the Future of Xibe Language  273

## Chapter 19  The Inheritance and Salvage for Xibe Folk Customs and Folk Songs  277

19.1  Interview with the Narrators of Xibe Folk Customs and Tales  277

19.2  Interview with a Singer for Xibe Folk Songs  279

**References**  285

**Postscript**  289

# 绪　论

满族语言文化的抢救、传承和弘扬工作一直受到党和政府的高度重视和关怀。20 世纪 50 年代，中国科学院和国家图书馆就注意到培养满文人才的重要，并开办了满文专修班；60 年代，由周恩来总理特批[①]，在北京中央民族学院开办了首届满文班，培养了 21 名学员，进行了 5 年的教育和深造；70 年代中国第一历史档案馆举办进修班，培养了 20 人，他们是新中国成立 70 多年来国家出面举办的满文班培养出的一批杰出的满语言文化工作者，他们承担起抢救、弘扬和应用满语文的重任。70 多年过去了，这批罕有的专业人才在抢救和研究满族历史文化和语言文字方面作出了突出贡献，功不可没。

"文化大革命"十年，满语文的抢救和开发利用基本处于停顿状态。

改革开放后，东北师范大学首先举起了抢救、传承和弘扬满语言文化的大旗，至今培养出上百余位懂满语文的硕士生和博士生。在东北师大之后，中央民族大学、南开大学、辽宁大学、中国人民大学等高等院校也相继开设了满语言课，黑龙江省成立了满语研究所，满语文作为一门学科，在大学找到了应有的位置。

如果说 20 世纪八九十年代，满语言再次受到了尊重并步入高等学府，那么，21 世纪伊始，满语言文化以新的面貌和姿态走进了普通百姓家，使广大的满族和其他民族的人们开始了解满语文，自觉保护和传承满语文。

三年来，我们对全国部分满语文文化遗存较丰富的地区作了深入的调研和考查，对全国满语言文化历史和现状有了一定的了解，故作出以下粗浅总结、思考及建议。

---

① 毕玉才、丛焕宇：《抢救濒危满语本溪从娃娃抓起》，载于《光明日报》2014 年 10 月 20 日。

# 一、对非物质文化遗产满语文的抢救、弘扬及应用的调研与思考

## （一）近十年来在我国东北满语文得到很好的抢救和传承，成绩显著

联合国教科文组织于 2003 年 9 月 29 日在法国巴黎举行了第三十二届会议，10 月 17 日通过了《保护非物质文化遗产公约》①，这是继 1972 年 11 月 21 日联合国教科文组织在十七届会议上通过的《保护世界文化和自然遗产公约》之后又一重大举措，世界文化遗产的保护和抢救受到了全世界各国人民的关注。

2004 年 8 月，我国正式加入了联合国《保护非物质文化遗产公约》。2005 年 3 月 31 日，国务院办公厅发布了《关于加强我国非物质文化遗产保护工作的意见》②。2005 年 6 月 10 日，全国非物质文化遗产保护工作会议在北京开幕，至此，拉开了全国保护、传承、弘扬非物质文化遗产的序幕。2005 年 12 月 22 日，国务院办公厅又颁布了《国务院关于加强文化遗产保护的通知》③，要求各级政府"从维护国家文化安全的高度，充分认识保护文化遗产的重要性，进一步增加责任感和紧迫感，切实做好文化遗产的保护工作"；同时明确指出要贯彻"保护为主，抢救第一，合理利用，传承发展"的方针；在保护对象中，把传统的口述文学和语言文字摆在了首位。

满语文作为极度濒危的非物质文化遗产受到了普遍的重视。国内的多家媒体纷纷给予了全面的报道。1999 年 12 月 29 日，中国青年报发表《救救满语》；2007 年 3 月 16 日《文摘旬刊》发表《中国人会说满语的人已经不到百人》；2007 年 10 月 27 日《吉林日报》发表《推动满语言文化的研究和保护》；同日，新文化报也发表了《抢救满语我省要动口》；29 日，新华每日电讯发表《全国会说满语者已经不足 100 人》；2008 年 10 月 18 日《新世纪周刊》发表《满语：在存亡间挣扎》。

一时间采访活动也十分活跃，《江城日报》2007 年 12 月 10 日，发表了《开拓满语活态传承之路》；又在 2008 年 12 月 3 日发表了《我们为什么学满语》的

---

① 《联合国教科文组织〈保护非物质文化遗产公约〉要点解读》，中华人民共和国国务院新闻办公室网站，http：//www.scio.gov.cn/ztk/xwfb/09/6/Document/657063/657063.htm。
② 中华人民共和国中央人民政府门户网站，http：//www.gov.cn/zwgk/2005 - 08/15/content_21681.htm。
③ 中华人民共和国国务院办公厅网站，http：//www.gov.cn/xxgk/pub/govpublic/mrlm/200803/t20080328_32711.html。

访谈文章；《吉林日报》在 2008 年 10 月 3 日也发表了《整理研究，薪火相传》等采访录。

近几年来，国内的许多电视台拍摄了有关满语文方面的电视专题片，尤以吉林市电视台成果显著。2007 年吉林市电视台《文化访谈录》第十二期，以"为了失落的文明"为题，对满语文的历史和现状以形象的画面和资料作了全面的阐述；2012 年 8 月，吉林市电视台以"抢救满语刻不容缓"为题，再次宣传了抢救满语文的意义和价值。2012 年 9 月，吉林市电视台拍摄大型纪录片《发现龙潭山》其中揭示了满语言文化与吉林历史的渊源关系。

学术界为抢救满语文及培养人才方面，近十年来做了大量工作，成立了相应的学术研究机构，使满语文得以传承和合理的利用。

东北师范大学于 2002 年成立了东北民族与疆域研究中心，为在读的硕士和博士生开设了满语文课，该中心所编著的《满语文教材》《简明满汉词典》《汉满词典》《满语口语读本》等教材陆续出版，受到了国内外学界的欢迎和好评。为了普及满语文，该中心曾在东北师大举办过两届满语学习班，义务接收校外的大学生和各界人士数十人前来学习，为更多的人了解满语文、学习传承满语文开了个好头。

为了深入进行满语文的抢救、传承和弘扬，东北师范大学东北民族民俗博物馆满语言文化研究中心于 2008 年 10 月 12 日举行成立大会暨中心揭牌仪式。中心成立以后，在长春举行各种类型的满语学习班，并在吉林市、伊通满族自治县、白山市江源区建立了非物质文化遗产文化生态保护区，在该地区设立教学和科研基地，在吉林省形成了良好的学习氛围。

满语言文化中心成立后，积极参与非物质文化遗产的申报工作，2009 年，满语文被列入吉林省非物质文化遗产名录，两年后，刘厚生教授被授予"国家非物质文化遗产吉林省满语文传承人"的称号。

1986 年 3 月，经黑龙江省政府批准，正式成立黑龙江省满语研究所，该所在穆晔骏和刘景宪的领导下在哈尔滨市多次举办学习班，为培养人才、推广满语文作出了很大贡献，他们办的《满语研究》杂志，在国内外也有一定的影响。

进入 21 世纪以来，吉林省多所高校也相继成立了相应的科研机构。

2007 年 10 月 26 日，北华大学与东北师大联手，成立了北华大学东亚中心非物质文化遗产（满语言文化）研究所，该所成立后，首先在研究生中开设了满语文课，并举办了面向社会的满语文学习班，为吉林市满语言文化的普及和应用起到很大的推动作用。

2001 年吉林师范大学成立了满族文化研究所，十分重视满语言文化的抢救工作，2002 年在研究生中开设满语课，也作为本科生一门选修课进行普及教育。

目前该校已有了满语文的博士点，为培养出更高层次的满语人才而努力。

2008年12月26日，长春师范大学满族文化研究所宣告成立。该所成立后，马上招收满族文化方向的研究生，开设满语文课，进而又在历史文化学院设立了满语文专业，在本科生中亦开设了满语文课。

实践证明，抢救满语文、传承满语言文化应该重视从娃娃抓起。伊通满族自治县和白山市江源区近年来开始在中小学中普及满语文的教学试点工作。辽宁省近几年也举办过各种类型的学习班，同时开始了在小学中普及满语文的试点，其中本溪满族自治县尤为突出，取得了很大的成绩，并形成了一套行之有效的教学和人才培养模式，称之为"本溪模式"。

### （二）抢救、弘扬、应用满语文的"本溪模式"

辽宁省本溪满族自治县为了抢救满语言、传承满族文化、打造县域满族特色，县委县政府专门召开了会议研究此问题，决定从2010年9月起，培训满语文教师，派专人到长春东北师范大学聘请刘厚生教授任教。县教育局从全县各小学中抽调了近30名优秀的青年教师参加满语文学习班，其中有部分教师完全脱产学习。

学习班自2010年9月开班，经过四个多月的系统学习，学员们达到了中级班毕业的水平，既掌握了满语语音和基本的语法知识，又掌握了查阅工具书、满文打字等基本技能，学会了用满语演唱满族歌曲。这些都为以后的教学打下了良好的基础。学员们以高质量的学习成绩结业，完全可以胜任小学满语文课的教学工作。

2011年初，参加学习班的教师利用寒假时间，集体完成了小学校本教材《满族历史文化与语言文字》的编写出版工作。3月开学伊始，在全县小学五、六年级中开设了满语课，全县1 000余名小学生拿到了新课本。每一位小学生就是一盏灯，使他们对满语文有所了解，对抢救满语文有所认识，对弘扬满族文化表示关怀和支持，这个连锁反应和社会效应影响是巨大的。本溪满族自治县开始了双语教学的实践，把满语文纳入双语教学的范围，在东北民族地区带了个好头，意义深远。

小学开设满语文课，达到了普及的目的，教学的深化和改革也同时提上了日程。县教育局采取了许多重要措施，一方面，在县进修学校成立了满语文教学研究中心，抓紧教学研究和监督，定期对教师进行培训和考核；另一方面，在2012年春建立了全县唯一的一所满族小学，作为满语教学试点和平台。

小学开满语课，中学怎么办？中学有一个要高考升学问题，许多教师和家长顾虑会不会影响高考，那么，本溪满族自治县如何去做呢？

本溪满族自治县计划建设一个满族中学,并在全校初中时期的一、二年级继续深入学习满语文,把满语的语法和对话作为学习的重点。高中生中把有志于报考文科的,并且有一定满语基础的学生,适当地进行满语知识的复习和深化,将来这部分学生可以去报考与满语言文化有关的专业到大学去深造,目前,中央民族大学、东北师范大学、辽宁大学、中国人民大学、长春师范大学、吉林师范大学、黑龙江大学、河北民族师范学院等都是他们可以选择的大学。

2011年秋,本溪满族自治县教育局与长春师范大学结成教学和科研的伙伴关系,相互作为教学和科研基地。长春师范大学09级本科生到本溪县中小学进行满语文和历史学科的教育实习,效果很好,大学生们到偏远的少数民族地区从教,带去了许多新的理念、信息和知识,同时他们也受到了锻炼,提高了教学技能,丰富了社会知识,为他们走上工作岗位打下了良好的基础。通过实习激发了学生们投身于偏远山区民族教育的热情,09级的团支部书记刘伟东和班长王惟娇自愿留下来从事小学教育,当满语教师。

本溪满族自治县在抢救满语言文化方面,在全国树立了一面旗帜,已经产生了深远的影响。

近年来,许多领导、专家、学者纷纷前往本溪进行考察、观摩,交流经验,对他们的工作予以肯定和鼓励。

本溪满族自治县在实践中所积累的经验,形成的模式——本溪模式,是很有借鉴意义的,提供了许多有益的启示:

(1)抢救满语文,弘扬满族文化一定要得到政府部门的支持,要有宽松的政策,要有资助的力度,脱离政府的支持不会成功,也不会持久。中共本溪满族自治县委员会和本溪满族自治县人民政府联合发布了《本溪满族自治县满族文化传承保护发展规划》(2013—2017年),支持本溪抢救、弘扬和传承工作进一步深入发展。

(2)要有一个好的领导集体和核心。本溪县因为有进修学校,有校长的亲自领导,而且一抓到底,这是取得成功的关键。

(3)要有一个长远的科学的切实可行的规划,小学打基础,中学做过渡,大学去深造,为满语言的抢救弘扬和传承,勾画了一个路线图,人才要从娃娃抓起,但只停留在这一水平上,没有长远的规划,小学教育有可能流产,人才难以培养出来,只有小学—中学—大学一条龙式的培养模式,才有可能在这一代中培养出精英来。

### (三) 继往开来,努力助推满语文的传承与弘扬进入新时代

新中国成立七十年,如果以"文革"划线,把满语文的抢救、传承和弘扬分

成两个阶段或时代的话,前三十年可称作起步阶段,办了满文班,培养几十名整理和翻译满文档案资料的专门人才,为历史研究服务。后四十年,满语文从大学的象牙塔中走出来,面向社会,各种类型的学习班如雨后春笋,遍布东北三省及北京等地,广大的青年,自发地学习和弘扬满语文,热情很高,但问题也凸显出来:各自为政,授课人水平参差不齐;自编教材错误百出;各大中小学在无此专业的情况下开设满语文课,而不进入考核系统……这种无序状态令人担忧。这个问题是到了非要解决不可的时候了。

满语文的传承进入一个新阶段,标志是什么呢?简言之,国家从保护非物质文化遗产的角度管起来,从无序到有序。满语文的传承与弘扬必将进入一个大繁荣、大发展的新时期。我们建议:

(1)培养一批有水平有质量热爱满语文的传承人和师资队伍。由国家教育部门牵头由地方政府组织,把目前在大中小学任教的满语文教师进行培训,提高他们的教学水平,给他们学历证书和职业证书,今后没有上岗证不得举办学习班。

(2)编写全国统编教材和工具书。出版物要通过专家的认证,由国家出版社公开出版。自编教材和工具书不能进入课堂教学,要建立满语文教学考核和评价制度。

(3)解决小学—中学—大学本科—研究生一条龙的培养模式,为培养优秀人才开辟一条行之有效的通道。

(4)由教育部负责在全国部分有条件的高校设立满语文专业,进而争取设立硕士点和博士点,使高校教学和人才培养走上良性循环的轨道。

## 二、我国满学研究存在的问题及建议

"满学"主要是指以"满族"为研究对象的学科,其研究范围十分广泛,如满语文、满族文学、历史、宗教、习俗、政治、经济、艺术等。满学与"汉学""藏学""蒙古学"合称为四大显学,是国内外学术界十分关注的重要学科与学术热点。满族是一个历史悠久的少数民族,研究满学有着重要的历史和现实意义。

当前国际上满学研究处于快速发展阶段,成果累累,在某些领域占据了学术主导地位,而我国部分满学研究领域明显滞后,话语权正面临严重的挑战。我们认为牢牢地把握满学的话语权,应加强满语文学科建设,完善满学教育体系,加快满文史料抢救和翻译。建议我国有关部门采取措施,团结凝聚俊杰英才潜心治学,不断提升研究水平,尽快取得标志性成果;大力发展我国满学,把中华优秀传统文化中具有重大文化价值的"冷门""绝学"传承下来,提供历史借鉴和精神动力,为维护国家文化安全和中华民族伟大复兴作出应有贡献。

现将我国满学研究存在的问题及建议综述如下。

## (一) 国际满学研究现状

**1. 国外拥有大量重要的满文文献,满学研究基础雄厚**

清末,帝国主义列强瓜分中国,施行文化掠夺政策,大量珍贵满文文献被巧取豪夺。据课题组统计,流失于海外的满文文献约 1 000 余种,主要集中于日本、美国、英国、法国、德国、俄罗斯和意大利等国。这些流失的满文文献之丰富超出了我们的想象,许多珍贵的历史档案和著作的孤本当为国宝。

(1) 日本入侵我国东北至占领华北期间,搜刮了东北、华北地区大量馆藏满文档案,仅满文《镶红旗档》就达 2 400 余件。日本东洋文库与天理图书馆的 330 种满文档案资料几乎均来自这一时期。1949 年以后,日本仍然以学者访问为由来我国从事满文档案的收集工作,他们几乎获取了全部约 1 268 册的清代《宁古塔副都统衙门档》。

(2) 美国趁清末政府腐败和社会动乱之机,收集满文图书文献共约 400 余种,不少于 7 500 余册,这些满文档案内容主要涉及清代国家经济、旗务、旗人生计等。

(3) 俄国于清末占领我国东北期间,传教士掠走了大量满文文献,内容涉及黑龙江等地区的边疆问题。

(4) 德国目前亦存有满文档案约 50 余种,内容涉及皇帝的起居及民间文学等。

**2. 国外满学在人才培养方面已形成规模**

国外满学研究队伍在数量上虽不及我国,但却十分重视满学人才培养,无论是高端领军人才,还是老、中、青梯队衔接,均可圈可点,形成了特色鲜明的人才培养模式。

(1) 精英化。近几十年,国外满学界培养了一批高端满学人才,使其满学研究得到快速发展,不断有新观点和新论著问世,在国际满学界颇有影响。比如,美国哈佛大学终身教授费正清(John King Fairbank)的"中国研究中心"建立了"高端人才培养计划",要求硕士、博士研究生学习满文,利用满文从事研究工作,已经形成了一定的规模。

(2) 持续化。日本自江户时代末期(19 世纪中叶)开始,十分重视满学、满语文人才的培养,百余年来从未间断,现在已经形成了老、中、青三代人才梯队与理想化人才配置,并形成了从满语文到满学的科学化研究范式,取得了瞩目的成果。如 20 世纪 50 年代《满文老档》译注在日本出版,曾引起国际满学界的轰动。日本学者河内良弘于2014年6月出版《满洲语辞典》，全书1 270页，收录满文词条5万余个，是当今国际上满文词典之巨擘。另外，俄国、德国、英国学界很重视基础工具书的编纂，先后出版了《满俄词典》《满德词典》《满英词典》。

**3. "新清史"学派借满学研究之名，行文化渗透之实**

近年来美国满学界流行"新清史"之说，其代表人物欧立德（Mark C. Elliott）、罗有枝（Evelyn S. Rawski）、路康乐（Edward J. M. Rhoads）、柯娇燕（Pamela Kyle Crossley）等，他们公然质疑中国领土历史的正当性。"新清史"是在异文化的视野中观察中国，运用西方理论和话语系统研究中国历史，套用美国国内族群理论来诠释满族形成。

我们并不排斥使用新的视角、新的方法去解读历史，研究满学。然而，对错误观点的批评，我们应该把握话语权，我们要警觉西方学者尤其是"中国通"式的满学学者的背后动机及其为政治服务的考量。这种具有削弱我国主权、破坏我国民族团结的新殖民主义的政治倾向，对我国意识形态提出的挑战，应该给予严正的驳斥。

## （二）我国满学研究的现状与问题

我国满学发展经历了发展、高潮、衰落几个阶段。新中国成立伊始，在诸多专家的建议下，中央民族学院、中国第一历史档案馆举办满文班培养人才，两期学员共40余人，这批人才成为我国满学的骨干和精英，作出了很大的贡献。改革开放中期是满学蓬勃发展时期，王钟翰、金启孮等满学著名学者厚积薄发，传世之作相继问世。《满族文学史》被评为国家"七五"计划重点科研项目，《满族简史》《满族社会历史调查》《满族通史》等至今仍是国内外满学研究的基础著作。这一时期国内关于满族民俗与原始宗教文化研究成果显著，备受国际关注。然而，近十年来，我国满学一直在"吃老本"，基本上没有出现享誉国内外的科研成果问世，国际影响力不强。

当前，我国满学研究面临的问题主要有以下几个方面：

**1. 馆藏文献丰富，开发利用困难**

我国满文文献馆藏丰富，这是我国满学研究的天然优势。以中国第一历史档案馆（简称"一史馆"）为例，馆藏满文历史档案200余万件。然而整理翻译工作显得迟缓，截至目前，已经整理出来的文献大约为1/4。国家清史编委会主任戴逸教授曾断言，以当前的人力和速度，将一史馆满文档案全部整理翻译出来，至少还需要100年。同时，我国满文档案在全国各地亦有较大储量，如以现有的条件对这些档案进行整理翻译，将耗费巨大的人力和财力，需要几代人的努力。

**2. 满语教育弱化，满学人才断层**

20世纪八九十年代，我国满学、满语文研究得到蓬勃发展，一时掀起学习热潮。1980年，东北师大历史系率先在国内开办满文班培养满文人才。1988年，刘厚生等编著、王钟翰审订的《简明满汉辞典》出版发行，这是新中国第一部公开出版的满文辞典。此后，商鸿逵等编著的《清史满语辞典》和安双城主编的《满汉大辞典》相继问世，社会反响很好。但随着热潮的冷却，国内中青年学者因缺乏专业化、系统化的满语文训练，满学研究队伍出现了断层。

**3. 教学体系滞后，培养质量不高**

一是满学人才梯队建设滞后。我国当前的满学和满语文人才已呈现出老龄化、断层化现象。这也是近十年来，我国满学研究领域少有标志性的成果问世，创新能力与国际影响力大不如前的主要原因。

二是满语文教育体系有待完善。由于缺少国家统筹规划和文件规定，满语文教育体系建设滞后，即使在满族聚居区也尚未实现大中小学一体化的可持续性满语文人才培养体系。

三是满语文课程标准尚需统一。当前我国大中小学在满语文教学中使用的教材、教辅和工具书，尚未实现全国统编。各地方各高校自编自选教材，五花八门，缺少权威性，问题不少。教学质量也没有统一的评定标准，无证上岗非常普遍。

**4. 标志性成果不足，话语权处于弱势**

改革开放40多年来，我国满学界出版了多部满语文专著、教材和辞典，但与海外学者相比，无论从数量和质量方面较为逊色，在满文档案的翻译和利用方面不尽如人意，在满学部分研究领域，我国的话语权还处于弱势。

**5. 依赖外力，缺少自信**

在调查中发现，有的高校对请来的外教予以重任，过于依赖外力，不重视本校学者，缺少自信，这是人才外流的一个重要原因。

满族是中华民族的重要组成部分，传承和发展满学是历史赋予我们的任务，占领满学的制高点，我们责无旁贷。满学研究涉及边疆、民族和宗教等许多现实问题，与维护国家领土主权、国家文化安全、民族团结有直接关系，中国满学必须坚持以马克思主义为指导，坚定"四个自信"，增强"四个意识"，做到"两个维护"，在党的领导下，抵御西方文化渗透，牢牢地把握满学研究的主导权和话语权，是当前我国满学研究亟待解决的一件大事。

**（三）加强我国满学研究的几点建议**

2016年5月17日，习近平总书记在哲学社会科学工作座谈会上的重要讲话明确指出："要重视发展具有重要文化价值和传承意义的'绝学'、冷门学科。"①
2017年中共中央办公厅、国务院办公厅印发《关于实施中华优秀传统文化传承发展工程的意见》②，明确提出非遗传承和传统文化传承要全方位、全学段、全过程融入从幼儿园到大学直至继续教育，并要"以幼儿园、小学、中学教材为重点，构建中华文化课程和教材体系"。

2003年联合国教科文组织将满语列为濒危语言。2018年，《岳麓宣言》指出："保护和促进语言多样性对于可持续发展目标的实现至关重要，有助于促进人类发展。"③ 在我国东北、新疆等个别满族和锡伯族聚居区，满语仍作为日常交际语言使用，至今仍然具有生命力。不过这种语言现象正在急速消失之中，因此抢救和保护满语文是传承中华优秀传统文化的一个重要方面，对发展满学也具有重要意义。有鉴于此，针对满学和满语文当前情况，我们提出四点建议。

**1. 加强教研体系建设，构建层次化、一体化的人才培养模式**

（1）一体化就是构建大中小学衔接的满语文人才培养模式。满语文教育要从青少年抓起，在部分有条件的地区开设中小学满语文衔接课程。在高等教育阶段，国家给予政策扶持，选拔满语文基础较好、愿意从事满学研究事业的青年到高校继续深造。

（2）层次化就是构建老、中、青结构合理的满学研究队伍。在全国高校中遴选一批满学研究底蕴厚重、研究实力较强的高校，实施满学人才培养专项计划，支持优秀满学人才向高校聚集，鼓励优秀青年学者从事满学研究。如此，我国满学队伍方能发展壮大和后继有人，有利于提高我国满学和满语文的整体水平。

**2. 加强满学学科建设，规范课标，编写通用教材**

要重视满学学科建设与教育实践的整合。设置综合课程，加强学科之间的相互渗透；增设实践活动，以兴趣引导青少年学习。在我国民族地区中小学校本课中，增加一些满语文、满族历史及文化知识；规范教材使用，由上级教育部门认定教学大纲，组织编写全国统一教材和工具书；加强师资队伍建设，建立教师岗位认证、考核和评聘等制度。

**3. 加强满语文工具书的建设，举全国之力编写《满汉大辞海》**

满语文工具书是满学研究、人才培养和资料翻译整理的重要基础，也是满学研究话语权的重要标志。当务之急，应编写出版一部具有十万余满文词条、数百万言的《满汉大辞海》，作为我国满学研究的标志性成果和精品力作，借以提高我国满语文的话语权，并通过辞海的编撰使退休的老专家得以发挥余热，实现以

---

① 习近平：《在哲学社会科学工作座谈会上的讲话》，人民出版社2016年版，第23页。
② 中华人民共和国中央政府网站，http：//www.gov.cn/gongbao/content/2017/content_5171322.htm。
③ 联合国教科文组织官方网站，https：//en.unesco.org/sites/default/files/yuelu_proclamation_ch.pdf。

老带新,构建一支强有力的满学队伍。

**4. 研发满语文人工智能翻译支撑平台**

建设满语文人工智能翻译支撑平台,是解决当前满学发展所面临的一系列问题的重要手段。

一是可以减少满文档案翻译整理的巨大人力、财力和时间成本。满文档案巨大储量的开发利用,只有借助人工智能翻译方可实现,当前应利用编纂《满汉大辞海》之际,一并解决人工智能翻译的语料库问题。

二是必须抢占满语文人工智能翻译这个制高点。当前人工智能翻译技术已十分成熟,一旦被国外抢先开发和应用,我们不但失去了研发的必要性,更重要的是将造成我国满文档案的外泄,解决满文档案智能翻译问题,时不我待。

# 北京篇

一、调研的必要性和目的

新中国成立后,我国的满语文人才培养工作得到了国家重视,随着满语语言环境的逐渐消失,且资金、师资力量的投入并不足够,使我国满语文的研究、使用与传承逐渐走入困境,尤其是后备人才严重缺失,中央民族学院第一届满文班和中国第一历史档案馆(简称"一史馆")满文班培养出来的相关人才虽然目前年事已高,但至今仍然是满语文研究的中坚力量。可以认为,北京市是新中国成立之后我国满语文科研与教学的重心地区。因此,课题组于 2018 年 1 月赴北京进行实地调研,主要目的是收集和整理北京地区满语文口述史的原始资料与音像资料。本次调研以访谈形式进行,主要调研了中国第一历史档案馆、中央民族大学、北京市社会科学院、故宫博物院的相关人员,主要访谈内容为民族学院满文班的历史、一史馆在"文革"后的满语文工作和人才培养情况、中央民族大学对满语文的传习情况、故宫博物院目前的满语文研究情况等。通过本次调研,课题组基本掌握了目前北京地区满语文研究、人才培养的情况。

二、北京地区调研活动

课题组于 2018 年 1 月期间,对中国第一历史档案馆、中央民族大学、北京市社会科学院、故宫博物院进行了调研,完成了对相关人员的采录与口述史记录工作。

（1）2018年1月11~12日，调研了中国第一历史档案馆相关人员。

2018年1月11日，课题组与中国第一历史档案馆相关人员举行了座谈会，参会人员为任世铎、安双城夫妇、吴元丰夫妇、孟宪振、杨洪波、闫超、李路、刘厚生。主要座谈内容为与会人员介绍一史馆20世纪50年代至今的满语文教学开展情况，讨论目前国内满语文教学存在的问题与现状。座谈达成了基本共识：第一，中国第一历史档案馆和故宫博物院举办的满文班培养了一批满语文人才，但人才数量偏少。第二，目前国内满语文研究主要面临语法不清、翻译不规范、口语和书面语易混淆、出版机构审查不够严谨、满语文人才流失严重等问题。

2018年1月12日上午，课题组赴原一史馆工作人员王桂芬家中举行了座谈会，参会人员为宋和平、王桂芬、孟宪振、杨洪波、闫超、李路、刘厚生。主要座谈内容为王桂芬口述20世纪50年代国内满文班的开展情况，以及第一届满文班本科学员在中央民族学院的学习情况。

（2）2018年1月13日，课题组赴满文专家李德启先生女儿李芬家中座谈，参会人员为李芬、孟宪振、杨洪波、闫超、李路、刘厚生。主要座谈内容为李芬回忆其父李德启在20世纪30~50年代的满语文研究工作。李德启先生最初在国家图书馆工作，其间自学了满文、蒙文、日文、藏文等多种语言。在满文研究方面，曾深入参与清内阁大库档案整理工作，并曾被北大东语系季羡林邀请为学生教授满语文。20世纪30年代，编写了汉、满、蒙、藏词典，但未能出版。

（3）2018年1月14日，课题组赴中央民族大学座谈，参会人员为季永海、赵令志、孟宪振、杨洪波、闫超、李路、刘厚生。主要座谈内容为季永海与赵令志回忆中央民族大学"文革"后的满文班开设情况，并指出目前满语文学习存在的问题主要有：研究成果少、没有主力研究机构、没有规范的教育体系、没有统一教材、目前使用各种教材错误较多等。

（4）2018年1月15日，课题组赴北京市社会科学院满学所座谈，参会人员为赵志强、江桥、孟宪振、杨洪波、闫超、李路、刘厚生。主要座谈内容为：赵志强介绍满学所近些年来的发展状况以及他本人目前的科研工作进展情况；江桥回顾了她在中国第一历史档案馆学习满语的过程，并介绍了她本人赴德国教授满语的经过以及德国对满语的接受情况。

# 第一章

# 20世纪初内阁大库档案的面世与满文文献的整理

## 第一节 内阁大库8 000麻袋档案的始末

采访时间：2018年1月12日
采访地点：北京卯榫博物馆
采访目的：请刘厚生教授口述有关内阁大库档案的始末
采访者：闫超、李路、孟宪振、杨洪波
被采访者：刘厚生

被采访者简介：刘厚生（1941—），男，东北师范大学历史文化学院教授、博士生导师，1961年9月就读于中央民族大学满文班。主持国家社科基金、教育部人文社科基金等多个项目，发表学术论文百余篇。主要研究方向为清史、东北民族与疆域史、满语言及民族文化、满文古籍整理与研究。专著《旧满洲档研究》《满语文教程》《简明满汉辞典》《汉满词典》《中国长白山文化》《满文书法研究》等30余部。国家"非遗"满语文吉林省传承人。

闫超：请您谈一谈20世纪二三十年代内阁大库档案的情况。

刘厚生：清代档案是国家机密，所以一直庋藏在宫内，清朝灭亡后，中华民国成立之初于1912年国民政府打算建立历史博物馆，于是清内阁档案便成了该馆的藏品之一。1917年，在故宫端门由教育部主持开始整理大内历史档案，这是一件轰动国内外的大事，有人说，20世纪20年代，明清档案一经向社会披露，即与殷墟甲骨、敦煌写经一起被誉为中国古代文化的三大发现，成为我国历史文化遗产的又一宏富宝库。

这些档案流入社会后，有过一段惊心动魄的经历，我简单给大家介绍一下。

清代二三百年的历史档案堪称浩如烟海而且布满灰尘，整理起来十分困难和艰辛。当时很多人把档案资料倾于地上，各执一杖，拨取其稍整齐者，余下扔入麻袋，最后将比较完整的存放于午门的城楼上，这部分挑出来的档案共63箱，1502麻袋。其余比较杂乱零散的档案也装入麻袋，仍存放端门，共计约8000麻袋。

文献馆职员整理档案的场景（1930年）

1921年，历史博物馆缺少资金，竟然偷偷将存在端门的8000麻袋档案运出去，当作废纸以4000元卖给了北京同懋增纸店。1922年2月，清朝遗老罗振玉来北京办事，偶然在书肆中发现了洪承畴揭帖和朝鲜国王贡物表等明代档案，这是清内阁大库罕见史料，他急忙寻访，最后找到了同懋增纸店，好在尚未将这些档案化为纸浆，他以重金12000元买回了7000麻袋档案，分藏在北京、天津两地。

后罗振玉组织人力整理这批档案，辑为《史料丛刊初编》10册，印行于世。罗振玉为保护文化遗产立了不朽的功绩。

1924年，罗振玉因财力问题，将藏于北京的12万斤档案以16 000元转卖给了社会名流李盛铎。而存入在天津的档案，1936年移交给了奉天图书馆。

1929年3月，"国立中央研究院"历史语言研究所（简称"史语所"）成立，表示愿意出资收购，终以18 000元从李盛铎手中将这批档案购回，经过这几年的折腾，损失无法估计，好在还收回了12万斤，经过简单整理后，有用的档案可得7万斤。

**清代军机处档案**

此为明清内阁大库档案流散到社会，辗转搬迁，在短暂数年时间里数易其主，这是清代200多年大内档案遭受人为之灾损失最大的一次。

**闫超**：这些档案后来命运如何？是否都完好保存中国历史档案馆？

**刘厚生**：在抗日战争和解放战争中，这批档案仍遭厄运，损失不小。1936年史语所迁往南京，他们选择了十分珍贵的档案共装100箱，随着史语所由北平迁到南京，几经周折，最后迁往台湾，现保存在台北故宫博物院。

**闫超**：请谈谈对这些档案的抢救和整理工作。

**刘厚生**：自20世纪30年代始，对这批档案的抢救、整理和公布时有间断。故宫博物院成立了文献部，实行随时整理，随时发现，随时刊布的方针，编辑了《掌故丛编》《文献丛编》《史料旬刊》三种刊物，使广大群众有机会了解到这些档案的珍贵，服务社会，也是保护明清档案的重要手段。

**闫超**：李德启先生这个时期正在故宫博物院工作，谈谈他的功绩。

**刘厚生**：关于李德启先生在这一时期的工作，留下来的资料不多，我可以简单谈一谈，更详细的生活和工作情况，还是请李德启先生的女儿，我的北京四中老师——李芬老师介绍。

我在有关材料中得知，1937年7月，北平沦陷后，李德启先生和他故宫博物院的同仁，为保护国家档案不被日本鬼子破坏，精诚团结，不怕牺牲，作了大量维护工作，所以这批档案在战争中安然无恙。

当时故宫文献馆由吴文炳负责，有科员、助理员、书记38人，科员有单士魁、萧永祥、张德泽3人，助理员有李德启等10人，书记有张玉全等25人，在内阁大库等地办公。为了保护文物的安全，各宫殿进行了封锁，自1937年7月到1945年9月，故宫博物院共用了345 037个锁封，可见当时巡视频率之密，工作之细，保护文物立了大功。

光复以后，故宫博物院生机焕发，各项工作开展得很好，1948年为了抢救和整理满文档案，举办了满文讲习班，招收学员进行学习，由李德启和张玉全二人任讲师，这是自民国以来首次办满文班，很有意义。新中国成立以后我们办了三届满文班，如果追根溯源的话，这个"源"就是李德启等先生在1948年举办的满文讲习班，我们对李先生报以崇高的敬意。李先生不仅培养满文人才，自己对"满文老档"的研究也十分深入，并发表了数篇文章，于1933年出版了《满文书籍联合目录》，这是在多年研究的基础上，对满文著述状况作了总结，很有学术价值。

内阁大库档案是清代300多年来的文化遗产，20世纪20年代才为世人所知，很快引起了社会的广泛关注。这批数百万份的清代文献有其珍贵的价值，所以，保护、挖掘、抢救和利用它成为历史传奇，百年来有过不寻常的经历。我们有责任把它保护好，成为中华文明不可或缺的一部分。

## 第二节　当代抢救传承满语文的首倡者

**采访时间**：2018年1月13日上午

**采访地点**：李芬老师家中

**采访目的**：李德启先生是我国20世纪二三十年代满语文专家，翻译整理满文档案第一人，为了解李先生的生平，我们专访了他的女儿李芬老师

**采访者**：刘厚生、闫超、李路、杨洪波

**被采访者**：李芬

**被采访者简介**：李芬，李德启先生的女儿，北京四中语文教师。

**刘厚生**：这次我们来，主要是了解 20 世纪 30 年代以来李德启先生对满文档案整理、保护所做的贡献。内阁大库档案就是清朝灭亡后民国时代被发现了的。这时候人们才知道满文档案是个什么事儿。知道了《满文老档》，发现了大黄绫本、小黄绫本。整理满文档案就是从 30 年代开始的。

**李芬**：对，我父亲李德启这个时候正好在故宫博物院，他原来是在国立北平图书馆工作，后来调到了故宫博物院图书馆。从那以后，就是你说的，从整理 8 000 多个麻袋资料的时候，发现了《满文老档》。

第一件事，研究满文文献功德无量。

我父亲是 1905 年出生，那时他才 26 岁左右正当年。我父亲能吃苦、很勤奋，工作细致认真，一丝不苟。《满文老档》的发现确实很有意义；正像你来信中所说："李德启先生是辛亥革命后最先接触满文的第一人，李老先生功德无量。"我父亲发现《满文老档》，引起了特别关注，开启了研究满文文献的先河，是研究满文老档的奠基人。

前排左起张钟祥、李芬、刘厚生、孟宪振，后排闫超（2018 年 1 月 13 日）

第二件事，编纂目录。

我父亲编写的满文资料目录，就是内阁大库目录。满文书籍联合目录（Z），还有一个是满文书籍联合目录（M），两个都是国立北京图书馆和故宫博物院图书馆 1933 年出版的。20 世纪 80 年代的时候我大哥李铮跟我说，北大东语系订了一个叫东方文学杂志,这个杂志刊登了一篇德国的一位满文专家叫嵇穆写的文章,称赞我父亲编的《满文书籍联合目录》对他研究满文帮助很大。

我父亲编纂的《满文书籍联合目录》,附该书封面。

《满文书籍联合目录》影印件的封面,全书共 126 页

满文书籍联合目录（Z）,国立北平图书馆、故宫博物院图书馆出版 1933 年,满文书籍联合目录（M）,同样是国立北平图书馆和故宫博物院图书馆联合出版的,也是在 1933 年,合编为《满文书籍联合目录》。

非常感谢你和你的学生提供的线索,让我的儿子张一春帮我找到这本《满文书籍联合目录》的影印件。从书中看到了于道泉先生写的序,共 4 页很完整。我父亲写的序,第 5 页有,第 6 页已缺失。看到影印件,饱经沧桑的珍贵史料能够保存下来,心情很不平静,感慨万千。20 世纪 30 年代于道泉先生主持国立北平图书馆善本部特藏组工作,满文书籍购置逐渐增多,面临分类编目的问题,于先生非常希望有人来帮助他,恰逢我父亲到国立北平图书馆工作,于先生在序中写道:"李君子开（我父亲的字号）,稔知余念,乃发愿研究。李君意志既决,用力极勤,每晚修习,常至深夜,年余之后,已能披阅满文书籍。""两年以来,进行顺利，本馆藏书，即整理完竣。""余与李君曾共享甘苦。"

我父亲在序中写道："京师图书馆所藏清内阁大库之满文书籍四十余箱。此外，更有为殖边学校所遗赠者四五箱。此前无人负责，俱弃之僻室，至是乃由余发箧整理，虽颇倒错乱，漫无头绪且蠹蚀雨渍，残缺颇多。但略为审视，则琳琅满目，美不胜收。"我父亲呕心沥血，不辞辛劳，沉浸在书海里，很有兴趣，苦中有乐。满文书籍联合目录（M）在民国二十二年六月出版（1933年4月）那时父亲还不满28周岁，他是多么的不容易啊！

《满文书籍联合目录》的编纂开启了中国少数民族有图书目录的历史。

**刘厚生**：李先生编纂目录确实做到了创造性的工作，毕竟是国内第一部满文图书目录，开创了编撰满文图书目录的先河。

**李芬**：谢谢！跟满文老档有关的还有件事，1935年5月，我父亲在故宫博物院文献馆工作时编译出版了《阿济格略明事件之满文木牌》。

该书收录了当时发现的26枚满文木牌照片，以"叙录"为题，对满文木牌来源、文字特点和形成时间作了比较详尽的考证，对满文木牌逐一音译和意译，并作了必要的注释；最后还以附录的形式刊登了《满文老档》的照片2幅、《无圈点字书》的照片4幅。满文木牌是以木牌为书写材料形成的公文档案的总称。清入关前，因纸张紧缺，不得不就地取材，削木为牌，记事归档。木牌形状各异，有的削成薄片，两面书写；有的削成长方体，四面书写。其长短宽窄各不相同。木牌的一端，一般均有小孔，以供贯绳之用。记载的内容十分简单，不记书写者的名称和书写的时间，只简明扼要地记事。木牌书写用的文字具有老满文向新满文过渡时期的特点，既有老满文，也有新满文，主要反映了崇德元年（1636）武英郡王阿济格率兵进关攻略明军的战况和俘获物品等情况。李德启先生编译出版的《阿济格略明事件之满文木牌》一书，虽然篇幅较少，16开本，共计56页，但在满文档案的编译出版方式上开创了新的形式，这种既有满文原文，也有汉译文以及必要的考证与注释的编译体例，迄今仍具有一定的借鉴作用。自此之后，因遭受战争和时局的动荡，中国大陆满文档案的编译出版一度处于停滞状态，没有任何翻译作品问世。

1916~1948年期间，有了起步之举，初步向学界提供了满文档案史料，介绍了满文档案的价值，为后人提供了有益的实践经验，具有一定的影响和作用，实属不易。

这是我儿子在网上帮我收集到的，附封面《阿济格略明事件之满文木牌》见图。

《阿济格略明事件之满文木牌》影印件封面，全书共计56页

第三件事，收集藏书。

20世纪30年代，于道泉先生主持国立北京图书馆善本部的工作。于先生有远见卓识，很敏锐，曾留学英国18年。于先生意识到辛亥革命后国内对满文书籍不屑一顾，而国外则乘虚而入。于先生在我父亲《满文书籍联合目录》一书的序里写道"欧西学者既有多人致力于满文的研究，而于满文书籍亦多方购求，不遗余力。"而国人多弃满文如敝屣。外人更利用时机"人弃我取"，故近年来，满籍流失海外者为数极多。我父亲也在自序中写道："袁守和先生曾谓（说）满文典籍于鼎革之后，为国人所敝弃，而外国人士，则恃（靠）其雄厚财力，广泛购置，吾人若不于此时会尽力搜访，则数十年后，如不散若风烟，即须求诸异域。"他俩不约而同，有共识，很投缘，心心相印，一拍即合，都认为如果自己不抓紧时间搜访这些珍贵书籍，则将会流传到国外，他们抓紧时间整理，还和蒙古族人彭色丹喇嘛紧密合作，多方收集满、蒙、藏及其他兄弟民族文字文献。我父亲他们不辞辛劳到北京13个单位的图书馆收集藏书，包括北京图书馆、中国科学院图书馆、北京大学图书馆、首都图书馆、雍和宫、中国社会科学院历史研究所图书馆、中国近代史研究所资料室、民族文化宫图书馆、故宫博物院图书馆、故宫明清档案部、中国历史博物馆图书馆、中央民族学院图书馆等北京13

个单位的满文藏书共近千种并编目。凡是能有这些书籍的地方，他们都会联系，然后收藏起来。

现在国立北京图书馆特藏部收集到的民族文字古籍2/3以上，都是当年于道泉先生、彭色丹喇嘛和我父亲李德启先生采集来的。我父亲对善本部特藏组的书籍爱不释手，如数家珍。他能分辨满、蒙、藏、维吾尔等少数民族书籍的书名。有一次，季羡林先生（1950年7月11日）让朋友找他查本书。去了以后，我父亲信手拈来很快帮他解决了问题。季羡林先生的朋友非常感谢我父亲，惊叹我父亲的记忆力这么强。后来陆续有民族学院的优秀大学毕业生分配到善本部工作，增添新生力量，他们问到要查询的书籍时，父亲能指出在哪个书架，第几层的具体位置，给他派的两个助手，都是民族学院的大学生。第一个我忘了叫什么，第二个叫王丽娜。我父亲去世的时候王丽娜还参加了追悼会。

**刘厚生**：王丽娜1986年还在北图？

**李芬**：还在。他们都讲有什么问题，有什么资料要查，一问我父亲，我父亲就知道。虽然我父亲眼睛不好，但是他记忆力真的是很强的。

第四件事，编大词典。

**李芬**：他和于道泉先生，还有彭色丹喇嘛在北海静心斋编藏、满、蒙大词典，有没有汉文我就不记得了。

**刘厚生**：五体清文鉴还加有一个维文。五体是指清代五种文字，除了刚才说的三种，还有汉文、维文。

**李芬**：是的，我父亲那时候说过，好像他会六七种少数民族语言，但还是满文深刻一点。领导对他们编大辞典非常支持，为他们创造好的工作生活的环境。编写出来的词典稿件，晒图晒出蓝底白字，那时没有复印，就晒图。我二哥李森去给晒。我二哥一晒图，我就去跟着他，我不会晒，就是看看热闹，晒出的字是白色的都是满文，我也不认识。

**刘厚生**：这是什么时候的事？

**李芬**：这就是20世纪50年代了。

**刘厚生**：出版了吗？

**李芬**：没有出版。这个大词典没有出版，后来怎么着就不清楚了。

**刘厚生**：这个版权属于谁？

**李芬**：这个稿子可能属于国立北京图书馆。不是故宫博物院的。

父亲的一生主要在故宫博物院和北京图书馆两个单位工作。父亲在从事满文工作方面能取得一些成绩，要感谢老朋友们的激励，同事的帮助，领导的关照和支持，领导为我父亲的工作创造了良好的工作环境和条件。

作为父亲的女儿，回忆起这些，心情很不平静，感恩一切。我父亲去世以后，安葬在万安公墓。我把我父亲墓地的照片和我父亲的照片给我的兄弟姐妹六个（哥仨，姐仨）每个人印了一份。我父亲把他这个照片的底板给我了，我始终觉得我是有这个责任的。

**刘厚生**：李老先生学习满文是他自学还是？

**李芬**：自学。我的父亲家里条件一般，他曾经在知名的大语言学家刘半农先生的手下工作，跟刘半农先生学了不少知识。

**刘厚生**：非常有名的老师。20世纪30年代的时候，李老先生学满语还有没有别人？还能记得有没有其他的同事？

**李芬**：我父亲的同事都不是学满语的。他是在故宫博物院文献馆工作。

李德启先生（中排左起第二人）和故宫博物院文献馆同仁合影（1948年）

**刘厚生**：爷爷辈太爷爷辈的有会说满语吗？怎么学的呢？

**李芬**：我不清楚了。他到北大当讲师教了一年的满语呢，是在新中国成立前。我也不知道有没有家传。

**刘厚生**：那他怎么会想起学满语？

**李芬**：他也是从小，也许是生活的原因。另外跟着刘半农先生，研究语言的专家可能指点过他，让他有了一技之长。

**刘厚生**：李老先生授课内容用满语讲吗？

**李芬**：他讲满语。就是季羡林先生请他去的。那时候于道泉先生在中央民族学院。于道泉先生特别想请我父亲去他那里教满文。父亲从 20 多岁一直在国立北京图书馆和故宫博物院这两个地方工作,这边太熟悉了,很有感情,舍不得离开。

**刘厚生**：李德启先生对满族文化和抢救满文档案有着卓越的贡献。发扬满族文化要追根溯源到李先生这儿。

**李芬**：对我父亲来说,确实是兢兢业业一辈子。

李德启先生是 20 世纪二三十年代学习和研究满语文的第一人,翻译和研究满文历史档案的开拓者,很有成就。采访李先生的后人,对他的生平有了更深刻的了解,让我们越发敬佩这位弘扬满族文化的先驱者。

清朝灭亡后,内阁大库中的档案才被世人所知,罗振玉保护清代档案并组织人加以整理,功不可没。后来又有李德启、张玉全等人对满文档案进行研究,成为拓荒者,令人敬佩。

# 第二章

# 新中国成立后满文人才的培养受到国家的重视

## 第一节　国家图书馆首创满文进修班

**采访时间**：2018 年 8 月 6 日

**采访地点**：北京王庆丰家中

**采访目的**：请王庆丰先生口述 20 世纪 50 年代中期国家图书馆满文进修班的开办情况

**采访者**：刘厚生、闫超、马力、孟宪振

**被采访者**：王庆丰

**被采访者简介**：王庆丰（1937—），男，山东泰安人。中国科学院民族学与人类学研究所研究员，新中国成立后中国科学院满文班毕业生。主要从事满语、通古斯语的调查和研究，主要著作有《满语研究》《满语简志》《新编汉语大辞典》《中国少数民族语言使用情况》等。

**刘厚生**：您是什么时候开始学习满文的？请把当时的有关情况谈一谈。

**王庆丰**：我是 1937 年出生，山东泰安人。1953 年，因父亲工作调动，我们家就搬到了北京。1955 年，即将高考时，我接到了三次通知。第一、第二次分别是俄语学院和北京外国语学院，第三次是中国科学院满文班的紧急通知，都希

望我报考，我当时对满文一点也不了解，但很感兴趣，于是我就去了中国少数民族语言研究所，找到了发给我通知的吴晓玲先生。吴晓玲先生是当时语言所所长，著名语言大师罗常培（满族）先生的学术秘书。吴先生对我讲起了国家提倡学习满文的缘由，对"抢救满文，培养人才"的重视。

与王庆丰老师座谈（2018 年 8 月 6 日）

**刘厚生**：能否介绍一下你们当时学习满文的具体情况？

**王庆丰**：吴晓玲说，她通过教育部招生办挑选了 20 名学生，他们成绩都在录取分数线以上，政治条件也都合格，其中有我。吴先生说，五年学成后，将会分配到语言所和历史三所（今近代史所）工作，从事满语文和清史的研究工作。一切待遇与高校相同，助学金还优于高校。

我动了心，感到学习满文是"冷门""绝学"，将来工作在科研单位又可以留在北京，于是我回家争得家人的支持，最后放弃了去外语院校学习的念头，决定去学习满文。

学习满文谁来教？选择老师当时成了问题。最后由全国人大代表载涛先生推荐，聘请克敬之先生担任我们的满文老师。克先生名克诚，字敬之，蒙古族人。克先生是载涛的表兄，溥仪的舅舅，启功先生的舅爷。晚清重臣赛尚阿是克先生的爷爷。新中国成立前，克先生曾在咸安宫（满族官员学习满语文的学校）及满蒙高级学堂任教习。著名的满蒙汉语翻译家。1950 年被中国科学院聘为高级满文教授。当时教我们的时候已是 75 岁高龄了。

由于克先生年事已高，外出上课有困难，于是经研究，每天上午的四节满文课在克先生家里上，其他高校课程由科学院两所的专家在科学院上。

我们学的教材是克先生自己编写的，经我陆续整理约有十余部手稿，2018年社会科学文献出版社出版了我整理的部分手稿即《克敬之满蒙汉语教学手稿》一书，就是当时我们学习的教材。

**刘厚生：** 王庆丰先生参加的这个满文班，虽然仅学习了两年，又没有纳入正轨的高等教育范畴，但这个班毕竟是国家行为，培养了满文人才，功不可没，可以算作新中国成立后第一届满文班。

我们只知道，1956年与克先生合影的有：王桂芬、汪玉明、黄进龙、王庆丰、陈文生五位学员，向你们致敬！

克敬之老师与他的学生们（1956年）

一九五六年，满文班师生合影于克敬之老师家。

（前左）王桂芬、（前中）克老师、（前右）汪玉明

（后左）黄进龙、（后中）王庆丰、（后右）陈文生

新中国成立不久，国家就开始重视满语文的教学，培养翻译人才，克敬之先生开此先河，应给予充分肯定。

## 第二节　中央民族学院开设满文专业

采访时间：2018 年 3 月 15 日

采访地点：长春刘厚生家中

采访目的：请刘厚生先生口述 20 世纪 60 年代中央民族学院满文专业的具体情况

采访者：闫超、李路

被采访者：刘厚生

被采访者简介：刘厚生（1941—），男，北京人。东北师范大学历史文化学院资深教授、博士生导师，1961 年 9 月就读于中央民族大学满文班。主持国家社科基金、教育部重大人文社科基金等多项，发表学术论文百余篇。主要研究方向为清史、东北民族与疆域史、满语言及民族文化、满文古籍整理与研究。出版《旧满洲档研究》《满语文教程》《简明满汉辞典》《汉满词典》《中国长白山文化》等专著三十余部。国家"非遗"满语文吉林省传承人。

**刘厚生讲述：**

1961 年高考时，中央民族学院（现中央民族大学）建立满文班，是周恩来总理亲自批示建立的，有很多著名的教授像范文澜、郭沫若也都极力推荐。这个班要从事清代历史研究，以及满文档案的翻译，定位很明确，就叫满文班，就是搞文字，不搞语言。

我父亲看了以后跟我说："你可以去考这个满文班，因为你想搞清史，会满文对研究清史有好处。就像搞世界史必须会外文，只看中文资料不看外文资料怎么能研究透呢？"而且周总理亲自指示开办满文班，那我就报吧。第一志愿就报的是民族学院满文班。

高考结束后不久，邮递员送录取通知书来了，民族学院录取了我，有的邻居不理解说你怎么上民族学院呢，你应该去北大历史系。我说我爸爸愿意让我到民族学院学满文，我也觉得这个专业很好。

1961 年 9 月份，我去民族学院报到，见到了同学们。我们班一共有 19 个人，主要来自北京、东北和新疆察布查尔县。见了面以后，大家挺高兴，至于这个专业都学什么、满文是什么都不知道，只见过故宫大殿门楣的牌子上有满文。开学后又从国家档案馆调来两位同学，都是干部，比我们大几岁。当时国家档案馆在西郊的西山，馆有明清部，明清部里庋藏了很多满文档案。他们也请人教教满文，所以有些基础。

满文班开学的时候，学校领导特别是系主任马学良教授亲自为我们班主持了开学典礼。马学良是非常有名的语言学家，是从北大调到民族学院来的教授。他讲："第一，你们这个班，是周总理亲自指示我们民族学院开办的，这非同小可，我们当成一个政治任务来完成，你们一定要好好学习，一定不要辜负周总理、毛主席他们的期望。第二，你们的定位叫满文班，我们系是少数民族语言文学系，没设在历史系。那么其他班的名称都是维语班、蒙语班、藏语班，都是学语言的。他们毕业以后是到民族地区去从事教学，或者做当地的干部，去向很清楚。而你们呢，主要是留在北京的中央档案馆，还有中国社会科学院的民族研究所。我们的师资力量很强，除了学满语以外，所有文科的科目都要学，包括语言学、历史学。历史学的老师叫王钟翰，是研究清史的泰斗，教你们清史，所以你们应该好好学。"马学良教授的话给了我们很大的鼓舞。当时民族学院还有几个非常有名的教授，如费孝通、潘光旦，那都是大家，对我们满文班也很关心。

满文班全体同学在颐和园合影，后排第四人是刘厚生（1963年7月）

我们的学制是五年，要学习五年满语文。为解决说满语的问题，学校就从锡伯族请来一位叫涂长胜①的老师。涂老师是新疆察布查尔的一个中学老师，教我

---

① 刘厚生回忆，涂长胜老师后来又回到了新疆察布查尔，担任《察布查尔报》（后更名《新生活报》）的主编。

们语音、语法、选读,教得也不错,非常敬业。我们的满语得益于涂长胜,所以毕业以后,我跟涂老师一直关系非常好,经常有书信来往。

还有一位老先生叫钟棣华①,也是锡伯族,是历史系的教授。他会说满语,读满文没问题。这是从语言的角度,文字角度请了这么两个老师。

后期又从新疆调来一位老师名叫赵玉麟,锡伯族,负责指导我们去档案馆实习满文档案。

只学满文是不够的,我们得懂得历史。档案就是历史,因为档案里的敕命、诰命、奏本、题本这些东西既跟满文有关系,也跟历史有关系。学校就请来一位将近 90 岁的清朝遗老给我们讲课。他叫关振华,满族,由于年岁大了,每次上课都会车接车送。上课的时候,关老先生走不动了,我们两个人就把他搀到讲台上,请他坐好。他家里有很多满文书,他拿了很多书让我们看。我记得最清楚的是清朝晚期光绪年间的一本状元名册,可能还有考题。当时觉得很珍贵,知道考状元真不容易。关老先生给我们讲清朝的历史,我们也感到很新鲜。

我们每天学满文,刚开始的一年,主要是学语音。第二年学语法,第三年以后就开始大量阅读满文档案和满文资料。起初,我们觉得很困难,觉得满语真不好学,特别是发音,嘟噜音打不出来,又没有什么参考资料可看,我们只能看学校从档案馆复印的一点点资料。

大学的满文学习是很枯燥的,我的兴趣也不是很高。我的主要兴趣在历史上,所以我一边学满文,一边花大量的时间在图书馆看历史书。因为我跟王钟翰老师的关系非常好,他就带我到他的书房去。他有一套善本《清实录》,摆满了整个房间。他说这是《清实录》,你能看吗?我说这么多书,我什么时候能看完啊?他就教我应该看一些什么书,说像郑天挺②这样的专家的书要好好看。

我在民族学院看了很多历史书,做了很多卡片。当时琉璃厂卖那种印好的卡片,绿色的,上头可以写书的名字、作者,我一沓一沓地往家买,看了书就做卡片。这些卡片后来对我研究很有好处。因为卡片可以分类,日后写文章的时候,用哪方面的资料我就拿哪一类卡片。所以我有记卡片的习惯,不是看完就拉倒,也不是在书上画画就行了,我一定要动手,一定要把珍贵的史料记录下来。记卡片是我在民族学院学得比较好的习惯。历史方面我在民族学院打下了比较好的基础,特别是清史。我不敢说《清实录》都看完了,但是我都大致翻了翻,特别是清入关前的这一段历史。我最感兴趣的是清入关前努尔哈赤、皇太极执政这一

---

① 第一期满文班的满文教师都是锡伯族人。钟棣华老师曾担任过赛福鼎的翻译,对满语十分精通。第一期满文班的情况参见:米根孝:《任世铎参与拯救满文行动》,载于《中国民族报》2002 年 6 月 7 日"文化周刊"版。

② 郑天挺(1899—1981),福建长乐首占乡人。中国近现代历史学家、教育家。

段，所以对研究这一段的学者我都比较熟，其中有阎崇年①。阎崇年是我非常要好的老师、朋友。我上高中的时候，他是北京六中的一位教政治的老师，后来考上中国社科院历史所研究生。

大学生活里，上课的过程没什么波澜，给我印象最深的还是实习。1964年底我们在读大学四年级时，涂长胜老师带领全班同学到西山国家档案馆明清部实习了半年。

在实习过程中，我学到了很多东西。首先是见到了原始档案，这是我第一次接触到真正的档案。那时候我们已经初步掌握了满语文，看简单的东西都没什么问题。档案馆的工作人员把档案原件拿出来给我们看，让我们翻译，题本、奏本各种档案都有。

印象深刻的还有马学良教授，也经常到档案馆来看我们，还邀请郑天挺教授专程从天津来作学术报告。郑天挺是南开大学的知名教授，他跟马学良是同学，关系非常好。马学良就跟他说，我的学生在档案馆实习满文，你能不能去看一看，给他们讲点什么。郑天挺很高兴，那时候他的身体很好的，五十多岁，给我们作了一个学术报告，我印象特别深刻。他讲满文的重要性和清史的重要性，他说，对你们抱有很大期望，希望你们从事清史研究，能作出一些贡献，把珍贵的满文史料翻译出来。

满文班全体同学与档案馆领导及系领导合影（1965年）
前排左起第三人涂长胜老师，第七人马学良主任，第八人赵玉麟老师

---

① 阎崇年（1934—），山东蓬莱人。现任北京社会科学院满学研究所研究员、北京满学会会长。

中央民族学院满文专业于1961年首次开办,设在少数民族语言文学系,时任系主任为马学良。刘厚生先生是首届满文专业学生之一。该专业是在周恩来总理的批示之下成立的,首届学生主要来自北京、东北和新疆察布查尔县。主要授课教师为涂长胜、钟棣华、赵玉麟、关振华,另如郑天挺等文史专家亦曾为之授课。主要学习内容为满文的阅读与口语,并帮助国家档案馆明清部整理满文档案。

## 第三节　中国第一历史档案馆培养满文档案翻译人才

### 一、全国第三批满文干部培训班情况

**采访时间**：2018年1月7日

**采访地点**：北京孟宪振家中

**采访目的**：采访孟宪振先生关于全国第三批满文干部培训班的情况

**采访者**：刘厚生、闫超、李路

**被采访者**：孟宪振

**被采访者简介**：孟宪振（1952—2020），男,黑龙江省富裕县三家子村人,孩提时期便能够流利地说满语,学生时期开始学习满文,在三家子里,满语和满文都很娴熟的人是不多见的。1973年提拔到县里做公务员,在县宣传部任干事。当年夏天中国第一历史档案馆来富裕县招聘满语人才,孟宪振去北京应聘并获得成功。他参加了一史馆满文班的学习,三年后的考试成绩优秀,正式成为一史馆满文部的工作人员。在满文部工作期间,他翻译了大量满文的档案,出版了多部译著,同时参与了《满汉大词典》的编纂,在学术界有一定影响。

**孟宪振**：进入"十年文革"中后期,老一辈满文研究专家学者因部分人员工作变动和专业调整以及其年龄的变化等因素而未能从事满文研究工作,面对国内外众多档案馆、博物馆及图书馆收藏大量的满文档案、文献资料,尤其是针对北京故宫博物院明清档案部收藏的200余万件满文档案整理、翻译的艰巨任务,急需翻译大量的清代满文档案。

党和国家对满文干部的培训、满语言文化研究及满族文化传承事业高度重视。国家第三批满文干部培训工作正式着手办理具体开办工作,培训任务落到北京故宫博物院,故宫博物院直接责成其卜属"明清档案部"（今中国第一历史档

案馆）① 具体实施招收学员及各专业课程培训工作。

**闫超**：学员来自何方？

**孟宪振**：首先进行了招生工作，新生分别从北京地区招收 13 名（3 男，10 女）汉族应届高中毕业生；从新疆察布查尔锡伯自治县招收 6 名（3 男，3 女）锡伯族应届高中毕业生；又从黑龙江富裕县三家子满族聚居地区招收 2 名（1 男，1 女）满族学员，共计招收 21 名满文学员（后来其中 1 名女生，因工作发生变动等因素而未能完成全部学业）。到此，全国第三批 20 名满文干部培训工作正式拉开序幕，全体学员于 1975 年 7 月 30 日抵达位于故宫东华门内清代国史馆所在地的明清档案部报道办理入学手续，8 月 1 日正式开始上课。

全国第三批满文学员培训班学制三年，办学方式及办学宗旨与其他各大专院校迥然不同。学习期间不设寒暑假，为了不影响学业，保证学习质量，特意制定了《学员守则》，要求学员刻苦学习专业课，务必顺利完成全部学习任务，取得优异学习成绩，保证三年毕业后，每位学员对组织交给的业务工作都能"拿得起来，放得下去"。

整个三年培训工作，目的明确，方法得当，方向对头，效果显著。除一些必要的政治理论课程外，本着针对性的培训原则，分别开设了满语文教学课（含满文档案翻译学理论）、现代汉语、古代汉语、中国通史、中国近代史、明清史（重点为清史）、清代文书制度、档案学基础、文史工具书应用、清代汉文档案词语专修、档案工作理论和实践、清代文书制度及语言学等课程，还适时前往与清代历史相关的名胜古迹参观学习，不定期组织各类学术讨论会，举行专题讲座，参观博物馆以及安排满文档案翻译及汉文档案整理的实习项目；在培训理念上，着重于基础知识，基本功和基本技能的"三基"训练上下功夫，使每位学员都能熟练掌握专业技能、专业词汇的运用等。

历经三载寒窗苦，由东北、西北及北京三个不同地区招收来的汉族、满族及锡伯三个民族组合的 20 名学员，于 1978 年 7 月 15 日正式结业，结业后的大多数学员取得了优良成绩，基本达到预期效果，具备了一定的政治理论水平和满文专业技能。

**闫超**：学员的去向如何？

**孟宪振**：毕业后的 20 名学员全部安排在故宫博物院明清档案部满文组工作。为了做好满文档案整理翻译及研究事业，在国家恢复研究生报考制度后，先后有 3 人考取了清史专业硕士研究生，1 人考取了博士研究生。

---

① 故宫博物院明清档案部后来划归国家档案局，改称中国第一历史档案馆，是世界上现存满文档案数量最多的机构，约 200 万件。

毕业后的满文干部，除极少数学员中途改行从事其他行业外，大部分学员始终坚持战斗在明清档案事业及满语文研究工作的第一线，他们在清史研究、满语文研究、文献研究及民族学研究等领域都取得了一定成果，在几十年的实践工作中，除改行调往外单位人员外，从事满语专业研究人员中有8人获得了正高级职称，6名获得副高级职称，2人获得中级职称。

毕业学员依次（自下而上，由左向右）是：女生：宗印茹、沈源、郭美兰、杨珍、刘若芳、王小红、张莉、毛必扬、张玉、罗丽达、江桥、赵玉梅、郭春芳；男生：吴元丰、关精明、孟宪振、赵志强、冯玉、刘建新、李松龄

此次满文干部培训工作，是我国集中地、有针对性地培养满文干部，而且全体毕业学员统一集中于同一单位从事满文研究事业，加强了专业队伍（原有满文工作者不足10人）。并且，进一步加速和推进了满文档案整理翻译的工作进度，为相关领域的学术研究提供了最有力的第一手宝贵资料，极大地促进了史学研究的深入开展。

在几十年的工作实践中，在老一辈满文专家学者的带领下，毕业学员们取得了诸多优异成绩：

### （一）参与清代满文档案整理编目工作

20世纪80年代初，在中国第一历史档案馆满文部整理编目工作的十余名学员，首先对杂乱无章的内阁、内务府、军机处、宫中、宗人府等机构的满文档案进行了清理和整理，按照"全宗—文种—机构—时间"的整理原则进行分类、组卷、装盒、编写卷宗目录。在1986年一年时间里，便将50万件满文残题本，按照汉文残题本相同的原则进行编目造册。1987年，又将贞度门残破档案进行清理，并挑选出较完整的档案进行归类打包，使多年零散满文档案得到了清理和初步整理。时至1992年，满文整理编目组对较为完整的8万余件满文题本进行初步加工整理著录，并进行了逐件著录。这部分题本，对于研究清朝国家财政、人口、法律、管制、文教、科举、工程等问题，均具有重要参考价值。几十年实践工作中，这批满文学员先后参与了多种满文档案的整理编目著录课题项目，先后完成了《中国第一历史档案馆所存西藏和藏事档案目录》，其中满文、藏文部分由中国藏学出版社于1999年出版，汉文部分由中国藏学出版社于2000年出版；1994年完成《军机处满文录副奏折目录》，挑选出有关西藏及涉及藏族问题的13 000余件档案，编写目录100余万字，1999年由中国藏学出版社出版发行；1994年与中国社会科学院边疆史地研究中心合作编制了《清代边疆满文档案目录》，全书约12万余条，近800万字，1999年由广西师范大学出版社出版。

### （二）参与满文档案编译出版工作

自1978年7月满文班学员毕业后，有不足十名学员被分配在本馆满文部翻译组工作。几十年来，他们始终从事满文档案译编工作。鉴于馆藏满文档案中清初满文档案偏多，又因清初一部分满文内容与官修《清实录》内容存有一定差异，档案中记载的许多内容《清实录》未载。为了证实历史本来面貌，20世纪80年代初期，毕业学员积极参与了《清初内国史院满文档案译编》工作，全书共三册约110万字，并于1989年由光明日报出版社发行，1992年该《译编》荣获中国档案学会颁发的"第二次档案学优秀成果三等奖"；1990年由中华书局出版发行了《满文老档》，两册约100万字。该书于1992年荣获中华人民共和国国家新闻出版署颁发的"全国首届古籍整理图书三等奖"。另与中国人民大学清史所合作编译《盛京刑部原档》一册，并于1985年由群众出版社出版发行。1988年起，满文部开始翻译出版大型满文史料汇编《康熙朝满文朱批奏折全译》及《雍正朝满文朱批奏折全译》，经过多年努力，《康熙朝满文朱批奏折全译》于1996年由中国社会科学院出版社出版发行，该书辑录了本馆及台北故宫博物院所藏康熙朝满文朱批奏折共计4 297件，共270万字。

全体毕业学员，除参与上述清代早期编年体满文档案史料翻译出版外，还积极投入到了民族和边疆少数民族史的满文档案翻译出版工作与满文古籍文献的整理出版工作。如历朝《清实录》《圣训》《大清会典》《大清会典事例》及六部《则例》《四书五经》《上谕八旗》《资治通鉴》《古文渊鉴》等历史、语言、文学类图书资料，对上万卷的满文《清实录》进行了整理工作，并对部分精美的手抄文献资料进行影印出版。

综上所述，第三批满文班由故宫博物院明清档案部（今中国第一历史档案馆）于1975年开办，1978年结业。毕业后，这一批满文班毕业生在专业领域取得了诸多优异成绩，分别参与了清代满文档案整理编目工作和满文档案编译出版工作，整理、出版了大量满文档案以及相关文献、史料，为我国的满文研究事业作出了突出贡献。

## 二、中央民族学院满文班的情况

**采访时间**：2018年9月2日

**采访地点**：屈六生家中

**采访目的**：了解中央民族学院满文班学习情况

**采访者**：刘厚生、孟宪振、马力

**被采访者**：屈六生

**被采访者简介**：屈六生（1943—），男，中央民族学院首届满文班毕业生，明清档案专家，研究馆员，曾任中国第一历史档案馆满文部负责人。发表多部有关清史的论著。

**刘厚生**：新中国成立后，由政府出面办了几届满文班，你有何评说？

**屈六生**：新中国成立以后，由国家出面在北京曾经办过三次满文班，20世纪50年代北京图书馆和科学院联合培养了几位学习满文的学员，由克老师为大家上课。

20世纪60年代和70年代在周总理的亲自关怀下先后由民族学院和第一历史档案馆举办了满文班，这是两届很成功的满文班。60年代的这个班学习五年，最后一年去档案馆实习，知识学习得很扎实，这批学员成为我国在满学研究上的骨干，并承担抢救和传承满语文的任务，在国内培养了大批本科、硕士和博士生，推动了我国满语文的发展。70年代培养的这批人才绝大部分留在了中国第一档案馆，大部分人都能胜任满文档案的整理和翻译工作，有些人还写了不少文章，去国外深造，在学术上有所贡献。

现在的问题是后继乏人，年轻人学习满语文不够扎实，急功近利，认识几个满文字就自命是满文专家，所以"专家"一词，目前在满学是成了一个贬义词了。有些人到处开班讲课，错误百出，流毒甚广。

有些人以会满文在档案馆谋取了一职，而让他翻译档案却不会，只好去做行政工作。现在是求才若渴，一史馆满文部从原来的二十五六人减少到现在的十几人了，很难承担大任。接受过去的教训，以后招聘要认真考核，是骡子是马要遛一遛，先拿篇档案让他读一读，再让他讲讲内容，满文都不能流利读下来，是不能要的。

满文档案在一史馆有上百万份，有待整理和翻译，培养人才是件大事。

左起马力、刘厚生、屈六生、孟宪振（2018年9月2日）

**刘厚生**：在培养人才方面你有何建议？

**屈六生**：改革开放以后，社会上办满文班如雨后春笋，热情很高，对普及满语文很有好处，但越来越走样了。有些单位要办满文班，申请了一笔经费，认真筹备，搞了一个隆重的开幕式，看似十分热闹和重视，但会开完了也就没动静了，或根本办不起来，没有老师谁去上课？或虎头蛇尾，办一段时间就自消自灭了。1990～2004年，我担任北京满文书院的满文教师，也到民族大学任教，我觉得学习都不很扎实，每周上两次课，一次两个小时，学员十五六人。他们或是在校学生，或来自其他岗位，他们坚持学习一年半载，也只是个初级班水平，除个别人由于工作需要学得深入一些，多数人收效甚微，难出才俊。

我以为，满语文的学习要像20世纪那两个满文班一样，要由国家有关部门去抓，中央民族大学要恢复满文专业，要编写教材，学习要规范，要严格选派教师,不能谁都可以上讲台,自命是专家。我国满学落后于国外,应该振奋精神、奋起直追,夺回话语权。

**刘厚生:** 学习满语文的出路如何?

**屈六生:** 满文是我国古文字最年轻的一种,有些个别地区的满族聚居区和新疆锡伯族中,满语文还在使用,但毕竟濒临灭绝了,很快就要进入博物馆了。但满文和甲骨文一样,有他自身的文化价值和历史价值,何况满文档案数百万件,有价值的文化遗存太丰富了,不是我们一两代人所能挖尽的。所以,要学习满语文,使其这种文化延续下去。这属于冷门绝学,不需要太多的人去参与。这种人才的出路主要去向是国家、省、市、县档案馆、博物馆、文化馆、全国各大院校和社会科学院、研究单位,目前急需这样的人才。一史馆的名额尚未满,关键是要有真才实学。

当前,一个很重要和亟待解决的问题是后继乏人,如何培养新人,如何编好教材,规范学习,选派教师,应该由国家教育部门认真管一下,目前混乱的局面应该结束了。

## 三、满语、满文档案与清史研究状况

**采访时间:** 2018年1月11日
**采访地点:** 北京卯榫博物馆
**采访目的:** 了解满语及满文档案对清史研究的重要性
**采访者:** 刘厚生、闫超、李路、马力、刘彦臣
**被采访者:** 任世铎、安双成、吴元丰、郭美兰
**被采访者简介:** 任世铎,中国第一历史档案馆副馆长。
安双成,中国第一历史档案馆研究员。
吴元丰,中国第一历史档案馆研究员。
郭美兰,中国第一历史档案馆研究员。

参加此次座谈的有任世铎研究员,他是中央民族学院满文班毕业生,是中国第一历史档案馆的干部,曾任副馆长。20世纪50年代也曾向克敬之老师学习过满语文,又是一史馆满文班的组织者和领导者,所以对满语文的抢救和传承及应用,他是亲历者、见证者。安双成研究员是锡伯族人,1961年从新疆察布查尔高中毕业考入中央民族学院满文班,毕业后到中国第一历史档案馆工作,一直从事满文历史档案的整理和研究。曾编写《满汉大词典》等工具书,在学术界有一定影响。吴元丰研究员和郭美兰研究员,他们是伉俪,均来自察布查尔锡伯族。1975年,他们中学毕业后被保送到中国第一历史档案馆参加满文班学习,毕业

后留在满文部工作。吴元丰和郭美兰学习优秀,业务水平很高,除整理翻译大量满文档案外,还利用熟悉满文档案的优势,主持编译出版《清代西迁新疆察哈尔蒙古满文档案译编》《清代新疆满文档案汇编》《清代边疆满文档案目录》等20余部档案史料和目录,公开发表论文80余篇,研究成果颇丰。

左起孟宪振、安双成及夫人、任世铎、刘厚生、吴元丰、郭美兰(2018年1月11日)

**刘厚生**:今天请大家来谈谈满语文的现状,有什么问题,如何解决?

**安双成**:现在社会上学习满语出现了许多问题,特别是锡伯族使用的现代满语出现了乱象。生活在新疆的锡伯族,使用的满语创造出许多新词,如手机、电视、网络、视频、音频等当代生活中出现的新事物,这些外来语的新词如何用满语文表达,就出现了一系列问题。造新词多数是用拼音解决,听起来用起来很不舒服,如科学,现代锡伯语用"ketacin",其中"ke"是科学的"科"的发音,借用了科这个音,学就用意译。"tacin"是锡伯语"学习"之意,锡伯语中的"科学"就是这样拼写成的。"师范"锡伯语称"sefuduran",意思是老师的样子,这完全是把汉语直译的。"手机"锡伯语"galakun",意思是手上的机器。这些新造的词很不规范,用起来有莫名其妙的感触。

**任世铎**:语言要规范,没有规范就让人哭笑不得,当然也有个约定俗成的问题,长时间大家就这样使用了,也就顺其自然了。还有一种情况那就是皇上这样用了,以后不可以改,世代也就这样延续下来了。

**安双成**:其实清代是很重视规范的,入关后满族遇到了许多新鲜事物,创造了许多新词，如"甘蔗"，满语"jancuhunje"，"jancuhun"即是甜，甘之意，"蔗"找不到合适的词，就用拼音"je"。"黄连"又是另种译法，"suwalianokto"为"黄的药"之意。这个"连"字实在是翻不了。乾隆很重视语言的规范，把规范前的满语叫旧清语，把之后的清语叫新清语。乾隆以后的清语使用起来很准确很方便，走向了成熟。

**任世铎**：我们要注意带有政治色彩的一些流行起来的词汇，如"满清"，这个词汇清代没有，产生在辛亥革命以后。满清的说法是错误的。因为清朝不仅仅是满族的，清朝是一个多民族的共同体。

**安双成**：现在还有人这样说，甚至电视剧还这样说，这是一个不利于民族团结、带有民族主义色彩的词，应该取缔。

**任世铎**：口语和书面语的关系问题要得到解决，应该用书面语规范口语，否则就乱了。

**安双成**：口语和书面语有很多不同之处，如"好"，书面语："sain"，口语"sai"，书面语两个音节，而口语变成了一个音节，为什么会这样，口语脱落了一些音节，或软化了一些字母。若了解口语音节的变化，一定要从书面语入手，才能说得清口语变化的规律。

**任世铎**：小孟（孟宪振），你是黑龙江齐齐哈尔富裕县三家子人，从小就说满语，你去过黑河地区大五家子吗？见过那里的何世环老太太吗？

**孟宪振**：我没去过大五家子，但我和满族歌手宋熙东很熟，我们经常在网上交流，对何老太太说的满语很熟，听得懂。何老太太说的满语接近书面语，很规范。

**安双成**：我访问过何老太太，她用满语讲了许多故事。

**刘厚生**：请您谈谈开办第三批满文班的缘起。

**吴元丰**：开办第三批满文班的提议是在1972年，当时的全国人大常委会副委员长周建人向中央写信建议培养满文专业人才，主要原因我猜测应该是国际局势的影响。当时日本精通满文的人很多，很多日本学者是曾长期在东北地区实地调研的，阅读了大量满文资料。苏联和美国也有一些满文专业人才。但我们是满文的发源地，当时却已经找不出几个能读满文的人了。而且此时需要解读满文档案文件，因此迫切需要一批满文人才。

这个任务交给了故宫博物院明清档案部。当时提出了两条方案：一是请20世纪60年代开办的满文班毕业生回来帮忙；二是在新疆锡伯族高中生中招收一部分学生，因为锡伯族是满语和汉语都能说的。另外，再适当招收一些政治和文化基础比较好的复员军人和上山下乡知识青年。这才有了后来的1975年"故宫博物院明清档案部满文干部培训班"，从这个培训班走出了一大批满文工作者。

**刘厚生：**请您谈谈满文班的学习情况。

**吴元丰：**当时的学员主要来自东北、北京和新疆，其中就有我。我们是1975年8月1日到故宫明清档案部报到，档案部就在东华门内侧。当时虽然我们是学生，但实际上每人每月有38元工资。

我们当时的学制一共是三年，没有寒暑假（因为给我们发工资，相当于事业单位职工待遇，不是学生待遇），但是每天有早晚自习。课程上主要开设了满语文、现代汉语、古汉语、中国通史、明清史、清代文书制度、档案学基础、翻译学理论等，同时也有适当地参与满汉文档案整理和翻译工作。任课老师大多是故宫博物院内的专业人员，满语的语音、语法、翻译分别由明清档案部关孝廉、刘景宪、屈六生授课。也有中央民族学院、北京大学、北京师范大学、承德文物局等外单位的老师来做专题讲座。满文班管理极为严格，除了遵守故宫博物院各项规章以外，还专门制定《学员守则》，要求"注意保守国家机密"等。

当时我们学习还是非常刻苦的，毕业以后从这个班里走出了一批满文工作者，后来都是这个领域的中坚力量，如中国社会科学院历史研究所杨珍、中国社会科学院民族学与人类学研究所江桥、北京社科院满学研究所赵志强、中国第一历史档案馆郭美兰、张玉、王小红、张莉等，都是当年我们满文班的同学。

**刘厚生：**您后来进入一史馆工作至今，能否谈谈您所接触的一史馆满文档案保存和整理情况。

**吴元丰：**我们现在叫中国第一历史档案馆，前身叫故宫博物院明清档案部，我进入满文班学习的时候还叫明清档案部，1980年独立出来，划归国家档案局，才改叫一史馆。但是虽然名称变了，位置没变，都在故宫西华门里。所以从明清档案部的历史来算，我们应该是成立于1925年。当时馆内的满文档案数量巨大，由于人力物力所限，根本没有办法精确统计。甚至可以说，没有人去做这个整理工作。这些档案原来都是成捆成包散乱无序地堆放在库里，总数应该超过200万件。

但实际上，我们国家是从来没有忘记过这些档案资料的，新中国成立后的一段时间，我们都知道客观条件非常有限，无论是人力还是物力，都捉襟见肘，因此没有办法开展整理工作，只能尽量以保护为主。一直到改革开放后，我们逐渐培养了一批满文人才，也有了一些资源。比如在我们之前的满文班学员基本上都没有离开这个行业，我们这批满文班学员毕业后更是整体全部分配到故宫博物院明清档案部满文组工作，人员上就逐渐充裕了。后来1980年一史馆独立出来，满文组改称满文部，20世纪60年代中央民族学院第二批满文班毕业的一些学员也相继加入了我们，这样对馆内满文档案大规模整理的条件才基本具备了。

我1978年毕业进入明清档案部时，加上我们这些新来的，当时满文组一共有29人，在明清档案部内人数是最多的（整个明清档案部一共未满百人）。我们当时是一个综合性业务部门，虽然名义上只负责管理明清档案，但是从整理、编目、著录到翻译、研究、咨询，只要和满文沾边的都管，相对而言还是比较特殊的。

我刚参加工作的时候，就赶上明清档案部搬家，那时候还在东华门内侧的国史馆办公，要搬到西华门里新建的办公大楼。当时最麻烦的就是搬运档案，因为那时候没有现在这么好的条件，所有的资料都得靠人工（搬运）。当时我就是和另外一个男同学在资料室捆书（资料室在内阁大堂），借着这个机会，我基本把资料室的所有古籍图书都摸了一遍，这就心中有数了。

搬到新馆以后，我就跟领导说，我们要不要对库里的满文档案进行摸底，（领导）同意了。当时我们先选了最重要的18万件录副奏折，花了近8年时间才整理和著录完毕。此后，又陆续整理了满文题本、满文黄册、军机处满文档簿、内阁满文档簿、满文实录、满文圣训、满文老档、内务府满文杂件等档案。每当一项重要档案的整理或翻译工作结束后，我就会写一篇介绍文章发表，在学界反响是比较积极的。至2016年底，我们基本完成了档案实体的整理工作，编制了文件级秩序目录，每件都有独一无二的编号，便于保管利用，现已有40万件著录条目。

这些成果我们大部分都陆续出版或正在出版过程中。比如1999年，我们和中国社会科学院中国边疆史地研究中心（现中国社会科学院边疆研究所）、中国人民大学清史研究所合作编译出版了12册《清代边疆满文档案目录》，共计900多万字，在国内外影响比较大。此外还有《清代军机处满文熬茶档》《清朝前期理藩院满蒙文题本》《内阁藏本满文老档》《清代新疆满文档案汇编》《清太祖满文实录大全》等，我们还出版了近800册满文档案原件和一部分重要档案的汉译文，可以说取得了一定的成绩。

**刘厚生**：现在一史馆的满文档案整理工作有没有什么困难？

**吴元丰**：困难是客观存在的。之前最大的问题就是，满文档案的数量实在太多，而我们的人员又十分有限，可以说想要完成所有的档案整理与出版，在我们这一批人的有生之年都不可能完成，甚至可能需要数代人的努力。

所以，我们除了使用传统的方法和理念之外，现在也在不断探索新方式、新方法，尤其是利用现代科学技术。比如我们曾尝试与相关科技公司合作研发了满文档案图像识别软件和满文输入法，现在手写楷书体满文识别率达到90%以上，通过这个软件建立了13.8万件满文朱批奏折全文检索数据库，现在已经向社会开放使用了。通过这个软件，我们现在已经完成了13.8万件满文朱批奏折及十朝满文实录、起居注全文检索数据库的建立工作；在馆局域网利用平台上开放了近40万件满文档案，并且以翻译或原件影印形式出版了近800册档案史料。

**刘厚生**：现在所有的满文档案都开放使用了吗？

**吴元丰**：没有，还有一些档案目前达不到开放利用的条件。比如内阁满文档案里的清前期《盛京旧档》《内秘书院》《秘本档》《票签档》，以及《史书》《黄册》等簿册类档案；内务府满文档案中的顺治和康熙两朝《奏销档》以及《红本档》《杂录档》《消费档》等档案；宗人府满文档案中的满文《玉牒》等，目前都未达到开放利用的条件。将来各方面条件成熟时，这些档案肯定会开放利用。

**刘厚生**：未能开放的主要原因是什么？

**吴元丰**：最主要的原因还是人员短缺。之前说过，我们满文部虽然在人员编制上已经是馆内最多的了，而且后来陆续有人员补充，但相对于满文档案的数量来说，人手仍然是严重不足的。因此我们只能从重要性程度上对这些档案有一个整理的先后顺序划分，也就是先就比较重要的这些档案先行整理与公布。

另外还涉及档案电子化的问题。一是把档案电子文档化；二是档案影印。这两个方面实际上都需要大量人手进行工作，目前我们的人员仍然是不足的。

**刘厚生**：最后，请您谈谈我国学者利用满文档案研究清史的情况。

**吴元丰**：在我国，无论在清代、民国，还是现代，不少学者一直在研究、利用满文档案，哪怕社会动荡、国难当头的时候也没有停止。清朝时期，每当重大战争结束，都要写方略，这就涉及满文档案的大量翻译利用。清代历朝都要修实录，除光绪朝实录只有汉文的以外，其他各朝都有汉、满、蒙古三种文字的实录，当时纂修时都大量利用了档案，当然包括满文档案。民国初年，满族学者金梁在沈阳组织懂满文的人翻译过《满文老档》，并在刊物上连载，使人们首次了解到满文档案。1978年改革开放后，新中国培养的满文学者佟永功、关嘉禄、屈六生、关孝廉、安双城、季永海、刘厚生、关克笑、沈薇、王佩环、刘小萌、定宜庄、齐木德道尔吉、达力扎布、杨珍、赵志强、江桥、郭美兰、王小红、张莉、乌云毕力格、赵令志等学者，结合各自的本职工作，利用满文档案撰写有关清史、民族史和文献学等方面的学术论文，成绩斐然。更为可喜的是，近几年来，中央民族大学、人民大学、内蒙古大学、东北师范大学、黑龙江大学、吉林师范大学等院校，陆续给研究生开设满文课程，不少研究生利用满文档案撰写毕业论文。

在此需要特别一提的是，早在1953年，我国著名的清史、民族史学者王钟翰先生，自己翻译利用《满文老档》内史料，撰写发表《满族在努尔哈赤时期的社会经济形态》，并收入其1957年出版的成名作《清史杂考》，开启了新中国成立后国内学者利用满文档案研究清史和民族史的先河。20世纪70年代末，著名的清史学者戴逸先生与同仁合作，利用翻译的满文档案，撰写《1689年的中俄尼布楚条约》，可以说开创了现代中国用档案研究边疆史的先河。80年代初，马大正研究员作为编写组的主要成员，与小组成员一起撰写《准噶尔史略》，也利用了专门从新疆请人翻译的满文档案，填补了厄鲁特蒙古史研究领域的空白。周远廉研究员利用《满文老档》等清入关前史料，撰写《清开国史研究》，是我国改革开放初期清史界最为轰动的学术著作，影响比较大。阎崇年研究员也利用《满文老档》等史料，撰写《努尔哈赤传》，是我国改革开放初期研究清代人物的代表性著作。这些著作的撰写出版，不仅推动了清史相关领域的研究，也宣传了满文档案，启迪人们去发掘和利用新史料。

  在满文史料的利用上，我认为，中国从人才培养、档案出版、研究成果等方面所取得的成绩，在国际上是有目共睹的。海外学者都很诧异，他们没有想到"文化大革命"之后，中国的满文人才还这么多，老中青都有，而且都专门从事满文档案工作。

  最后我想强调，满文档案不是满族的，无论满文档案，还是汉文档案、蒙古文档案，都是清代国家机关处理政务过程中自然形成的文书档案，是珍贵的国家记忆和历史凭证。而要做好清史研究，汉文、满文、蒙古文档案都不可偏废，史料的重要性不应以文字来区分，应视研究者的侧重领域而定。或者说，对历史研究者而言，文字仅仅是载体，无论何种文字史料，只要有价值的，都应该去发掘和利用。

# 第三章

# 改革开放后满文人才的培养

本章主要介绍 2018 年 1 月 15 日以刘厚生、闫超、李路、孟宪振、杨洪波、陈思玲等人为代表的课题组，对中央民族大学历史文化学院的赵令志、季永海教授与北京市社会科学院历史所的江桥、赵志强研究员进行访谈的情况。访谈内容包括被采访者个人、单位与相关满语文保护者的满语文教学、研究情况，及其对本项目的意见与建议等。

## 第一节　对中央民族大学当前传承、抢救满语文情况的采访

采访时间：2018 年 1 月 15 日

采访地点：中央民族大学历史文化学院

采访目的：了解中央民族大学目前学习满语文的状况

采访者：刘厚生、闫超、李路、孟宪振、杨洪波

被采访者：赵令志、季永海

被采访者简介：赵令志（1964—），男，满族，中央民族大学历史文化学院教授、博士生导师。

季永海（1940—），男，汉族，中央民族大学少数民族语言文学系教授、博士生导师。

刘厚生首先对课题组项目的进展情况作了简要介绍。

**刘厚生**：今天到这来就是想看看咱们民族学院满语的教学研究方面做了些什么工作，办了些什么班，有些什么成果，有什么问题。

**赵令志**：首先谈谈中央民族大学办过的四届专业满文班的情况：教育部正式批准的满文班办了四个，第一个是你们那个班（1961年的满文本科班，学生21人，学制5年①）；第二个就是元丰他们班（20世纪70年代开设满文选修课）；后来1986年，我们在历史系办了一个满文清史班（1986年满文清史本科班，22人，学制4年。1987年满文大专班，学生30余人，学制3年）；2000年就是我们和一史馆合着办了一个满文班（满文文史本科班，学生16人，学制4年）。这四个满文班是国家正式批准的。其中，前两个班偏重语言学，后两个偏重文献和清史。86班分到一史馆四五个，后来有几个走了，现在就常佳琳还在那盯着。2000年这个班现在有8位在满文部，成为满文部主力了……前面86班满文是季永海老师教的，满文部负责所有的满文课程，后来是屈六生老师和王小虹他俩教的，请季老师教的语言学概论。这两个班是侧重满文档案，在满文档案翻译和利用方面他们还是很有特色的。2000级班收16个人，后来一个出国的。

这些满文班毕业生很多都从事着与满语、满文文献相关的工作，主要流向新疆地区相关研究机构、国家民委古籍办、国家图书馆、北京满学所、一史馆与各大高校等。近些年没有再办专业满文班，是因为学员的工作分配问题。但是，中央民族大学的满文教学并没有停止，我们民族大学有几个满文教学系统，一直没断，除了这两个班以外就是季老师他自己带的研究生，也带出了很多从事满文档案工作的人员。还有就是我们王钟翰先生的学生，这些学生是要求必须学满文的。我们这些博士，一开始学满文就是跟着季老师学一年，然后在第一历史档案馆实习半年。王（钟翰）先生都是这么安排。现在，民族大学的满文教学是季老师的学生高娃他们，课程面向全院。另外是我们历史系，我上了十多年，后来交给我的博士生，他留在学校，给他上，主要是针对我们系的硕士和博士来开这个课。中央民族大学的满文项目也不少，两个国家社科基金的，都是和满文有关。

**刘厚生**：关孝廉是不是也做这事呢？

**赵令志**：他在新疆察布查尔，他在做。后来那支队伍被我们收编了。但是，他们单做他们的，分给他们一些册，由他们来译。新疆档案多，有283册。我们的项目算国家项目，一个重大课题。这么多年的满文教学和研究，民族大学还是

---

① 季永海：《满语文教学恳谈——以中央民族大学为例》，载于《满语研究》2010年第2期，第5~6页。

侧重文献。

20世纪80年代初中央民族大学招了大批满族学生，呼吁学满文，当时一起学满文的有白立元、赵中男、赵杰等。同出王钟翰老师门下的几个博士，都曾跟着季永海老师一起学满文，学了一年半，2000年我辞掉系主任，来当满文班的班主任，又跟着听了四年满文课，逐渐建起了翻译满文档案的团队。这个团队包括郭美兰的几个博士和硕士，他们都经过几年专业的满文训练，通过满文文献的翻译整理，研究清史。

**季永海**：我1979年前曾教了8年哈萨克族的基础汉语，之后到了少数民族语言文学所，当时科研任务重，自己又是主攻历史语言学的，只能利用业余时间，一礼拜开一两次满文课，没有条件办专门的满文班，但学习满文的同学热情高涨，许多本科生、硕士生、博士生乃至日韩留学生和在职青年教师们都来上课，课时一年左右，都是这种情况下带出的学生。带了大概30多个博士吧，硕士不多，六七个吧。真正搞满文的是常山、双山、高娃、戴汪雨还有徐丽。徐丽是我们中文系的，后来读我的硕士，现在是一史馆的满文部主任。双山是二级教授，在包头师范学院做副院长，现在叫内蒙古民族大学，他一直在搞。常山现在在黑大，和同班吴雪娟，是主力了。戴汪雨在满文所。赵志强满文学得好，写了本《三家子满语》，研究满汉语。再就是清史，我教过外国人不算留学生的有20多个吧，有几个留学生是专门来学的，有日本、韩国、美国、意大利、俄罗斯这几个国家。

**赵令志**：刘老师你的项目我知道，实际咱们国家满文教学水平比较高的内蒙古大学，20世纪七八十年代他们老师就让学生学，一个达斡尔族老师教他们，是满文蒙文互用。原来文化部搞过满文文献调查，后来我到他们那儿去看，内蒙古大学的图书馆的满文词书比咱们全。我觉得除了国家图书馆就咱们最全，他们比咱们还全。但他们的问题是，他们硕士博士学的是满蒙互用型，你让他们翻译成汉文，他们的汉文水平达不到，有时候翻译得不合档案规矩。现在北京博士硕士里面呢，读满文档案的，档案研究做得不错的有祁美琴，她也带学生读满文档案，我们俩是本科、硕士、博士十年同学。满洲实录的满文和满汉文她又重新理了一遍，出了一本书，她现在是主编。

中央民族大学的满文课教材一直用季老师的《满语语法》，后来用佟老师编的《满文文法》（即《简明满文文法》，关嘉禄、佟永功著），他那个好在哪呢？他不是用罗马转写，这样好用点。课程难度不是很高，一年内可以讲完语法。

**刘厚生**：为什么民族学院没考虑设满文专业呢？

**赵令志**：我们培养出来学生，你往哪儿分配？隔一段时间弄一个班的话，主要是给一史馆培养人才。

**刘厚生**：东北也很需要满文人才，东北几个单位也很需要人，比如吉林省档案馆要人，招聘一年没人去。最后黑龙江来两个女孩，一看学得不错都留下了。有一个女孩觉得档案馆有点清贫走了，现在剩一个了。它很需要人啊。

**季永海**：没钱拢不住人这也是一个问题。可见，即便有供需缺口，待遇也是满文人才培养的一个障碍。另外，许多满文基础不扎实的自学者，不规范使用满文，也带来了不好的影响。

**赵令志**：社会上的满文班质量参差不齐，虽然热情可嘉，但问题也很多。

**刘厚生**：山头那么多，那么多老师，需要测试一下，专家听一听，对不对，上岗证、教师证都要有。

**赵令志**：我发现新毕业的博士里面，有七八位的满文档案翻译不错。我的有三个，顾松节、关康、郭文中。关康在近代史所。现在年轻人里，我发现刘老师的学生姜小莉的满文不错，她能译神本，那个东西很费劲，把口语化的转过来，把汉字变成满文再翻译过来。

**刘厚生**：现在年轻人他们不教满文，就教罗马字了。我认为不行。日本在满文教学上有值得借鉴的地方。

**赵令志**：日本的《满文老档》研究会，就是羽田亨先生一直弄下来的，方法是什么呢？这次读完了，下次读哪页到哪页，大家回去自己转写完了以后翻译，会议两周一次，就在东洋文库清史研究室里，然后大家就读，假设这次读三页，大家都弄完了以后，基本定稿了，再读下三页。《满文老档》译文是这么出来的，体现了整个日本满文学界的综合水平，他们把《满文老档》弄完以后，现在正在弄《内国史院档》。

三人提出了对于满文教育的现状与发展的看法。

**赵令志**：满文教育，我觉得还得侧重文献。现在有两个，一个是东北办这种小学的普及班，作为自治县是一种满文教学。而大学里是要培养满文人才的，必须从档案文献入手，这样才能稳固，不然很快就忘了。

**季永海**：学语言学应该是并重，三个语族，蒙古、突厥、满通古斯，有人同意有人反对，一百年来始终研究不透，包括日韩语到底是属于阿尔泰语系还是不属于。

**赵令志**：目前，蒙古学到突厥，搞满学的很多。我们这些年的成果较多，能和国外对话。以前成果和日本没法比，但是现在真能拿出来好成果。

**季永海**：咱们中国的满文研究过去不如美国和日本，现在超过他们了。

**赵令志**：尤其满文档案翻译水平。

**刘厚生**：美国他们也是拿个档案在那儿抠，不讲语法。

**赵令志**：日本人的话还能有相似处。美国没法弄，基本是翻译个大概意思。

**季永海**：但是美国藏了好多满文精品东西。

**赵令志**：哈佛研究学社里国会图书馆有好多。另外，我们的满语教学应该规范化，不能造满文。

**刘厚生**：最好是适合东北的教材。不是单独学满文，应该学点历史、地方史。现在东北有一个课叫校本课。校本课就是地方史，地方史就是这几个满族自治县结合满族的历史、地方文化再加上满语，这样结合来教。

**左起李路、闫超、孟宪振、刘厚生、季永海、赵令志（2018年1月15日）**

中央民族大学早在20世纪60年代便开始了对满语文的保护和抢救，在少数民族语言文学系开办了满文班，培养了新中国成立后的第一批满文专业人才。此后，特别是改革开放以后，民大一直在为培养满文人才努力奋斗，举办了多次满文班，在本科、硕士、博士研究生中开设选修课，一批又一批满文人才输送到全国各地，为普及满语文作出了卓越的贡献。

我们认为：

大学学子学习满文档案是最基础的，要把力量放在翻译档案上。到档案馆实习满文档案是最有效的学习方法和锻炼，大学以科研为主，无论历史、文化、语言方面的研究生，满语文档案是必修的，是研究的基础和依据。

中小学要以普及满语文为任务，从娃娃抓起，为传承满语文营造社会基础和氛围。应编写一部校本教材，既讲地方史、地方文化也讲满语文。

满学是世界四大显学之一，近几年比较热，成果很多，但有关满通古斯语言学方面的研究比较滞后，从事这方面研究的学者也很少，这个领域我们不如国外，丢掉了话语权。这是个值得重视的问题，建议在这方面培养一批人才。

## 第二节　对北京市社会科学院满学研究的访谈

**采访时间**：2018 年 1 月 15 日
**采访地点**：北京市社会科学院历史所
**采访目的**：了解北京市社会科学院历史所满学研究情况
**采访者**：刘厚生、闫超、孟宪振、李路、陈思玲
**被采访者**：江桥、赵志强
**被采访者简介**：江桥（1957—），女，汉族，中国社会科学院民族学与人类学研究所研究员。

赵志强（1957—），男，锡伯族，北京市社会科学院满学研究所所长、研究员、博士生导师。

**刘厚生**：我主要是想了解一下一史馆参加满文班的一些情况，学习及以后工作的情况，特别是在满语文这方面的工作，以及对今后满语文传习、发展有什么建议和意见。

**江桥**：我们在档案馆（第一历史档案馆）学习了三年，非常严谨、刻苦、认真。当时那种环境下不仅学习了满文还学了整个通史、清史、近代史。清史所专门史的老师，像马汝珩、王思志、李华先生等都专门来给我们讲过专题史。档案馆还邀请了中国社科院语言所的王海峰老师讲古汉语，教材就使用北京大学王力先生的四卷本。王老师（王海峰）讲课重点十分突出，流畅清晰，上过课的同学都感觉在短时间内有了很大提升。北大古文献的老师也给我们上过课。最后我们还写了毕业论文，我记得写的论文应该是满语复合谓语副动词作状语及联动式特点区别。我和赵志强先生有四个人被评为满文班优秀学员，奖励了一支笔，上面写着满文班优秀学员，这支笔我一直都留着。后来有半年时间应该在新疆察布查尔县进行口语实习，然后还在档案馆里整理汉文档案。实习完了就开始工作，我跟赵志强还真是差不多，开始都是分到满文老档。

前排左起赵志强、刘厚生、江桥、陈思玲，后排左起闫超、李路、杨洪波（2018年1月15日）

**赵志强：**我的毕业论文写的是语音和谐。

**江桥：**从我自己来讲，我还是挺喜欢搞翻译的，当时分翻译组、整理组。我们都在翻译组，因为那时候就是需要什么我们就干什么。当时正需要老档，我们就做老档。后来俄罗斯档是在我们实习的时候就开始了，那是个大课题，国家需要。再后来听说国史档那边缺人我就到国史档这边来了，国史档我们俩也是一组的。之前我还搞过满语语法。

**赵志强：**翻译完《内国史院档》以后我就到整理组那边去了。

**江桥：**我们还整理过土默特档案，好像是他们请求帮助整理的。他们当时把所有的档案都装箱，用火车拉到北京来。我们都整理好了以后，再装好，给他拉回去。后来我到呼和浩特开会，我觉得整理完土默特左旗档案我们就比较成熟一些了，毕业时还写了一篇关于煤矿开采的文章。

**赵志强：**整理方案、具体分类，最后写整理说明，很完整。

**江桥：**之后我就到德国了，我也没学过德文。我在美因茨大学，人家比较看重这个满文研究。法兰克福大学也看重这个，它的图书馆里有8种满文的书，其中最重要的叫作满德字典。我在学完语言以后要进入大学我就找到嵇穆，他是在科隆大学。因为之前嵇穆就来过档案馆，我们就认识。他说，你这个水平还学什么呀，你干脆帮我教吧，结果我就成了他那儿的一个讲师。嵇穆是科隆大学东亚研究所的，他是教汉学的，在汉学所。他这个中心学生可以选择不同的副科，其中就有满文。他就说刚好我来,就让我帮他教这个课。然后我就开始教满文。他还挺照顾我的,我没搬到科隆,我在波恩住。他就把我的课都放在一天,八个课,分四类,文学、语言、档案等。反正每学期都有学生,除了德国学生还有一些亚洲的,如越南、韩国。他们都是学汉学,顺便学学满文。

**刘厚生**:学满语的有多少人?是个小班?

**江桥**:对,也得有六七个人。后来我放假回家,就到了北京社科院,然后我就同闫先生(闫崇年)一块去新疆了。闫崇年是所长,带队我们仨,还有徐丹伬。

徐丹伬我们叫他徐先生,治学十分严谨,他虽然不会满文,但他把各种清实录进行了对比,做了好多工作。之后我们做过一个碑刻的课题,还接过一个国庆调研的项目。

我们还去西部察布查尔锡伯自治县做过调查。在这之间我去了王钟翰先生那里读博士,我是1997年在那儿读的博士,2003年去了中国社科院民族所。我心里一直有一个目标,就是进行满语相关研究。

后来正好在外面开语言方面的会,周庆生先生和我说他们那里正好需要人,让我过去,搞社会语言学。到了那边,我在那边上王钟翰先生课的时候不用学满文了,就跟大力乍浦学了蒙文,还听了藏文,也听了张公瑾老师讲的社会语言学。张公瑾先生从不照本宣科,听先生的课总会接收到很多新的理论新的方法。还听过戴庆夏老师的语言调查,戴先生的语言调查课是最好的,重点突出,流畅清晰。他的语言调查课,就是讲那种语言调查方法,不论哪个族,都在他那儿听。连音乐学院的学生都在那儿听。先生了解的语言非常多,所以在语音方面教学特别有方法。他会教你怎么听这些音,用国际音标把这些音记下来。

听完这些课我就去了民族所,叶弘依还有我们几个人专门成立了一个民族古文献研究室,我们室要求每个人要懂好几种语言,搞文献综合性。研究西夏文的人比较多,当时西夏文中心在我们所。我这个满文也是当时所里需要,之前我的博士论文做的是康熙《御制清文鉴》。后来在他们那儿出了一个满蒙汉音译的对照手册,在中华书局出版的。后来再就是搞"中华字库",中华字库是国家一个大项目,重点项目。

**刘厚生**:这个结项了?

**江桥**:还没有整体结项,还在进行中。"中华字库"锡伯文部分和满文部分是我整理的。

之后做了一些调查,调查过丽江、纳西,跟文字文献有关系的我们都做了调查。我自己调研过一个碑刻项目。满蒙汉三体,后来又开始搞五体的,我们还有研究藏文的,就是特别希望能够把藏文的满语注音做出来。维文也做了,五体都做了。我也出了一个《御制五体清文鉴》，主要就研究了这个。

我去年退休了，完成历史使命了。之后还会在一些词的考据方面做一点工作，有些词还是挺有意思的。实际上现在特别缺乏进行满文本体研究的人。

我们所那个环境特别需要进行满文本体的研究，没人搞，空了。反正我的宗旨就是没人搞但需要这个，我就会进行这方面的研究。现在我们所搞本体都分得很细，都是研究制史结构、副栋结构等内容。

**刘厚生**：现在搞满语的没有人了，是吧？

**江桥**：没有人了。退休的时候我们所长也说，"江桥一退休，退掉一学科"。

不过也无所谓，我觉得社会上满语会有越来越多的人学，像我们开学会开很多课，有一些本身不是学满语的同学，也会来听课。包括好多一些学蒙古语的蒙古族同学，都在关注满语及满语研究。但究竟能到什么程度就不好说了。但关注的人是越来越多了，北京关注这方面的人应该不少，像故宫里面就有好多人在学。

**江桥**：从到东北和北京开会接触到的这些人来看，他们对满学以及满语的热情还是很高的，而且现在学满语人越来越多，东北地区学满语的人更多。

**刘厚生**：东北满族自治县多，辽宁有6个满族自治县。

**江桥**：但是我觉得真正地要让这个语言有生命力的话，年轻人不光要有语言水平，还要能够结合自身的阅历以及各方面能力，用满语或者锡伯语写出具有传世价值的文学作品。如果能够达到这种程度，我认为将语言保护下去是没问题的。因为很多死的语言，包括西方的语言，不是都能一直传承下去的。都是通过《圣经》还有一些文学作品保留下来的。如果真有这样的文人，他能用满语或者锡伯语写出对整个人类今后发展，各个方面发展有一定价值的传世作品出来，那么语言的传承将是毋庸置疑的。从现在来讲满文的资料这么多，不可能说断了就断了，没有人懂就没有人学了那是不可能的。现在文化发展如此繁荣，以后将会越来越多的人会。现在故宫是有很多人在关注在学习，还包括一些满族后代，他们在工作的同时都会关注到这方面。前景肯定没有问题。满语作为一种文化，并不是说非得把它当作一种社会交际的功能，它也可以成为一种文化遗产。

**刘厚生**：赵老师是什么时候离开中国第一历史档案馆的？

**赵志强**：我是1991年，基本上跟她也是同步。

**江桥**：我是1990年。

**赵志强**：1991年北京社科院这面成立了满学研究所，它是3月份成立的，我是9月底调到这的。我是满学所成立以后从外面来的第一个人，当时来主要也是考虑在一史馆工作了十多年了，也想专门地做一些研究。我在这，整个学术方向都是有变化的。在一史馆的工作就是整理，基本上跟江桥是同步的。毕业之后到翻译这边，干了几年。又把我调回到整理这边，负责整理工作，跟吴元丰一块干了几年。刚才也说了包括土默特的档案，那个就是从整理方案、具体落实，到最后写整理报告等工作都是我们亲自做的。

江桥：还有一个就是咱们整理的特重要的录副。

赵志强：录副那个也是，整理方案、具体落实、最后收尾时我就已经离开了。收尾工作是吴元丰他们做的。其实那时候还有一项很大的整理工作，有18麻袋档案就是放在贞度门的，然后从贞度门拿出来，基本上都整理出来了。当然都是初步整理，就先进行了基本分类，我们把满文挑出来，然后汉文档案交给汉文那边。

江桥：咱们还整理过的重要的档案就是内务府档案。

赵志强：内务府档案，还有内三院档案。

江桥：这些档案现在还都没人利用呢。只是常年装的包，摘要都没做，但是分类了。

赵志强：就是进行了基本整理。

刘厚生：现在清史研究就是差档案。

赵志强：整理得最细致的就是军机处录副，档案原件也整理了。最后就是进行注录，一件一件注录。

江桥：正好那时候也赶上研究注录，互建，比较好，就没打乱。

赵志强：现在整个一史馆都是用计算机检索。

刘厚生：没翻译吧？

赵志强：没有，就是整理了，做了摘要。

江桥：后来他们都不搞翻译了。一个问题是需要翻译的内容太多了，一个问题是究竟要翻译给谁看。真正关键的史实，还得看原文，译文看不出来。翻译究竟该怎么搞，当然我是一直倡导，应该像日本那样，有转写有对译。我们进行古文献翻译，所谓四行对译，这样才是符合国际标准的。

赵志强：除了工作之外，我们当时跟元丰还一起研究锡伯族历史。业余时间开始的。后来是列入到了工作计划。上班时间专门做收集翻译。我和元丰还去过您家。

刘厚生：是。由社科院历史所主持的，写的多卷本清史，还是通史，我们有一本。入关前是我们写的，所以他们历史所就把《满文老档》的影印件给了我一套。

赵志强：我后来在满学所当了18年所长，基本上在满学这一块，我就做了三件事儿。第一，做项目。第二，就是举行一些学术活动。第三，就是带队伍，你看满学所成立的时候就两个人，闫先生和徐丹俍先生，我来时是第三个人。现在有九个人了，都是我当了所长以后进来的。

**刘厚生**：九个人了是吧？

**赵志强**：对，除了我之外，就全是博士。

**刘厚生**：年纪都比较年轻了。

**赵志强**：大部分都是30多岁，个别的可能是20多岁快30了。队伍还是很年轻，而且他们的整个知识结构、知识体系都挺好的。现在应该是有两个北大，三个中央民大的，有一个是北师大，有一个是中国社科院的，他们的这个求学经历也是不错的。然后基本上多多少少都学了满语，都在中央民大学的。北大的那个学生，因为北大历史系有要求，给一年时间到民院去学满语，所以也不错。这18年吧，对满学所的建设，学科建设、队伍的发展壮大、研究方向、具体研究内容还是做了一些的，现在看来效果还是不错的。队伍也发展壮大了，课题该做的也做了，每年开一次会议这个是形成一种品牌了。再就是我个人的研究基本上也是以满学为主，除此之外就是在业余时间适当地做一些锡伯族的研究。

从2003年开始，科研经费也都大大增加了，至少是数以万计了。

很快我就面临退休了，退休后就需要另外做一些事情了。打算去高校，去人大清史所那边，就是现在的历史学院。

**刘厚生**：中国人民大学历史学院满语文教学研究，有教满语文的吗？

**赵志强**：有一个教满语文的，教得还挺好的。我又把《满文老档》的项目申报了一次。

您说办班，我们实在是顾不上，毕竟我们是一个科研机构，研究单位。我想我们就是在学术研究上算是擅长的。因为课题都没做完呢，没有时间办班。

访谈明确了满语文保护工作的问题与困难，也就国内外研究机构与各大高校围绕满语文展开的课程、项目、会议与后续队伍培养做了深入的交流，并借此机会，提出建议，对于今后满语文保护工作的发展起到了推动作用。

### 结语

从上述调研结果来看，北京地区的满语文生态实际上是相当脆弱的。

第一，北京地区的满语文研究、存续现状：

（1）北京地区的满语文研究人员稀缺，整个满语文研究队伍呈现萎缩趋势，面临人才断档的窘境。目前北京市满语文研究的主力军集中在一史馆、北京市社科院、故宫博物院、中央民族大学等学术机构。在这些科研机构和高等院校中，可以看见的是，满语文研究与教学皆为弱势专业，从业人数呈逐年减少的趋势。尤其是北京市，作为曾经的满语文研究中心，从整体上看，满语文研究的规模与其对相关人才的吸引能力已经不如往昔。尤其是，目前北京市满语文研究的主力，仍然是20世纪中期由中央集中培养的几批满语文人才，这批人才目前已经普遍七八十岁，在体力与精力上已经不能满足较高强度的学术研究需要。而与此同时，能够脱颖而出达到或接近前辈学术成果的青年学者近乎断层，北京市满语文研究学界呈现后继无人的不利局面，满语文研究作为一门专业，在整个学术体系中也已经被边缘化。

（2）北京地区的满语文使用极度缩减，满语文已经退出了日常用语的范围。就北京市而言，目前的满语文已经成为一种"图书馆内的语言"。除相关研究从业者之外，社会范围内能够认识、使用满语文的人极少，基本上已经失去了日常使用满语文的人文环境。尽管过去数年有业内人士曾开设了一些培训性质的满文班，但所取得的社会效益非常有限。

第二，问题与建议：

目前，北京高校仍停留在语言的学习阶段，而不强调语言的应用，需要根据各个专业学习满语文的目的的差异，在教学内容与方式上有所区别。比如：中文专业的要满语满文并重，可以让学生从语言学角度去学习、研究，甚至做毕业论文；历史专业的要偏重满文学习，争取能够用满文文献进行历史、民族学研究；旅游专业的要偏重满语口语，用于特色旅游；音乐专业的也是如此，用于满族歌曲的表演与创作；美术与设计、书法专业的则更偏重满文，用于书法或艺术创作等，需要进行精心设计，而不应该千篇一律，考试的方式也应该加以区分。这需要教育部门的进一步支持。

# 河北篇

课题组于 2018 年 6 月 30 日至 7 月 4 日完成了对河北省的调研，包括秦皇岛市东北大学秦皇岛分校、青龙满族自治县，承德市河北民族师范学院、宽城满族自治县、丰宁满族自治县等地，内容涉及各地满语文的保护与传承情况，积累了较为丰富的口述历史信息资料。

（1）2018 年 7 月 1 日，课题组对东北大学秦皇岛分校的满语文传承情况进行调研，成员包括：首席专家、东北师范大学刘厚生教授，东北大学秦皇岛分校郝庆云教授，燕山大学王明霞教授，东北师范大学闫超博士，吉林艺术学院马力老师。

（2）2018 年 7 月 3 日，课题组对河北民族师范学院的满语文传承情况进行调研，成员包括：刘厚生教授、郝庆云教授、王明霞教授、闫超博士、马力老师、河北民族师范学院戴克良博士。调研形式是访谈与座谈，与该校的几位满语老师进行访谈，还召集了该校历史学 2016 级、2017 级，以及满语实验班的约 30 位学生进行了满语文教学情况与学习心得的座谈会。

河北民族师范学院前身是承德民族师范高等专科学校，自 1999 年起就开始在历史教育专业开设满语课，聘请承德市民族宗教局干部、满语学者梁六十三担任授课教师，并编写教材，于 2007 年由辽宁民族出版社出版了《简明满语教程》。该校于 2009 年前后曾在中文系开设满语专业（专科），后由于生源等原因不再招生。2009年，伊犁师范学院满语文专业本科毕业生关志英到校工作，为历史教育专业开设满语课，至2018年该校停招专科专业。另外还为中文系、音乐系、美术系等相关本、专科专业的学生开设满语课，总授课学生超过2 000人。

2012年，东北师范大学博士生戴克良到校工作，开始为历史学本科专业开设《满语》《满文文献阅读》等课程，至今已教授8届学生，人数超过500人，教学效果显著。有学生的毕业论文为满语文方向，或利用满文文献；有学生考取与满语文有关的硕士研究生，甚至继续攻读博士研究生；还有学生本科毕业后成功考取到中国第一历史档案馆工作。

2016年起，河北民族师范学院开始深入打"民族牌"，开展满族非物质文化遗产教学传承，满语文方面，聘请东北师范大学刘厚生教授、中央民族大学季永海教授为客座教授，成立满非遗教学传承中心。自2016年9月开始，该校为所有文史、经管、音体美相关专业的大一学生开设满语课程，授课人数将近1 500人，2016级至2018级共有大约4 500名学生参加满语学习。该校教师还编写、出版了教材《初级实用满语教程》（辽宁教育出版社2017年版）、《大学满语基础教程》（内部教材）等。

河北民族师范学院还积极为周边的满族自治县的中小学教师、文化宣传工作者进行满语文培训，产生了较大的社会反响。

（3）2018年7月2日上午，课题组对青龙满族自治县的满语文传承情况进行调研，成员包括：刘厚生教授、郝庆云教授、王明霞教授、闫超博士、马力老师。

（4）2018年7月2日下午，课题组对宽城满族自治县的满语文传承情况进行调研，成员包括：刘厚生教授、郝庆云教授、王明霞教授、闫超博士、马力老师、河北民族师范学院戴克良博士。调研的主要方式是座谈。

（5）2018年7月4日，课题组对丰宁满族自治县的满语文传承情况进行调研，成员包括：刘厚生教授、郝庆云教授、王明霞教授、闫超博士、马力老师、河北民族师范学院戴克良博士。调研方式是座谈，特别邀请到了该县著名的满语文学者赵介民先生。赵介民先生从事满语文的研究与教学。该县目前尚没有统一将满语文列入中小学课程，但已经培养了一些满语文师资和专门的研究人员。

# 第四章

# 河北地区高校满语言抢救与传承

河北省满语文现状调查是教育部人文社会科学研究重大课题攻关项目"中国满语文保护抢救口述史与满语音像资料库建构"之子课题"京津冀地区满语保护、抢救口述史征集、编纂与研究"的一部分。

## 第一节 东北大学秦皇岛分校重视满学研究

2018年7月1日,课题组对东北大学秦皇岛分校的满语文传承情况进行调研,成员包括:刘厚生教授、郝庆云教授、王明霞教授、闫超博士、马力老师。

该校满学研究院院长赵杰、穆鉴臣教授等接待了我们,该院尚未开展满语文教学工作,主要是因为缺少师资,目前正在积极筹备。我们调研时,看到院内的满文书法展和剪纸艺术展,充满了满族文化的气息和特色。一切都刚刚起步,希望有更大的发展。

## 第二节 河北民族师范学院传承满语文纪实

采访时间:2018年7月3日

**采访地点**：河北省承德市河北民族师范学院历史文化与旅游系清史资料室
**采访目的**：调查河北民族师范学院满语文教学情况
**采访者**：刘厚生、王明霞、郝庆云、闫超、戴克良
**被采访者**：关志英、秦平，历史学 2016 级、2017 级以及满语实验班部分学生
**被采访者简介**：关志英，河北民族师范学院教师。
秦平，河北民族师范学院教师，博士。

**刘厚生**：今天这个会请你们来，我觉得挺重要。今天到这来，主要是听听你们学满语的情况。可以提一提有些什么想法，提出意见、提些建议。另外你们对学满语有些什么看法？首先是愿不愿学，学了有没有用，想利用满语做一些什么工作，都可以说，随便谈。今天来的同学挺多，大家都谈一谈，畅所欲言，不必非要长篇大论，有什么想法都可以说。比如满语文目前状态，怎么能学得更好，采取什么措施，小学学满语有没有用，像现在满族小学，特别辽宁那六个自治县和我们伊通满族自治县都在学满语，从娃娃抓起，将来怎么办呢？中学要不要学？大学现在已经有好几所，包括你们都开了满语课了，那么开了课以后，将来出路是什么？将来小学学满语了，学生要考大学，能不能给一些优惠政策，这些很具体的问题，都得向教育部提出来，为孩子们将来找个出路。你们掌握满语，是掌握一个绝学。所以在座的同学们，你们掌握这门学问将来会有用处。

**李文靖（2016 级历史学）**：刚开始接触满语之前只是觉得它和蒙语很像，因为在高中的时候，我上的是一个蒙古族的高中，一开始区分不太好，觉得各方面都很像，但是慢慢学起来感觉还是有很大区别的。从刚开始的没有兴趣，到后来可能因为老师，兴趣提高得很快，我们都很喜欢戴老师。刚开始学的时候是在晚上 6 点到 9 点半，3 个半小时，可能大家学着会比较累，在此期间戴老师会给我们放一些歌，放歌只是一方面，更活跃气氛的是戴老师会给我们讲一些歌，同时也会自己唱，在整个过程中可能因为老师教得比较好，自己的兴趣也比较浓厚，我们有 12 位同学选戴老师的课，一共学习了一年的满语，接触到的是满语的词汇构成，简单的一些语法。通过学习满语之后，我们有很大的收获，学习了一门新的语言。我们有一位师哥通过满语优势，考入了中国第一历史档案馆，说明满语对我们的就业有很大帮助。在以后的学习中可能也会偏向满语，因为这是我们学校的民族特色，希望能够更深入地了解满语，走进满语。

**项琳珺（2016 级历史学）**：大一的时候戴老师给我们上满语课，他特别认真。平时我们休息的时候课间戴老师给我们唱满语歌，他不仅教会我们唱满语歌，还教给我们很多笑话，用满语教我们，一字一句地教我们。然后满文十二字头之类，他都在黑板上标写。下半年的时候，我们班 12 个同学选满语课。秦老师给我们开满族文化的课，给我们介绍了满族独有的萨满文化，满族舞蹈《盂兰

荷灯》《神佑萨铃》等，在国家、省里都获过奖，像体育项目《二贵摔跤》也获过奖，我觉得我们学校挺重视满族文化特色发展的。学满语真的能够开阔我们的视野，对我们帮助挺大的。建议满语每个学期都学一点，这样学习有利于巩固。

**王皇冠（2016级历史学）**：我也是大一的时候学了半年满语课，最开始接触满语的时候我感觉它有点难，因为我是汉族人，我之前也是完全没接触过这门语言。戴老师教我们的时候，我认真听，记笔记，又选择第二年的满语文课，因为戴老师教得好，他上课特别认真、特负责，尤其是唱歌，我认为一个好的老师，确实能带动大家的兴趣。如果你想学好，必须有个语言环境，就像英语，虽然我们是从小学开始学，到现在也没有放弃它，如果我们满语要学好，确实要有一个长期的语言环境。刘老师您刚才提到从娃娃抓起，我对这个特别感兴趣，我认为如果满族自治县有条件的话确实应该让那些孩子从小开始学，我们开始学有点晚了，我现在课业压力比较大，我没有那么多的时间来学它，所以我认为从小孩学它比较好。

**李筱（2016级历史学）**：我是满族，家在青龙。我觉得作为一个民族有自己的语言文字是一个非常值得骄傲的事情，有一种民族的认同感，有同学可能会问我你是满族，有什么特色吗？我说没有，但是我们有满语，所以我觉得满语对于满族人来说也是非常自豪的一个事。前面几个同学也说了我们已经学过一年的满语，在开始的时候，我们前半年是全班授课，后半年我们12个同学跟着戴老师一起学习，就是选修了，前半年学的基本是字头和一些简单的语法，在后半年我们就逐渐加深了，对于一些句子我们直接能拼出来。前边的同学也提到了学习满语连续性的问题，我觉得这也是非常重要的。因为我们以前学过了一年的时间，然后到大二的时候就没有开满语语言类的课了，我们只学习满族文化，满族的专题主要讲一些饮食的习惯、服饰的习惯，对于满族语言类的接触就比较少了，所以对于连续性问题我们就不是很专注了。我觉得最难的地方就是词汇量。就像我学英语一样，每天会背单词，但是我们在学习满语的时候，对于单词的掌握量我觉得我是不够的，因为一些专有名词比如学校、教师什么的专有名词，我记得都不是很清楚。学习满语的原因，是我听说以前有一个师哥，他在面试的时候，有很多学历比他高、才华非常出众的一些竞争者和他竞争，但是他脱颖而出就是因为他的满语非常好，当时征服考官的就是他在黑板上写了一大串满文，然后给考官娓娓道来地讲满语。另外，我本身作为一个满族人也很想学好这门语言。

**邢亚楠（2016级历史学）**：我也是青龙满族自治县的，我第一次接触满语，我也是满族。接触满语是在青龙满族自治县公安局，有汉字，有满文，我还特意给它拍了张照，戴老师上课给我们讲宽城和丰宁写的那些牌子上面有错的地方。

我觉得如果掌握满语,应该是特别有用的,找工作的时候有很多帮助。

**杨雪丽(2016级历史学)**:我最感兴趣的是满文写得很好看,有圈又有牙,还有点,很美观。其次就是戴老师唱满语歌真的很好听,让大家对满语立马就产生兴趣了。先把同学的兴趣给激发出来,以后学的话可能会更加容易一些。

**裴文涛(2017级历史学)**:我接触满语半年时间,就掌握字母和十二字头。开始的时候感觉满语特别难不好学,后来我感觉有点规律了,记住它们的规律之后就好多了。我还学到了很多地名,都跟满语有关系,这都是学满语然后才知道的,比如说哈尔滨和梅河是满语,挺有意思。

学生代表参加座谈(2018年7月3日)

刘厚生：家是哪儿的？

裴文涛：我是秦皇岛海港区的。

刘厚生：觉得难不难，学满语有困难吗？

裴文涛：还可以，感觉记忆词汇有点难，写的话还可以，对着音写字现在掌握规律了。

冀子冰（2017级历史学）：我知道满语是一个快要消失的语言，在学之前我就信誓旦旦地说我要做非物质文化遗产的传承者，一开始就兴趣特别大，然后学的过程中也挺顺利，因为从小对语言这方面特别感兴趣，然后差不多能做到举一反三，但是我们这学期的课实在是太少了，上课只是简单地讲那些词头、词中、词尾，我感觉这是远远不够的，像语法都没来得及学。如果有机会的话，希望再跟戴老师深入地学。

关志英：刘老师您好！我是锡伯族，2009年毕业了就来这工作了，就一直在这教学。我想说一下我带的学生的情况，因为我来了以后就一直在文学与传媒学院，上满语课，之前也都是一学期基本上教完语音，就不能再往下进行了，就特别简单过了，正好他们文传学院从2016级开始要成立一个满语实验班，然后说让我带这个班，到现在已经上了有两年的时间了，他们的意思就是一直上够五个学期，20个人为一个班，让这些学生毕业以后可以有个双向就业的机会。既可以完成自己的专业，也可以走民族文化这一块。这20个人是四个专业合并成的，播音专业、汉语言专业、文秘专业和新闻专业，高考进来的时候基本上是学习成绩排名第一第二的，必须是满族。现在已经有2016级和2017级，2016级上了四个学期了，刚开始在上第一学期的时候，我就从语音这块教，我想第二学期就从语法直接入手了，但是我发现我教了语法以后，他们根本听不懂，理解不了，因为我做了一个测试，就是他们基本上拼读过了一个暑假就忘完了。我觉得这一学期还是读和写为主，所以这一年的时间基本上就是读写。等到第三学期开始教语法，阅读课文，用微信去传阅课文，发现他们在阅读这一块的提升能力特别强。最后一个学期，第五学期，着重读文献。

刘厚生：简单的文章能看吗？

关志英：能读下来是没有问题，但是翻译可能就得查字典。有一个学生叫杨晶慧，她是汉语言的，有意向报中央民族大学古文献专业研究生，报高娃老师的北方文献。

刘厚生：考高娃的硕士。

关志英：对，她家是丰宁的，所以她就想研究生毕业以后回到丰宁，做这方面的工作，所以我觉得这点真的特别好，为家乡做点事，她就喜欢这一块，所以我觉得还挺欣慰的。

**刘厚生：**秦老师教的什么专业？

**秦平：**我带了一个思想政治教育，还有一个英语翻译、小学教育、空乘专业，他们每一个班都有学得非常好的。但是很遗憾，只能学一个学期。

我是2005年伊犁师范学院第一届锡伯语班的本科生。当时特别有缘分，就是我们刚入学开课之前，您就带着戴老师还有姜小莉老师一块去我们班开讲座会，当时我想要转专业，我要学英语，听了您讲座，然后戴老师又做了讲座，我决定学满语专业，然后考博士，我后来在北大读的，我是赵杰老师的博士。我是去年7月份入职的，入职之后就带了满语班。我们那个时候一个星期一次课90分钟。我觉得很遗憾的是他们只能学一个学期，之后再让他们学就忘了。我们的学生还是非常有潜力的。刚才你看历史的几个2016级的学生，我今年给他们上满族文化课，他们几个非常优秀，我们都很期待，说他们能往上再走一步，把我们的满文传承下去。希望我们的同学听了刘教授的讲座之后，也立志考研考博，十几年之后，可以有很高的平台。

**李悦（2017级历史学）：**我也是满族，我从小对满文也没什么了解，没有什么接触，对于我家乡的人来说，是满族，高考能给加十分，就是这样一种认识。我自从来到咱们学校，才知道还学习满文，我对满语一开始也是没有什么兴趣，但是有一天写了一天的满文，我就找到了写满文的规律，就特别喜欢满语文了。兴趣是最好的老师，培养学生学满语的兴趣，觉得是非常重要的。还有就是英语都分四六级的考试，我觉得满语也可以。我对满文书法也比较感兴趣。

**郑雅（2017级历史学）：**我是汉族人，到了大学才知道要学满语，刚才不管是学姐还是老师都提到了一个兴趣的问题，兴趣是学习一门语言最好的诱因，所以希望在学习满语的基础上，开拓一些别的方面，像我们选修课有满族文化、满族舞蹈之类，通过满语跟别的专业结合来吸引我们的兴趣点，让我达到对满语言、满族文化、文学、制度一些方面更深入的了解。

**王宏睿（2017级历史学）：**我学习满语可以说是分三部分。第一部分就是好奇，就是刚刚接触一个新鲜事物，好奇，第二部分就是比较迷茫，就是一开始学习都是简单的、有规律的，越到后面就很复杂，而且没有规律。有时候区分不清楚，就很迷茫。最后一点就是喜爱，因为真正找到规律，看懂了之后，对它非常感兴趣。现在我能做到的就是能把满语根据拼音写出满文，然后能把满语注上音，但是如果从汉字直接转到满语是困难的，现在还是停留在初级的阶段。我认为想学好满语的最大的前提就是词汇。像英语似的，词汇量达到一定程度才能够有深刻的理解。

**李莹月（2017级历史学）：**刚开始知道我要学满语的时候，特别开心，因为要接触一种新的事物，特别好奇。但是学上它之后，我觉得真的好难，就是上拐、下拐、左拐右拐，加圈加点，分不清，后来老师给我们听了一个摇篮曲，又给我们发了一些词汇表，练得多了掌握了规律之后就觉得还挺好学的，慢慢对它有了点兴趣。我也觉得可以设一个专门学科，做些研究工作。

自从学了满语之后每次出去，发现一些满语词汇的时候就会特意留意一下这些东西，我觉得还挺开心的。我掌握的词汇量比较少，我知道怎么读，但不太知道是什么意思。

马硕（2016级播音专业，满语实验班）：以前没有接触过满语，一直到大学之后才有机会学习满语，我为什么去学习满语或者说进满语实验班呢？因为我比较喜欢它的符号吧，我觉得满文是挺有意思的，然后就是提起了自己的兴趣吧，进满语实验班之后，跟平常的咱们学生在教学内容上可能不太一样，因为毕竟是实验班，所以说压力稍微有点大，学的内容也比较多，从字母然后到后面的学语法，之后就逐步地、深一层次地去了解满语。学习满语，结合一些寓言故事、一些文章，大量地认识一些生词、一些词汇，然后会去背一些课文，我觉得这个方法可以让你学习满语记得很牢，挺有意思的。我觉得开设这样的满语班对我们来说影响比较大，对继承或者发扬满族文化是一个非常好的一个措施。

王军燕（2017级历史学）：我说一下我学满语，首先我认为满语相对于其他的语言是比较好学的一门语言，我觉得学满语的时候应该注重它语言背后的文化的力量，比如说这个词语它背后寓意着怎样的故事，都可以延伸一下，这样可以有助于记忆和更深层次的学习。我们要善于总结它其中的规律性，不能盲目地背下来。一开始我就是把所有的字母全都背下来，但是后来在拼的时候，十有八九都会拼错，拼单词的时候，就总结规律，每条都有它的规律性，根据规律，然后再拼的话就不容易出错。我原来在书法社的时候看过其他师哥师姐，他们参加软笔的满文书法比赛，写得非常好，刚劲舒展，书法可以有利于满语文的创作。

孙美玉（2017级历史学）：我小学、中学、大学都有满族同学，但是都不会说满语，语言对一个民族是特别重要的。这学期开始学满语文，写的时候觉得特别难，后来越写越多越能找到一些规律，找到规律就发现简单了，之后就有了兴趣。

李雪晴（2017级历史学）：我也是刚上大学的时候接触满语，上第一节课的时候，老师在黑板上写词头词中词尾，感觉挺好玩的，就有一点兴趣。老师上课给放一些满语歌，感觉旋律也挺好，建议应该开设满语的专业课，让学生系统地学习满语，更多更深入地了解满语。

曹林林（2017级历史学）：我是汉族，以前从来没有接触过满语，第一次接触是在咱们学校，咱们学校校歌第二遍是满语的，我就觉得特别好听，还有就是戴老师给我们上课的时候，我觉得满语课也是挺好听的，再加上满语写出来瘦瘦的、长长的、竖着的，跟汉字不一样，我觉得挺好看的，对它就有点兴趣，现在满语可能大多数人是不太了解的，我觉得不是它不好，也不是没有喜欢的人，而是缺少一种推广的途径，就比如说满语歌现在很少人唱，但是如果用一些明星效应的话，一些流行歌手去唱，我觉得应该是挺好听的，有些甚至比汉语歌还要好听，所以我觉得如果能寻找到一种好的推广方式，满语就会被更多的人去喜欢，不是没有人喜欢满语，而是他们不知道，我希望满语能够更好地推广。

　　河北民族师范学院以满族文化作为立校的根本，借以体现民族的特色，大方向是正确的，而且举全校之力弘扬满语言文化，很有成绩，对周边的几个满族自治县给予了支持和战略合作，影响也很好。今后如何在科研方面再作努力，提高学校的整体水平，值得思考。

# 第五章

# 河北省满族自治县满语文传承情况综述

## 第一节 青龙满族自治县满族文化底蕴深厚

采访时间：2018 年 7 月 2 日
采访地点：河北省青龙满族自治县
采访目的：了解青龙满族自治县保护满语文的情况
采访者：刘厚生、王明霞、郝庆云、闫超
被采访者：李伟东、高建武、王成文、杨贺春
被采访者简介：李伟东，青龙满族自治县民宗局副局长。
高建武，青龙县教师发展中心培训部满文化研究中心主任。
王成文，青龙县教师发展中心培训部满文化研究中心副主任。
杨贺春，青龙县满族文化研究会会长。

**刘厚生**：我们这次调研是为完成所承担的教育部重大课题。国家现在对满语文、满族文化非常重视，要做一次普查，普查的目的就是想摸摸底，现在我们国家还有多少人会满语文。这是两种，一种是语言，会说满语；另一种会看满文，能懂得满文。这两个工作挺复杂的。我们这次来主要是奔着咱们秦皇岛和承德四个满族自治县，今天第一站就到了你们这儿来。想了解一下，在满语文方面，你们前段做了些什么？有些什么成绩？有些什么问题？另外就是你们有什么希望？

提出一些问题和要求,你们有些什么想法?比如培养满语人才,像开班、办班类似这样的要求,最好是越具体越好。国家重视了以后,会给我们一些政策。主要是围绕着满语文,也可以是满族文化方面,因为满族文化与满语文是密不可分的,很多民俗与语言有关系,很多街道或村落的名称,很多与满族和当地民俗有关系,与语言都有关系。

**李伟东:** 我简单地介绍一下,青龙县对于满族语言文字这方面面临的一些问题,以及我所了解的县委县政府对这件事情的一个工作开展的思路。青龙满族自治县成立,正好去年是30周年,县庆活动搞得也挺大,县委县政府也特别重视。今年5月份在文体局召集了所有与满族文化研究有关的一些本地的学者,还有一些以前搞文化研究的,像付琦老师等一些老一辈的文化工作者,还有相关部门的文体、文联、教育、民宗等相关人员开了个会,由文体局主持。这个会主要就是针对满族文化,县委县政府下大决心要挖掘要打造,要把满族特色民族自治县的一些满族元素发掘出来,把发展思路等形成一个方案,由文体局王永新牵头做方案,基本上形成初稿了,这是一个大的发展方向。在这个工作中,我所了解的就是民族自治县要突出彰显民族特色,青龙有六个少数民族特色村镇,这在河北省也是占一定分量的。我们这六个村镇也是主要以满族为特色。其中有一个安子岭乡东山村是国家级的,另外五个是省级的。这样的话就是说从民族这块儿,县委县政府特别重视,从民族团结进步,还有民族特色彰显这方面,我们民宗局也特别的重视,包括与文体局共同打造的非物质文化遗产。满语、满文的教育教学,我们都陆续有所开展、有所研究。

去年3月份县庆,我们做了12个非物质文化遗产的展演展示,其中包含满族文字,还有一些其他的非物质文遗产,粘豆包、皮影戏、寸子秧歌等,全县的非遗应该是80多项,省级的是3个,市级的是15个,64个县级的。

**高建武:** 我先介绍一下咱们青龙县这两年的满文满语教师的培训情况。其实满文满语教师培训我们从前年就开始了,前年开始培训第一期30人,办了两个培训班,一个是初级培训班,一个是中级培训班。我们每期培训15天,但是培训15天之后,学员回去之后怎么学习?怎么开展工作?这都成问题。我们决定派6个老师到河北民族师范学院满族研究所去培训半年。培训半年之后就有了一定的专业水平,就可以能够独当一面的,这是我们的第二个培训。我们在去年10月份去了东北,第一站到了新宾及白山、伊通,然后又到沈阳的沈北区的蒲河满族中学,还去了朝鲜族学校、锡伯族学校,我们去了5天,感觉到非常震撼,像新宾和伊通这两个地方,它们的民族教育搞得非常好,不仅仅是民族教育,而且通过这个把学校的特色也办出来了。

还有就是满文化,今年年初,我们教育局出台了一个传承优秀文化、打造满族特色校园的方案。成立了满文化教育研训中心,我兼主任,王老师是副主任。为了培训工作,我们编了三本满语教材,然后我们又出了一个小册子,就是满族日常用语,这是最容易普及的,比如课堂用语、生活用语等。2019年我们在小学四年级开始开设满语课,先从小学开始,中学先放一放,小学做好了再做中学,这是关于培训的情况。

王成文:县教育局出台一个传承满文化的实施方案,根据咱们全县中小学幼儿园的实际情况,再根据他们的意愿,确定了四所实验校,这四所实验校,既有满族中学,还有新成立的四小和五小,还有一个幼儿园。我们的目的就是通过他们先摸索经验,然后在全县铺开。从小孩开始,先感受一些氛围,逐步让孩子懂点满语的基本常识,然后学习一些简单知识,感觉环境氛围。作为满族自治县,从孩子一开始逐步地去影响,这是我们的一个计划。

高建武:我们的定位就是满语教学的标准化,现在好像咱们国家没有。应该建议东北师范大学研究此问题,因为东北师范大学是满语文教学的龙头。任何一门课程都有课标,应该有个大纲。因为东北的这么多学校都已经开展起来了,也比较成熟了。我建议应该东北师范大学牵头出台这个大纲。

再有一个就是东北师范大学还应该牵头把这些满族自治县的满语文教育工作统筹起来,然后我们河北省这四个县肯定要搞一些教研活动。东北的学校搞一些教学活动的话,我们也融入进去,用先进的地区带动我们,因为我们毕竟是从关内来的。

刘厚生:现在就是有点乱了,教材不统一,老师也不统一,因为教材不统一,没有标准,这个问题很多、很复杂。伊通满族自治县提出要重新培训,现在教的老师已经实践两三年了,发现了很多问题,这些问题慢慢会解决的。我编的教材不知道你们有没有?如何给小学编一个,中学编一个,大学编一个?都有一个统编教材才好。

高建武:话又说回来了,起点不一样了,现在是初中跟小学是一个起点,如要分出档次,那就又断档了。

刘厚生:由浅入深,不能拿我们研究生的教材到小学去教,那也不行,所以在本溪我们编了个教材,去过本溪没有?

高建武:去年想去的,今年我们肯定去。

刘厚生:本溪搞得更好。他们搞得时间也长,他们满族小学很有规模的,都看看,各有各的特点。我想请你们具体谈谈问题和困难。

高建武:我们两个最大的问题,一个就是满文化教学的资源问题,第二个就是满文教学的标准化问题。把这两个问题解决了,其他的东西我们自己慢慢来,我们发现了再随时解决。

**杨贺春**：我是青龙满族自治县满族化研究会的会长。我们县现在共计 56 万多人口，将近 57 万人，其中满族占 70% 以上，我们县的满族基本上都是康熙九年过来的。一个是正蓝旗，一个是正白旗，还有少数镶黄旗，到现在 300 多年，从历史和文化讲，青龙满族文化底蕴比较深厚，虽然比不上咱们东北几个满族自治县，但是青龙也属于满族的第二个故乡。

**刘厚生**：你是研究家谱的，青龙这些满族，他们祖籍在什么地方？

**杨贺春**：祖籍多数在铁岭。从北京过来，到了关内几个县。我是出于个人爱好，从 1985 年开始，利用业余时间研究咱们青龙的满族文化，我本人也是满族，1986 年，因为我在调查一些资料和研究咱们青龙满族历史和文化的时候，有好多人就问我会不会满文，其实我那阵儿也不懂，也没接触过满文。好多人问，你研究这个东西，怎么不知道满文怎么回事呢？为了了解满语，我自费到北京满文书院学习满语。从历史角度说，青龙县满族大体上多数都是康熙九年过来的。清代青龙不是一个单独的县，没设置，东部归临榆、中部归抚宁、西部归迁安这三个县管辖。当时一些资料记载上学的时候，主要课程就是满语文。

民国统治时期，把青龙划入伪"满洲国"了，是伪"满洲国"边境县的一部分。

新中国成立后，好长时间没有人学习满语，改革开放后才开始重视满语文的学习，县里办了培训班，有 20 人左右达到初级水平，也有学习比较好的。比如说县文广新局副局长王永新，他是自学的。通过网上自学，再加上请教一些老师、专家教授，他学满语文的时间已经将近十来年了，现在写满文写得比较不错，一些地名翻译得都很好。还有一个个体户，他叫丁长兴，30 多岁，是咱们研究会的会员，他也是自学满语文，写得非常流利，他还能流利地读出满语文来。还有王婷，她现在在滦县一个铁矿上，她是在北京学的，北京那儿办班都有外国学生参加，她在那儿学了语法。大体上除了刚才高主任说他们教育部门新培养的六位老师，还有其他的一些人，多数都是掌握基础知识，借助工具书能够拼读能够转写，基本上是属于初级阶段，一部分能在语法和书写方面比较好一点。我们自治县成立以后，一些牌匾都要求写满文、注满文。现在商铺也有满文，但是好像是现在谁写的都有，有水平高的，也有水平低的，写得不太规范。

**刘厚生**：我谈谈感受，第一站在青龙满族自治县，满族自治县我走了很多都在辽宁，第一次到咱们京津冀地区，今天来我觉得挺好，看来要大干一场，要把满语文彻底地学一学。现在势头很好，东北师大、吉林师范大学、长春师范大学、黑龙江大学，还有北京的民族大学、人民大学，南开大学都有这个专业，都在学习满语文。把满语文特别是满族文化搞起来，这是国家所需要的。但是山头太多了，有点乱了。就乱在几个方面，一个是教材，没有标准化，各自编教材，可怕的是没有专家去鉴定。拼写满文的罗马字是德国人穆林德夫，为了学满语搞出来的，现在是全世界通用，这不能随便就改的。结果我们有些年轻人都改了，改成了别的拼写方法，用这个教了，结果学习班的老师就在课堂上跟孩子们也这样讲了，把错误的知识传授给了孩子们。我这是举的罗马字，包括语音，重音这个东西是学语言重视的事。你看我们学外语，一听你不是真正的外国人，你是中国人，为什么呢？因为你重音没掌握好，你说的是中式英语。我们必须找一个标准。经过调研，三家子满族说满语比较纯正，三家子几个老人发音各方面比较好，我们就可以将其作为一个标杆，统一一下我们全国学习满语过程中的重音，这很重要。现在的问题是专业不是科班出身也可以上讲台，而且没人阻止他。那么这个问题怎么解决，必须教育部统一一下，颁布一个政策。老师上讲台，教材问题最大，所以我想刚才你们提出的这些意见都非常好，将来都可以写进报告里。提的具体意见，比如说这个教材怎么编，小学、中学、大学教材有所区别，谁来主持工作，我的意见就是请教育部出面，组织一个专家委员会，把一些老中青的一些满语专家都请来，共同来把关，我想采取一些办法，写一个报告。这个咨询报告能把我们当前的问题、解决的办法，以及我们的思路汇总起来。今天我很感谢大家，感谢能在百忙之中来参加这个座谈会，给我们提供了很多很好的意见。

青龙满族自治县满族文化节底蕴比较深厚，非遗的项目也很多，满语文方面师资的培养和小学的教学工作抓得也很实，如何深化弘扬满族文化的工作，把满族文化研究会建设好，今后需要继续努力，争取更大的成绩。

## 第二节　宽城满族自治县传承满语文情况纪实

采访时间：2018年7月2日
采访地点：河北省宽城满族自治县文化体育旅游广电局会议室
采访目的：宽城满族自治县满语文传承情况调研
采访者：刘厚生、王明霞、郝庆云、闫超、戴克良、马力
被采访者：李晓玲、尹英民、崔艳会、刘玉荣、王书云
被采访者简介：李晓玲，宽城满族自治县进修学校教师。
尹英民，宽城满族自治县中心校教师。
崔艳会，宽城满族自治县第二小学教师。
刘玉荣，宽城满族自治县第三小学教师。
王书云，宽城满族自治县第二满族中学教师。

左起马力、尹英民、刘厚生、王明霞、郝庆云、闫超（2018年7月2日）

**刘厚生**：我承担教育部的一个重大招标课题，题目就是"中国满语文口述史与音像资料库的建构"。我们这次座谈就是要收集一些你们县里满语文现状的信息，比如说我们开满语班了，什么时候开始学？现在有多少学生学习满语？有多少小学在开着满语课？情况怎么样？收获怎么样？问题有什么？你们有什么要求？我们今天座谈会就希望你们能够谈得具体点，主要谈现状，谈现在工作情况、问题、要求、希望。

**李晓玲**：关于咱们县满语文学习传承情况，从2017年10月下旬，在全县小学四年级正式开课，我县从2012年开始到2017年共进行了三次满语文培训，培训的老师都是中央民族大学请来的。分初级班和中级班，初级班人比较多，一般都100个人。现在全县小学四年级大概是3 900多人，都已经开课了。

**刘厚生**：培训最早是哪年开始的？

**李晓玲**：最早我们这一批10个人，请中央民族大学顾老师给我们上课，我们10个人来自不同10个单位，这是2012年。

**尹英民**：2012年是由县委县政府组织的，涉及文化教育民宗等几个部门，共10个人参与了这次培训，为期将近两个月，到2017年8月份，又在河北民族师范学院参加了提高培训，随后10月份又选派了三位教师，也就是在座的刘老师、崔老师等三位到民族师范学院进修，进修了半年，2018年1月对全县的小学的老师进行了一些培训。

刘厚生：教师都谁？

尹英民：教师的队伍涉及全县 100 多人。培训的老师是河北民族师范学院的老师。

尹英民：戴克良老师给我们讲满族文化。

李晓玲：经过初级还有中级的培训之后，在去年 10 月 23 日，全县四年级正式开课。我们下边的学校以中心校为基础，3 900 多名学生都在学。这个教材的来源是尹老师和我在以前学的基础上，请教我们的老师，初步编了第一册，第一册主要是字母部分、语音部分。这是试用版，之后要正式出版。

刘厚生：有人擅自把穆麟德夫的罗马字改了，这是不可以的，这是国际上通用的东西，他们为什么给改，通过谁，谁同意让他们改的？

戴克良：这个问题我也写了一个报告给我们学校领导反映这事，我觉得确实存在问题，用就用规范，就跟汉语拼音似的。

李晓玲：我们现在这是试用版，即将要出正式版。

刘厚生：咱们得有标准，再等一等。我的意思是组织一个专家委员会，教育部出面，老中青三结合，参与编一些标准，教育部出面组织专家来审定一下，一定要编写一个统编教材，小学、中学、大学，不是公开出版物不行，正式上课给孩子们教统编教材。

李晓玲：我们有好几个板块，最后一个板块里有我们县域特色地方的，把我们县域特色的一些东西都写进来了。

刘厚生：咱们县满语文的发展就靠你们了，一定要注意，不要出现什么纰漏，几千个孩子，得对他们负责。孩子们就像一张白纸，怎么画就是什么样，一辈子都不会忘。

崔艳会：我在宽城二小，我教了 10 个班，每个班大概是平均 70 人，10 个班就是 700 人左右。我说我教你们满语，我不希望你们仅仅自己会，也希望你们把自己家人也能教一点。一些很简单的称呼，简单的日常用语，让更多的人去了解，不可能保证每个人都会，但是至少能把民族文化的这种意识带进各自家庭当中。每个家庭也很喜欢、赞同，觉得传承民族文化是非常有必要的。所存在的问题就是孩子们对满语确实特别感兴趣，上课积极性也是挺高，每节课都挺配合的。但是一周一节课，学是都学了，但是忘得也快，课下没有巩固，复习巩固的时间太少，记住的东西太少，半年我们就学了 13 课。

刘厚生：孩子们写得怎么样？

崔艳会：写得还可以，大部分学生还可以。

刘玉荣：我在三小，四年级是四个班，根据我们学校的特殊情况，校长建议我们在二年级给他们上一节课，作为二年级来说，就更难一点了。给他们讲的知识性的东西少,趣味性的内容多,让他们感兴趣,像一些满文的小知识,还有一些小游戏、小传说,从这些方面入手。第一堂课都特别感兴趣,特别有信心。但是在书写上确实有困难,开始的时候没有黑板贴,后来邮来的时候比较晚,尹老师从网上给我们买了黑板贴,比较规范地教他们去写。课下学生不能把所有时间都用到这个上边,下周再上课的时候,好的学生会记着一些,不好的就跟不上,也就落下来。

**刘厚生：** 准备这本书讲多长？

**刘玉荣：** 这是一学年的,一共30课。除了一些单词,还有日常用语,他们对这个感兴趣,有新鲜感。我们教的时候也是教他一些发音方法和转写,学校期末抽测的时候,这些孩子基本能达到80%以上照着汉语读满语。

**刘厚生：** 老师们还有什么具体的要求吗？

**崔艳会：** 我觉得还是应该加强对教师队伍的培训。因为就像刚才您说的有一些什么音标的出现那些错误,关键就是我们都不知道正确的是什么样。而且我们现在教或者是认读没有什么问题,但是就是在说的这方面,满语对话实现不了。

**刘厚生：** 这真是个问题,你们的发音,包括重音,最需要一个标准,我们基本上找到了一个标准,那就是三家子,三家子那些老人说话,因为从小他们就那么说,而且三家子都那么说,那就说明他们的发音我们是应该遵循的,而不是我们自己创造重音在什么地方。

**刘玉荣：** 我们几个觉得有点彷徨,因为我们要面对那么多学生,我的想法就是快速地有一个准确的东西往下传承,否则的话就耽误一批又一批。

**李晓玲：** 我在最初学的时候,我老师告诉我,没有轻重音,就这么读吧。

**尹英民：** 我们学校现在致力于能够和大中专院校联合办学,普及满语文,培育师资。听说2019年民族师范学院有专科,所以我们就想真正对接一下,专门培育师资力量。

**刘厚生：** 去过三家子吗？

**尹英民：** 没去过。我们最北到过吉林白山市。

**刘厚生：** 带着问题,比如说几个简单的句子,问问老太太应该怎么说,去体验一下,他们的满语是比较纯正的。

**尹英民：** 思路是从认读开始的,因为我们创建思路是从认读开始,第一年级认读,第二年级学习惯用语,第三年级的时候我们才让学生去书写。刚出生的孩子就会说爸爸妈妈,根本不会写,我们也从这个基础上来让学生去认读东西,比如满语的"爸爸妈妈"我们教会了,等学生会发音了会读了之后,再让学生写,是这种思路,我们现在主张让学生先会说,然后再会写。

**刘厚生：** 你们有没有满语研究室？没有可以建立一个,本溪他们都建立了,研究室建立以后可以申报项目，申报国家项目、省项目还有民委项目。

**王书云**：现在是编制问题，不解决编制问题，现在我们学校最小的2 000多人，他们二小都4 000多人了，就一个满语老师够吗？根本不够，在原来的基础上应该再加强，再给我们配备编制，增加老师，这编制没有，现在都是从别的学科挤出来的。

**刘厚生**：你原来是教什么？

**刘玉荣**：我原来是教语文。

**王书云**：他教满语以后他的工作量全在这了。

**刘厚生**：没有编制，这是大事。

**王书云**：这么大的学校就一个满语老师根本不够，我现在想暑假以后怎么办，怎么开？四年级开完了以后到五年级了还开不开？所以说到底作为我们是地方的课程也好，或者我们县域课程也好，将来应该具体落实它的课程计划。

**刘厚生**：你们这是校本教材。

**王书云**：现在国家是实行三级课程管理，国家课程、地方课程和校本课程。我们这个完全可以作为一个地方的课程，就是我们县域的课程，然后我们县教育局就得拿出来这个课程的一些指导意见来，这个教材、师资得落实，不落实就没法保障去开设，所以说这些问题我觉得确实需要解决。

**刘厚生**：没到辽宁几个满族自治县、满族小学去看看吗？

**王书云**：去到那儿看过，回来都说挺好，但是回来到底怎么去做？比如说我们学校，我要是按照满族的一些风格去装修去布置学校，涉及文化的东西，经费的问题如何解决？所以说要从县域明确扶持哪个学校，去怎么做。

**刘厚生**：你们县里不会给你们拨一点钱？你们也可以自己造造血，冠满族小学名称，国家会给拨款。

**王书云**：我们二中正式的公章的名字就是宽城第二满族中学，现在能够享受到的就是我们的考生享受着加10分。

**刘厚生**：现在国家很重视，目前我们吉林省有几个大学在开满语课，本科生在学，硕士研究生在学，博士生在学。吉林师范大学博士点，今年就招了9个博士，都要学满语，但这9个博士得有一定的基础，因为有一张卷是考满语。

**尹英民**：全国懂满语的人是非常少的，研究满语的人非常少，能不能够降低门槛，让我们的学生去这个学校去学习。

**刘厚生**：可研究，但必须是学文的。

**尹英民**：对，"3+2"模式，我们学校可以从高一来就招，招全县最优秀的学生，可以学满语，然后送到有关高校，能不能给我们提供这个平台？我们建立一个"3+2"对接模式，能不能去？

**刘厚生：** 可以向教育部打个报告。这是一条出路，因为现在辽宁6个满族自治县都学，都是小学，中学基本没有，现在中学断档了，大学很热乎，招本科生、硕士生、博士生，招不上会满语的。如果我们满族自治县全都在学习，这就带动了全国1 000多万满族人热爱自己的文化。每一个孩子都是一盏灯，照亮了他的父母爷爷奶奶姥姥姥爷，我不知道爸妈怎么叫，但是我孩子会，他们逐渐对满族文化感兴趣。如果整个社会都有这个氛围，不愁没有人才。做基础工作非常重要，从娃娃抓起，孩子从小学到中学到大学，给他们一条路，特别像学文的，会人才辈出。

## 第三节 采访丰宁满族自治县满语文教学

采访时间：2018年7月4日
采访地点：河北省承德市丰宁满族自治县文化体育广电局会议室
采访目的：了解赵介民先生在满语文传承方面的情况
采访者：刘厚生、王明霞、郝庆云、闫超、戴克良
被采访者：赵介民、李保锋
被采访者简介：赵介民（1937—），男，满族，出生于丰宁凤山镇，1953年毕业于原热河省第三初级师范，分配回丰宁工作，历任小学教师、文化馆馆员、工艺美术厂厂长、地名办办公室主任、民政局副局长。工作之余，他一直研究满族历史与语言文化。1997年退休后，将全部精力投入丰宁及周边地域历史、地理、文化的研究考证，发表论文多篇，主要有《辽金元三朝皇帝临幸丰宁简录》《清初三帝巡幸丰宁纪实》《丰宁满族来源及人口变迁》《丰宁满族人民的历史贡献》《地名是民族留居或迁徙的脚印》《丰宁现行少数民族语地名》《承德地域满族地名考察报告》《丰宁民间剪纸源流》《滦河正源考》等。

2007年，国家向联合国地名专家组年会提出把濒临灭绝的少数民族语言地名作为非物质文化遗产保护的设想。2008年，中国地名研究所专家对濒临灭绝的中国少数民族语言现存地名进行调查和筛选，确定对北方目前用满族语言文字命名的地名进行重点研究和论证，赵介民参与其中。两个多月里，赵介民走访了滦平、宽城、隆化三县，从承德市县现存20 000多条地名中，鉴别出527条满语地名。

近年来，为挽救濒临灭绝的满族语言符号，赵介民四处奔走，他在丰宁开办满语培训速成班并亲自授课。现在，丰宁已兴起一股学习满语的热潮。目前满语

培训班已举办两期,培训学员40余名。这位老人今年已81岁高龄,但他传承满族文化的脚步依旧不会停歇。

李保锋,丰宁满族自治县文化体育广电局局长。

赵介民给孩子们上满语课

**刘厚生**:我们这次来丰宁就是为了完成教育部的一个重大课题。早就听说丰宁这个地方,你们非遗搞得非常好,在抢救和传承满族文化方面都做得很好。特别是我们还有赵老先生在学习满语,还传承满语,我非常感动,所以这次一定要来看一看,就想把咱们丰宁的满族文化,特别是满族语言文化有关的一些情况做一个详细的调研。首先请介绍一下丰宁满族自治县的情况,特别是这里的满语文的大致情况。

**赵介民**:丰宁建满族自治县是1987年正式建立的,去年是30年大庆。实际上早在1957年就讨论要建立满族自治县,后来由于政治形势的变化,就把它搁置了。一直到改革开放,《民族区域自治法》公布以后,河北省在沧州召开了一次关于民族的工作会议,又把它提到日程上。在当时就提出来建立青龙和丰宁两个满族自治县。1986年,就开始要向国务院写申请报告,由我和马铁松老师来写。这个报告一共分两部分,历史部分由我写,现状部分由马铁松老师写。在此期间我和满族语言、历史、文化有了一些接触。当时就出现一种情况,就是丰宁有着大量的满语地名,但是却不懂它的含义,需要看一些历史资料。我在1982年、1983年查过一些档案,在东北档案馆也遇到一部分满文档案,尤其在中国第一历史档案馆查上谕档、查朱批奏折的时候,就遇了一些满文档案,涉及热河这一块儿是一句话也不认得，不知是什么含义。当时就从出于使用的这个角度上看，要把这里的历史特别是满族的历史搞清楚的话，满族的语言不懂，尤其当时的记载有很多就是靠满文记载下来的，你要不会一点儿的话，工作就没法去完成，因为我做地名工作，这个地名的行政区划有个历史变化的过程，这些我不懂。就是在这样的背景下，我开始要学习满语。

**刘厚生**：80年代您已经四十五六岁了，学习一门新的语言，这很了不起。请介绍一下您学习满语文的过程。

**赵介民**：学习一门语言，得需要找老师。当时我就找好多人问，跟谁能学？听说您那儿有一套油印版教材，3.5元一套，我就邮去3.5元，您就给我邮了两本满语教材，语音本和语法本，非常实用的一套满语启蒙教材，这套书当时对我的帮助非常大。我把满文字母、词汇写到纸上，贴到墙上，三间房子满墙都是我写的满文。还有就是读音解决不了，我就找个录音机，我按您书上写的把口型对好，然后读出音来，录好后我自己再去听、去读，自己纠正自己。这是1983年末，我就是这样开始学习满语，逐渐地字母都认得了。我又买了您主编的《简明满汉辞典》，重点记满语词汇。慢慢地，满文的问题基本上解决了，但满语口语我解决不了，我跟常瀛生（著名的满族学者）关系不错，他把他一小箱子卡片都给我了，他说他从民国年间就记这个，还有他奶奶当萨满那会儿的一些满语资料都给我了。后来看尽管对我用处不是很大，但作为原始的口语资料，学术研究价值还是很大的。

**刘厚生**：您的学习过程的确很不容易！您刚才也提到，学习满语主要是为了使用，那您就介绍一下使用满语文的情况。

**赵介民**：建立丰宁满族自治县的时候，县政府就把制作公章、牌匾的任务给我了。我自己拿不准，就得去求人，先请中央民族学院的季永海、屈六生、赵志忠他们帮忙，跟他们交往多了也都成为朋友了。他们又给我介绍了两个人，就是安双成和孟宪振，我又跑第一历史档案馆，跟这两个人也成为朋友了，经常请教他们，他们也经常指出我需要纠正的地方，比如发音，还有自己跟他们的一些不同认识，互相讨论一下。就这样，我觉得我那个时候学满语全是从使用这个目的出发的。

**刘厚生**：听说您在教授满语、传承满语文方面也做出了很大贡献。请介绍一下您在满语文教学方面的情况。

**赵介民**：后来我就开始下功夫培养学生，县文化部门对这个非常重视，那时候让我搞一套教材，要准确。我就把您写的、季永海他们写的，还有其他人写的进行了收集和整理，我就编写出来了一套教材，比较规矩地学满语。分三部分：语音部分、词汇部分、语法部分。复印成六小本，办了两期班，报名的人不少，但最后学的效果并不是非常理想，学得好一点儿的只有四个人。第一期就办了语音班，第二期我把所有内容全部讲了。因为授课时间只有40个半天，学满语40个半天绝对是不够的，需要以后抽出零散的时间继续去学。

现在丰宁县对这个非常重视，方书记多次跟我说，你再编一套简单的初级的、适合中小学学生学的教材，别像上回那个适合具备初高中文化的人去用，否则学生就看不懂也用不了。小学三四年级学一点，到初中二三年级再学一点，以后就不用学了，因为他们学习压力越来越大，就没工夫学满语了。我就开始准备，这时候宣传部也很重视。后来我还着手去做丰宁满族史的研究和撰写，去年正好搞了一年，做了一本57万字的《丰宁满族史》。

**刘厚生**：这很了不起！刚才您提到您做过地名工作和研究，地名与满语之间有着密切的关联，这方面您是怎么看待的？

**赵介民**：说起地名和满语，给我印象最深的是2007年、2008年的时候。2007年咱们国家在联合国提出地名，特别是濒临灭绝的少数民族语言地名作为非物质文化遗产，后来地名专家组和教科文组织都承认了，两个组合开了大会决定由中国牵头来做这件事。

**刘厚生**：这个信息很重要，请您详细介绍一下这方面的情况和您的研究成果。

**赵介民**：为了做好这件事，中国先提了一个比较简单的方案，因为是两年一次年会嘛，第二次年会是2008年召开，这次就要拿出一项考察报告来。中国当时提出南方以广西地名为主，结合壮族语言文字，搞一些调研。北方以满语地名为主，来做调研。河北省就把我找去了。我就以承德地区的地名为普查内容，搞一个地名的发展的普查报告，稿子有3万多字。经过统计分析，当时满语地名占36%，现在承德地区的标准地名有上万个，其中满语地名仅剩百分之四点零几，减少了这么多。这里面有两个原因，一个是汉语地名增加了，第二个就是满语地名汉化一部分，绝大部分最后彻底改了，这样满语地名就逐渐少了。但是毕竟保留了一部分满语地名，其中丰宁保留最多，丰宁还剩6.4%。丰宁现在还有174条满语地名，这在当时也引起中国地名研究所对于保护满语、保护地名的关注，就提到他们的日程上了。我原来做地名工作，这对我来说也加深了认识，但是如何把这些满语地名保存下来，我觉得还得让人会学满语，所以这才产生办班的想法，前年、大前年办了两期班，刚才也说过了。

**刘厚生**：在办班过程中，您认为当前存在的主要问题和困难有哪些？

**赵介民**：我觉得现在主要有两个事情需要解决，一个是最好由国家层面出一套比较规范的、统一的、从小学开始学的满语教材，另外再附上一本3 000~5 000词汇的一个小词典。这个小词典中现代满语词汇起码应该在30%以上，因为现在随着科技的发展，现在新名词太多，满语主要是在17世纪、18世纪被清朝官方使用，现在好多词汇，满语本身并不存在。是直译还是意译，还是再把它编一个，总之需要把它能处理得更好一点。锡伯族弄了一些，我觉得还不够。再编的话，咱不违反满语本身的发展规律，能附上新的词汇。比如现在电脑、电话、手机，手机是说手机，还是说掌上通信工具？超市是说超市还是自选商场？到底用什么，咱们应该出这么一个东西，总之，出一个好的教材，比较简单的通用的，再者能够有几千条的小词典，就跟现在汉语学生小词典一样，可能比较对头，将来培养教师也容易，有东西培养，等他去教满语，有个标准遵循，就不会乱了。要不谁也说服不了谁。就这个"凹""窝"到底怎么读？谁也拿不出个准头来，所以咱们就得拿出一个权威的标准。

**刘厚生**：这个我会在调研报告中写进去。赵先生您对满族语言文化的热情和研究、教学成果的确是有目共睹，那您未来还有什么打算？

**赵介民**：别看我岁数大了，还真的是不服老。我本身是满族人，我姓伊尔根氏，对于满语和满族文化，应该是责无旁贷，这是第一条。另外丰宁是个满族聚居区，又是发展满族文化旅游的重点的全域旅游区。这样就需要把满族的文化特别是丰宁的满族文化做得更加深入，因为满族的优秀文化太多了，包含社会生活的各个方面。我去年出了一本《满俗旗制丛钞》，37万字，基本把满族的所有十几个方面，满族的民俗部分、文化艺术等方面都包括进去，做一个全面的宣传，我想在丰宁旅游方面用起来。因为我曾经提出作为旅游业，让人感到进了满族地区，第一是眼睛，看到的牌匾是满族的，穿的衣服是满族的；第二是耳朵，听着说话是满族人的语言，吃饭待客和一些文明用语是满族语言，耳朵听的完全又是一种感觉。满族本身有很多优秀品德，尊老爱幼，人际关系讲诚信。我希望能够通过一种生活体验，基本从五官上都能感到这个地区、这个满族是个伟大的民族，给人产生一个非常好的印象，就是现在所谓的软实力。还有我就是希望刘老师能够在这块儿帮助我们做些工作。小学的满语教材我去年编了一半，编了40多课。另外，我想搞一个比较现代的、有实用性的汉满词典。因为好多人用满汉的多，汉满的少，我想把《现代汉语词典》新收的近3 000来条新名词翻译成满语，把它吸收进去。我这个想法不知对不对，反正难度挺大。

**李保锋**：赵老师在我们丰宁县是研究满语的权威，而且这么大岁数，确实是特别勤奋敬业，写了很多东西，不仅研究满语，而且研究地名，研究满族历史文化，出了很多书，比如《丰宁满族史》《满族旗制丛钞》。

**刘厚生**：咱们县现有地名办吗？

**赵介民**：有，不是单独的，它是国家行政编制，现在还有，在民政局，也是执法单位。

刘厚生：我看到咱们县的不少牌匾都加上了满文，但发现在满文使用方面还有一些问题。

赵介民：丰宁作为满族自治县，这里的政府机关、工商企业、个体经营的牌匾，的确需要一个权威机构来把关，起码民委系统应该有一个搞审核的人，起码得让它保证正确。现在丰宁的不少牌匾中的满文使用的确存在错误，有必要找专家进行检查和修改。

刘厚生：请问李局长，咱们县有满汉双语教学的尝试和打算吗？

赵介民（左）与刘厚生教授合影（2018 年 7 月 4 日）

李保锋：我们就是因为有赵老师引领，过去也办过几期班，但是满汉双语教学在丰宁暂时没有推行。尽管过去有过想法，但是也受各种因素的制约，一直没有推行。因为我们和内蒙古还不一样，像内蒙古可以完完全全满足双语教学，为什么？因为孩子高考的时候，可以用少数民族语言来参加高考。但是丰宁实现不了，没有说用满语来参加考试的。如果没有这个教学机制的激励，肯定不会有好的收效。现在孩子课业这么重，再推进满语教学，又没有相应的激励机制，就会遇到困境。但是我们有举办满语班的经验，如果大家有兴趣，有志于想研究满语的，我们还会请赵老爷子来引领，可以参与进来，但是现在面临的最大的问题就是刚才赵老师提到的缺乏一个通用的教材。

**赵介民**：现在县四小、二小他们都找我，让我去教满语，我说目前顾不上。

**李保锋**：刚才赵老师说缺乏一个比较简单实用的小词典。我上大学的时候，对学习英语的做法印象挺深的，要天天背着牛津英汉大词典，太沉重了。一个小薄本放在兜里就是口袋词典，随时拿出来就可以看，特别实用，另外还简洁，因为我们平时用满语的话，用不了那么多词汇，可能一两千词汇就可以满足需要，所以缺乏这样的词典。正好这次刘教授到丰宁来，赵老师所说的，确实存在这个问题。

**刘厚生**：现在县里小学没有开满语教学？

**李保锋**：没有开，有些学校想开。

**刘厚生**：有开满语教学的打算啊？

**李保锋**：有这个想法。但是有些小学的热情挺高，教材这块儿受制约，另外师资问题，现在能够达到像赵老师这种程度的教师，目前还没有。

**刘厚生**：刚才赵先生提到的几个学校的学生有没有愿意学的？

**赵介民**：现在愿意学的不少，有两个小学校长很积极，想要在三年级开课，一个礼拜上两次。

**李保锋**：丰宁现在能像赵老师这样爱好满族语言、研究文字的人是有，但是能达到他这种水平的人太少了。老爷子80多岁了，后继乏人，确实是个问题。

**刘厚生**：刚才两位说得都挺好的，所提的建议也很好。现在我也在考虑这个问题，因为要弘扬满族文化，满语言这一块儿不可丢。要研究满族文化，一点儿满语言都不懂，是不可以的。刚才赵老师说了，咱们那么多满文地名，要是一点儿语言都不懂，不知道这满文地名是怎么翻译，是什么含义，就不合适了。另外像满族的婚丧嫁娶，特别是萨满教的一些东西，都离不开满语，你要不懂一点儿满语怎么能行？这是从学术上讲。从民间的角度上说，社会生活中也离不开满语。现在就想走这么条路子，就是满族自治县先带头，咱们现在东北的满族自治县，辽宁就有六个，我们吉林省有一个，你们河北也三四个，其实承德就有三个，先带起头来，从娃娃抓起，从孩子们抓起，让他们熏陶着，培养他们继承和弘扬优秀满族文化的意识和责任感。

今天收获挺大，赵老师这些年来一直在从事满语文的抢救保护。咱们丰宁县在满语传承方面我希望能够再往前再走一走，关键就在于领导重视，本溪是辽宁六个满族自治县里做得最好的，已经在小学开设满语课程，而且全县的小学都在学，受到国家的重视，国家民委主任还有省委书记都去参观。他们成立满族小学，另外他们县抽出很大力量做普及工作。刚才我听到有些主管领导不太积极，是不是能够请他们走出去看一看？我在青龙和宽城，他们都说感觉到去看一看回来以后确实有体会。比如去黑龙江、三家子或者到我们吉林省伊通满族自治县，或者辽宁省本溪满族自治县、新宾，看看他们这几年，在抢救满语方面，在弘扬满族文化方面，他们都做了什么，有些什么成就，有哪些成功的经验值得我们吸取。比如他们编的教材，本溪的教材是我帮他们编的，他们作为校本教材，既有满族的历史和本溪当地的历史，又有满族的语言，两者之间互相能够协调，讲历史部分牵扯到语言，讲语言部分又牵扯到历史，他们都有很多成功经验，特别是满族小学在整体的满族文化的建设、弘扬，有自己的小型展览，他们校园的建设都跟满族有关系，都做得很好。我觉得效果很好，把整个县的满族文化氛围大大抬高一下。不仅是孩子们学满语，回家以后，爸爸妈妈都是满族，爷爷奶奶辈们都感到很有兴趣，老年人跟着孩子学满语，一个孩子带动一个家庭甚至几个家庭。他们县的广播和电视，每天都有关于满语文或者满族文化的内容，汽车司机都会说几句满语。所以进了本溪以后，就感觉这个气氛逐渐在浓厚了，满族的民族自豪感、自信心得到了提升，所以我想第一点就是领导能够重视。本溪领导专门为弘扬满族文化，开一次全委会，制定了一个很长远的发展规划。这个县委书记可能调走了，但是继任的县委书记县长照样按照规划进行。丰宁应该结合自己的特点，在这方面再做些工作，特别是咱们非遗在全国、世界都有名了，如果咱们在满族文化方面有缺失，可能会影响你们深入的发展。

另外就是培养队伍，现在有些中小学的老师，特别是年轻老师对满语非常感兴趣，所以对这些比较感兴趣的老师先走一步，给他们办个班，提供一些条件，收集点资料，将来比较成熟了，他们有了一定水平了，再逐渐铺开。如果需要我们做什么工作，我可以做些帮助。而且我的学生在这里，挺方便的，河北民族师范学院这方面也做得不错，昨天在他们学校开座谈会，召集了二三十个不同层次的学生座谈，还有他们老师参加座谈。学生劲头挺高的，普遍觉得学习时间不够，想要再增加点。从不认识满语到认识满语，再到热爱满语这个过程，戴克良老师和其他老师这块儿做得很好，可以借助他们的力量，以后经常跟戴克良联系。再有，编一个适合咱们县的乡土教材，先在小学普及一下，不用太多，以提高兴趣为主。编一个适合于小学老师和学生用的词典，有一两千字就足够了。

以上建议供县里参考，感谢赵老先生和县里的各位领导。

赵介民先生是丰宁满族自治县在弘扬满族文化方面作出了卓越贡献的先进代表，他虽然年事已高，但矢志不移，努力奋斗，亲临满语文教学第一线，同时出了多本高水平的著作，令人敬佩。如何把老先生的学识和精神传承下来，是一个值得研究和解决的问题。

**结语**

通过此次调研活动，发现河北省满语文保护传承抢救工作呈现出多样化的特点：老一代的以赵介民先生为代表，数十年来研究满语文，并通过编写讲义、办学习班等形式进行满语文教学和传承；河北民族师范学院以戴克良、秦平、关志英等为代表，多年来将满语文与满文文献纳入该校历史学专业的课程体系，特色突出，并尝试开设满语实验班，积累了不少经验；青龙、宽城、丰宁等满族自治县也尝试将满语文与满族文化纳入小学课程，但存在师资短缺以及缺乏标准化教材等现实问题，需要尽快加以妥善解决。

目前有些中小学的老师，特别是年轻老师对满语很感兴趣，所以对这些比较感兴趣的老师先走一步，给他们提供一些条件，收集点资料。河北民族师范学院也做得不错，学生热情很高，普遍觉得学习时间不够，想要再增加点。从不认识满语到认识满语，再到热爱满语有个过程。再有，编一个乡土教材和辞典，是十分有必要的。

问题与建议：

（1）满语文研究人才断档，研究与教学后继乏力。无论是各类研究机构、高等院校还是满族聚居地，都面临着满语文研究与教学人才稀缺、人才断档的现状，我们应该进一步加强学科培育，加强人才培养的力度，吸引更多的高水平人才投入满语文研究这一事业之中，避免满语文研究彻底成为一个"死去"的学科。

（2）无论是高等院校还是普及教育，目前满语文教学最为迫切的问题是缺乏统一的具有权威性的教材。从各地教学情况来看，目前使用的教材不统一，而且在满文的转写方面也没有按照国内外学界通用的穆麟德夫转写法，而是满语民间研究者自创的"太清转写法"（DQU转写法），错误、漏洞颇多。仅有少数"学院派"老师坚持用穆麟德夫转写法，造成学生学习的混乱。因此，组织力量进行编写一部通行、权威教材，迫在眉睫。

# 辽宁篇

辽宁省满族有 533.7 万人，占少数民族人口的 80.3%，[①]主要分布在鞍山、抚顺、本溪、丹东等满族自治县及锦州、葫芦岛等地，留下了丰厚的独具魅力的满语文化资源，是历史长河中沉淀下来的民族记忆和文化载体，是中华民族文化宝库中的一朵奇葩，蕴含大量历史信息，包括地理、疆域、民族、政治、经济、文化等领域。然而，随着社会的发展和时代的变迁，满语已经成为极度濒危语言。通过对新宾、清原、宽甸、本溪、岫岩、桓仁等六个满族自治县及满族人口相对密集的地区进行调查，结果表明，从满语的代际传承、满语使用域的走向、满语对新语域和新媒体的适应能力、满语记录资料情形等诸多视角考察，辽宁地区满语基本处于灭绝状态，保护、抢救、传承满语的工作迫在眉睫。

一、调研的目标和必要性

2009 年，联合国教科文组织宣布满语为"极度濒危语言"[②]。如何在有效保护满族文化的前提下，进行满语、满文保护、抢救，理应成为学界努力研讨的重要课题。

---

① 数据参见辽宁省民族和宗教事务委员会网站，http://mzw.ln.gov.cn/mz，2022 年 7 月 27 日。

② 参阅董丽娟：《辽宁满语、锡伯语濒危现状探析》，载于《文化学刊》2010 年第 5 期。

（1）学术思想方面的预期目标。通过对辽宁地区满语保护、抢救口述史及民间满文文献的收集、整理与研究，有助于推动辽宁地区满语保护、传承工作。通过学术调研，摸清辽宁地区满语文的现状，在充分访查的基础上，提炼可操作的保护策略，为其他满族自治区域民族经济和文化发展提供历史文化基础或参照，亦可增强人们的满语言文化资源观念及满语言保护意识，对于保护我国不同民族的语言和文化也会起到示范作用。

（2）学科建设方面的预期目标。满语文研究是具有重要文化价值和传承意义的"绝学"，需要跨学科、跨领域进行综合性研究。本研究无疑会推动清史、满学、民族学等学科的纵深发展。再者，口述史已经实现了由"史料"到"方法"再到"学科"的嬗变。口述史改变了人们的史学观念，催生了新的学术思潮，为文化史、人类学提供了新的研究视角。本研究有助于口述史学科的实践与理论探讨。

（3）文献整理方面的预期目标。辽宁地区是满族及其先民重要的生息繁衍之地，在悠久的历史发展过程中，满族留下了许多珍贵的满文遗产，蕴含大量历史信息，包括地理、疆域、民族、政治、经济、文化等领域。利用现代化手段，抢救、挖掘、开发利用满文文化遗产，可以丰富中华民族文化宝库。

党和国家历来高度重视少数民族语言文字工作，《中华人民共和国宪法》《中华人民共和国民族区域自治法》均明确提出：少数民族有使用和发展本民族语言文字的权利。近年来，政府主管部门发布的关于民族语文工作的文件中，把"科学保护各民族语言文字"列为新时期民族语文工作的重要任务。2010年，国家民委下发了《国家民委关于做好少数民族语言文字管理工作的意见》，提出要"加强少数民族濒危语言的抢救、保护工作。研究制定少数民族濒危语言保护措施，指导实施少数民族濒危语言抢救、保护计划。运用现代科技手段，调查、收集、研究、整理、保存少数民族濒危语言资料"。[①] 2012年，国务院印发的《少数民族事业"十二五"规划》提出了"少数民族濒危语言抢救与保护工程"；同年，教育部、国家语委发布的《国家中长期语言文字事业改革与发展规划纲要（2012-2020）》中，有"科学保护各民族语言文字""各民族语言文字科学记录和保存"的表述；2017年，国家民委印发了《"十三五"少数民族语言文字工作规划》，制定了保证"各民族语言文字科学保护""少数民族语言文字传承和弘扬中华民族优秀文化的作用，进一步发挥社会语言生活和谐发展"[②]的指导思想、发展目标和任务。党的一系列关于民族语文工作的政策法规，体现了对少数民族语言和文化的尊重和支持，亦是科学保护各民族语言文字的制度保障。

相关国际公约也在积极倡导维护世界语言和文化的多样性、保护好人类的非物质文化遗产。2003年，联合国教科文组织第32届会议通过了《保护非物质文化遗产公约》，指出非物质文化遗产内容的第一个重要方面就是"口头传说和表述，包括作为非物质文化遗产媒介的语言"。2018年9月19~20日，联合国教科文组织、中国教育部、国家语言工作委员会等在湖南长沙共同举办了"语言多样性对于建构人类命运共同体的作用：语言资源保护、应用和推

---

① 参见《国家民委关于做好少数民族语言文字管理工作的意见》，央广网，http://xj.cnr.cn/mzzj/201006/t20100622_506616296.html。

② 国家民委：《国家民委关于印发"十三五"少数民族语言文字工作规划的通知》，国家民族事务委员会网站，https://www.neac.gov.cn/seac/xxgk/201704/1074072.shtml。

广"国际会议,并通过了《岳麓宣言》。①  宣言指出,保护和促进语言多样性对于可持续发展目标的实现至关重要,需要国际社会各方面积极作为、切实有效参与其中。 调查、保护、传承濒危语言不仅是践行维护语言多样性的倡议,更为重要的是,可以为保护世界语言多样性、抢救濒危语言提供中国智慧与中国模式,进而建构中国在此领域的学术话语权。

质言之,对辽宁地区满语保护、传承现状进行调查,在学科建设、人才培养、文献整理等方面均有重要意义。

二、多维的采访:调研的具体实施

2016 年,东北师范大学满语专家刘厚生教授获批教育部哲学社会科学重大攻关课题《中国满语文保护抢救口述史与满语音像资料库建构》,其中子课题《辽宁省地区满语保护、抢救口述史征集、编纂与研究》由东北大学秦皇岛分校穆崟臣教授承担,召集课题组成员细致分析了研究规划,进行了分工与协调,落实责任。 其中调研采访分三个层次进行:(1)重点对沈阳和辽宁省六个满族自治县及锦州、葫芦岛等地满语文资源进行调研;(2)对在沈阳工作的满语文、满学专家如佟永功、关嘉禄、关克笑、沈微、姜相顺、鲍明等先生进行口述史采访;对中青年满文学者何荣伟、张虹、程大鲲、吴昕阳等进行口述史采访;(3)对六个满族自治县满文讲授情况进行调研。 课题组调查了辽宁地区满语保护、传承情况,掌握了准确的学术信息,积累了宝贵、丰富的口述历史信息资料。

三、现状的评估:调研的学理分析

课题组经过前期基础研究和实地调研,梳理了辽宁地区满语文的使用人口、辽宁地区满语文使用域的走向、辽宁地区满语文教育教材和读写资料的情况等五个问题,对辽宁省地区满语保护、传承情况进行了学理分析。

(1)辽宁地区满语文的代际传承情况。 课题组对新宾、清原、宽甸、本溪、岫岩、桓仁等六个满族自治县及满族人口相对密集的地区进行调查,结果表明,满语在辽宁境内已经完全不再用于日常交际,个别老辈人记忆中的满语只是个别语词。 从语言代际传承的角度考察,辽宁地区满语基本处于灭绝状态。

(2)辽宁地区满语文使用域的走向。 目前在非常正式的场合,如满族"颁金节",也几乎不用满语,即便使用,也不再作为主要交际用语。 目前在辽宁地区,满语的使用基本都在教学和自主学习中。 满语是作为学习对象,不是主要的交际用语。 从满语使用域的走向看,满语在辽宁地区也基本处于灭绝的状态。

(3)辽宁地区满语文对新语域和媒体的反映。 从目前辽宁地区的情况看,满语对新语域的适应能力非常小。 在学校教育方面,满语没有成为教学工具语言,而是教学的对象。 辽宁地区广播中没有使用满语的历史,目前当然也不使用满语。 与满语、满文化相关的网站较多,但是这些网站基本以汉语作为载体。 从满语对新语域和新媒体的适应能力来看,满语处于无活力的状态。

(4)辽宁地区的满语政策及满语文态度。 近年来,辽宁在政策、资金等方面对满族文化的发掘和保护给予了相应的优惠政策。 从满族群体对待满语的态度来看,目前有越来越多的

---

① 《岳麓宣言》发布:保护语言多样性 助力构建人类命运共同体,央视网,http://news.cctv.com/2019/02/21/ARTIOwlCLmdrKC29G3o26tjr190221.shtml。

满族同胞认识到满语和满族文化的重要性，他们以不同方式参与到满语、满族文化的保护中来。但从满语的发展趋势来看，满语口语在辽宁地区已经处于灭绝状态。

（5）辽宁地区满语言记录资料的情形。辽宁省档案馆、辽宁省博物馆等单位保存了大量的满文资料，满语语法研究、词汇研究等比较深入，有相应的文献资料出版。但从整体角度考察，省内目前还没有建设满语有声资源库，没有满语的日常媒体，新媒体使用的工具语言也基本不是满语，满语记录资料的情形基本处于不完整的状态。

# 第六章

# 辽宁地区高校满语文保护抢救工作访谈

满语文研究是具有重要文化价值和传承意义的"绝学",需要跨学科、跨领域进行综合性研究。新世纪新时代,清史、满学、民族学等学科及研究领域若要有所突破,有所创新,有所深入,有所发展,必须高度重视满文文献发掘、整理与利用。辽宁地区的高校尤其是辽宁大学、沈阳师范大学在这方面做出了具有示范性的工作。

## 第一节 辽宁大学在满语文传承工作中取得进展

**采访时间**:2018年7月20日
**采访地点**:辽宁大学
**采访目的**:通过采访,理清辽宁大学在满语文传承方面所做的贡献
**采访者**:穆崟臣
**被采访者**:耿元骊
**被采访者简介**:耿元骊(1972—),男,汉族,吉林龙井人,河南大学教授、博士生导师,河南省特聘教授。现任中国唐史学会、中国宋史研究会、中国武则天研究会理事。曾至韩国首尔大学(2009~2010年)、美国哈佛大学(2016~2017年)访学,曾任辽宁大学教授、历史学院副院长,辽宁特聘教授(2016~2018年)。在《中国社会科学》《中国史研究》《文史哲》《史学月刊》《史学集

刊》《中国经济史研究》《社会科学战线》等学术杂志发表论文 40 余篇，出版专著《唐宋土地制度与政策演变研究》《帝制时代中国土地制度研究》《唐宋乡村社会与国家经济关系研究》等。先后主持承担国家社科基金重大项目 1 项、重点项目 1 项、青年项目 1 项，教育部人文社科基金、中国博士后科研基金等各级各类项目 10 余项。学术成果获辽宁省哲学社会科学成果奖一等奖 1 项。

**穆鑫臣**：耿老师您好，您作为辽宁大学历史学院副院长对教学科研情况都很了解，今天想请您谈谈辽宁大学在满语文传承方面开展的工作情况。

**耿元骊**：我本人不懂得满语文，谈这个问题有些勉为其难，就我所知的情况，简单描述一下。

"文革"结束后，学界迎来了久违的春天。1980 年中国民族古文字研究会对培养满语文专业人才制定了远景规划。随后，北京、河北、内蒙古、辽宁、吉林、黑龙江等地相继开办了满文培训班，黑龙江省专门成立了满语研究所，中央民族学院又开设了本科清史满文专业，辽宁大学也举办了一期民族班，培养了一批满语文专业人才。应该讲，在这一浪潮中，辽宁大学通过学历教育，在培养满语文专业人才、抢救保护满语文方面做出了很大贡献。1984～1988 年，辽宁大学历史系开设了 4 年制的满语文本科班，全班共计 13 名学生，其中李云霞、何荣伟、张虹、张丹卉、吴昕阳、卢秀丽等毕业生至今仍从事与满语文、满族历史文化相关的工作，供职于辽宁大学、辽宁省档案馆、沈阳故宫博物院、辽宁省图书馆等单位，成为新中国又一代满语文专家。2009～2013 年，辽宁大学与辽宁省民族事务委员会开展合作办学，培养了第二批满语班本科学生，共招收 11 名学生，部分学生毕业后仍从事与满语文相关的工作；2014 年，开办了"满族历史与文化"专业本科方向的新班。截至目前，辽宁大学已举办三届满语班，每届 10 余名学生。

**穆鑫臣**：满语文的抢救性保护迫在眉睫，辽宁大学历史学院就满族历史文化专业有什么规划？

**耿元骊**：2014 年 10 月 11 日，辽宁省民族事务委员会与辽宁大学历史学院就满族历史文化专业设置、人才培养、教学计划、招生程序、就业指导及费用预算等问题展开座谈。辽宁大学马凤才副校长曾指出，"满族历史文化与语言的抢救性保护非常急迫和重要，高校在满族文化和语言的保护方面要发挥功能；学校将会在该专业学生的培养、保研、就业指导方面给予倾斜；满族历史文化和语言专业要从本科、硕士研究生以及博士研究生几个层次进行培养"。自 2014 年起，辽宁大学历史学院与辽宁省民委合作，开展满族历史与文化方向的本科学生培养工程，双方多次就合作办学的专业建设、招生以及实习实践等问题进行调研与座谈。历史学院精心选聘高水平专业教师、研究制订科学培养方案，为满史班建设提供坚实保障。

穆崟臣：我们了解到辽宁大学有满族历史与文化专业，请您介绍一下该专业的培养目标。

耿元骊：辽宁大学历史学院以培养精通满族语言、传承满族文化的专业人才为目标，秉承"强化基础、注重实践、学术导向"的指导性原则用以构建合理的人才培养方案。满族历史与文化专业重在培养学生客观、理性地评价历史的思维方式，提高学生综合素质，使学生形成宏观的历史认识、共同的民族意识和扎实的专业功底；培养学生掌握满族文化的相关知识，熟练掌握满语，成为高级民族史研究和满文档案与文献翻译的创新型人才。

穆崟臣：据我所知，全国设置满族历史与文化专业的高校屈指可数，这是一项复杂的系统工程，需要精细的顶层设计，涉及专业培养方案的建构，请您讲述一下该专业培养方案构建的原则。

耿元骊：正好我手头有一份培养方案，因为内容比较多，我择其要点简单介绍一下。满族历史与文化专业培养方案的设计与制订是以"强化基础、注重实践、学术导向"为指导性原则，注重知识的系统性与结构性、教学内容的科学性与学术性和教学方式的实践性与创新性，致力于构建出整体优化的人才培养方案。

（1）强化基础知识，优化课程体系。满族历史与文化专业培养方案中，考虑到知识结构的纵贯性与横向性，构建融会贯通的"通识教育、学科教育和专业教育"一体化课程体系，课程设置除了专业性很强的满语、满族史、满族文化等专业主干课程外，还需要强化学科基础知识，设置中国通史和世界通史等历史学科基础课程，实现既发展培养满语言文化领域的"专才"，又发展培养历史学领域的"全才"，注重学科的交叉与融合，培养"基础扎实、学有专长"的创新复合型人才。

（2）注重实践实效，坚持知行合一。满语言文化的实践学习考虑到满语遗存区和同系语言地区，如黑龙江赫哲语言文化区、新疆察布查尔锡伯语言文化区等，学生通过在当地的专业实践考察，了解语言形成与运用的文化背景，深入理解满族历史与文化，熟练掌握和运用满语言说写能力，为日后满语文献的收集、翻译、整理工作奠定基础。因此，满族历史与文化专业的培养方案需要重视专业实践课程的设置。其目的一方面是让学生深入掌握满族的历史与文化基本知识；另一方面是将满族通史、满语、满语口语等理论课程知识与实践相结合，以期培养本专业学生必备的基本实践和创新能力。专业实践是满族历史与文化专业本科生必须具备的专业基本能力，是其未来参加工作或继续深造的专业基础。

（3）突出学术导向，重视价值引领。满族历史与文化专业培养方案的总体设计是以学术为导向，学与术并重，既强调学术理论的深厚性，又强调学科知识、课程内容与逻辑的严谨性、完备性和独立性；以满族史学的学术视角，对教学内容体系进行优化，注重历史学的理论基础，覆盖满族历史研究的前沿领域，强化满语言的学习与应用，构建学科基础教育和专业强化教育的课程平台；通过系统知识的学习，培养学生良好的学术研究基础，为成为高级民族史研究和满文档案与文献翻译的人才提供强有力的保障。

**穆崟臣**：我们以前曾论证过历史文化影视传播专业，建设一个新专业，设计一个新专业的培养方案确实很不容易，其中课程设计就要绞尽脑汁进行建构。请您简要谈一下满族历史与文化专业人才培养方案的设计。

**耿元骊**：的确如此，该培养方案秉持"强化基础、注重实践、学术导向"的原则，辽宁大学满族历史与文化专业培养方案的设计主要分为通识教育、学科教育和专业教育三个模块，其中通识教育模块是由素质选修课、思想政治课和英语体育等校选公共课构成，目的是培养学生的综合素养，拓宽学术视野，为专业知识的学习奠定基础；学科教育模块主要设置中国通史和世界通史等历史学科基础课程，旨在提高学生对历史专业基础知识的掌握度，为进一步研究满族历史提供专业知识保障；专业教育模块主要是由"满语、满语口语、清史、满族通史"等专业学术课程和"锡伯族语言及社会历史调查"专业实践考察活动构成，意在切实培养学生掌握满族历史与文化的学术知识，熟练应用满语、翻译满文文献和档案的专业能力。满族历史与文化专业学生在整个本科的学习阶段需要获得157学分，其中专业理论课程占据54.8%，实践课程占据12.1%，结构总体设计符合人才培养的结构需求。培养方案的完整运行充分体现满族历史与文化专业人才培养方案构建的层次性、系统性、科学性和合理性，凸显了学科优势与专业特色，保障了满族历史与文化专业拔尖创新人才培养的顺利开展。

辽宁大学历史学院满语班办学情况汇报会

辽宁大学历史学院开办过历史学专业民族班,以后又陆续开办了数届满族历史与文化方向的历史学专业,开展满族语文教育,培养了一批从事满语文教学、科研及相关领域的专业人才。2016年4月11日至6月3日,辽宁大学历史学院承办的第三届"辽宁省满语文人才培训班",在满族语言抢救与历史文化保护工作方面做出了贡献。

## 第二节　沈阳师范大学满语文传承工作十分深入

**采访时间**：2018年8月15日
**采访地点**：沈阳师范大学
**采访目的**：通过采访著名满学专家鲍明先生,梳理沈阳师范大学满语文传承情况
**采访者**：穆崟臣
**被采访者**：鲍明
**被采访者简介**：鲍明(1965—),男,满族,辽宁凤城人,沈阳师范大学旅游管理学院历史系教授,中央民族大学民族学博士。

**鲍明先生**

**穆鲞臣：** 近年来，沈阳师范大学的满族历史与文化研究突飞猛进，取得了较为丰硕的学术成果，在满语文人才培养、满语保护传承等方面做出了突出贡献，在辽宁省内满族文化研究领域有着重要地位。请您介绍一下具体情况。

**鲍明：** 2004 年，沈阳师范大学成立了文化传播中心，并成为辽宁民委的满族文化资源与发展研究基地和国家民委的中国北方少数民族文化研究基地，曹萌主持了满族文化资源与发展分省描述与研究项目的研究。沈阳师范大学自 2007 年秋季起，面向全校本科开设满语文的选修课程，由文化传播研究中心（现名中国少数民族文化研究中心）满语教师的我和李云霞教授为本科生授课，共有 240 名同学选择了该门选修课，并从中获得了很多的收获，对满族文化以及满语有了比较全面的认识。沈阳师范大学是最早面向全校本科生开设满语文选修课的大学。

**穆鲞臣：** 我看沈阳师范大学硕士研究生招生简章，每年还招收中国少数民族语言文学（满族锡伯族语言文学方向）专业硕士研究生。

**鲍明：** 2012 年 8 月，沈阳师范大学首次招收中国少数民族语言文学专业硕士研究生，在中国少数民族语言文学专业里开设满族、锡伯族语言文学研究方向，面向全国招生，培养运用满语、锡伯语研究阿尔泰语系语言比较、满族文学的人才。

**穆鲞臣：** 沈阳师范大学有一支满语文教学研究的队伍，有相关的教师培训吗？

**鲍明：** 2012 年 5 月，沈阳大学满族文化研究所成立。满族文化研究所教师组成满语学习班，邀请满语专家何荣伟教授满语，用满族语言研究原生态的满族文学和美学。

**穆鲞臣：** 我们了解到，沈阳师范大学曾承办了两届辽宁省满语人才培训班，请您详细介绍一下相关情况。

**鲍明：** 2014 年至 2016 年，沈阳师范大学、辽宁大学先后承办了辽宁省满语文人才培训班的培训工作。2014 年 4 月 2 日，由辽宁省民族事务委员会主办，沈阳师范大学中国北方少数民族文化研究中心承办的 2014 年"辽宁省满语文人才培训班"在沈阳师范大学开班。培训班从 4 月 2 日开始，6 月末结束。培训班开设满语语音与拼写、满语语法、满汉文翻译、实用满语文和满族历史与民俗文化等 5 门课程，满语文专题课与考察实习相结合，对来自省内 6 个满族自治县和凤城市、北镇市以及其他满族聚集区民族、教育、文化、旅游、新闻出版、广播电视等部门选派来的 33 名学员进行 380 课时的教学培训。由省内外多年从事满学、满史研究的专家、学者担任教师。以王硕主讲满语语音与拼写、满语语法；我主讲满汉文翻译、满语诗歌与满族习俗；李荣发主讲实用满语文（满文书法与满语地名研究）；关嘉禄主讲满文档案翻译；曹萌主讲满族历史与民俗文化。通过为期三个月强化培训，该班学员在原有的满语文基础上，大多能够做到用满语文听说读写，掌握了基本日常用语，能进行简单日常会话，会书写拼读常用满文字、书写满文牌匾对联，借助工具书可翻译简短的满文文献等，并了解满族的历史、文化和风俗，掌握满族主要礼节，为进一步学习研究满语文和翻译满文打下比较扎实的基础。该培训班还举办了首届中国满语文书法展赛，举办了满语文文艺节目的排练和演出。学员石卓（irgebun 伊尔格本）的满语古词朗诵《明月几时有》、王珏（jakdan 扎克丹）的满语歌曲独唱《望祭山》、包昱（borjigin foson 福顺）用满语讲述的《三仙女的传说》以及学员王晓丹（fukjin 富克金）用满语演唱的《上马酒之歌》，形象地展示了本次满语文培训班的培训成果。

结业典礼中还举办了当前满语文的保护抢救研讨会，内容涉及满语培训班和满语教育、文物管理、民族文化旅游、民族文化工作，并就其中存在的问题向省民委和沈阳师范大学领导提出了一些建议和希望，有的学员还谈到了结业回去后的工作设想。

2015 年 4~6 月底，由辽宁省民委主办、沈阳师范大学北方少数民族文化研究中心承办的全省第二届满语文人才培训班在沈阳师范大学举办。来自全省 6 个满族自治县和凤城、北镇市的民族、教育、旅游、文化、新闻、广电等部门的 35 名在职干部参加了为期三个月的培训。培训班聘请专家团队组建师资力量，讲授满语语音与拼写、满语拼写训练、实用满语文、满族历史与文化等主体课程，同时开设了满文档案阅读与翻译、满文书法等辅助课程，实地考察了沈阳故宫博物馆、福陵、昭陵。2015 年 6 月底，培训班结业。通过培训，学员们基本能够拼读满文、书写常用满文字，能够说基本的日常用语，能够借助工具书翻译简短的满文文献等，为进一步学习研究满语文和翻译满文打下比较扎实的基础。

**穆崟臣**：请您介绍一下中国满语文课程与培训中心的情况。

**鲍明**：2018 年 5 月 24 日中国满语文课程教学与培训中心成立暨首届工作会议在抚顺市新宾启运学堂举行。中国满语文课程教学与培训中心的任务和工作目标是：建立健全适应性强、规范统一的满语文课程教学大纲、教学计划、标准教材；制定出适合当前学校满语文课堂教学及多种形式的满语文人才培训教学、义务普及满语文教学等不同层次并与教学活动相关的教材、考核标准与指导性文件；对满语文课程教学与人才培训教学等进行集中规范和统一协调管理；推动满语文教学与人才培训工作的开展、提升新时代中国的满语文课程教学与人才培训的质量。中国满语文课程教学与培训中心首先通过划分满语文教学区片并结合各满族自治县的满语文教学实际，设立教学培训工作站，对当前的满语文教学、培训工作进行协调统一。中国满语文课程教学与培训中心主任由沈阳师范大学中国北方少数民族文化研究中心主任曹萌教授担任，我和河北民族师范学院张庆威教授为常务副主任；金标、王硕、李荣发、张杰等满语文专家担任中心副主任；那阳担任中国满语文水平等级测试中心测评员兼中国满语文课程教学与培训中心静安教学站站长。

**穆崟臣**：鲍老师在很多研究领域都有建树，请您谈谈在满学尤其在语言文字方面的研究情况。

**鲍明**：满学是我重要的研究领域，在语言文字方面主要关注女真语研究、满汉混合语研究两个方面。女真语方面，2018 年，我主持完成了国家社会科学基金项目《会同馆〈女真译语〉研究》。《女真译语》是明朝所编《华夷译语》中《女真馆杂字》和《女真馆来文》的合称。会同馆编《女真译语》没有女真字。会同馆《女真译语》的编写历时长久，编写人员水平有限，有许多误记、构词法错误、语法错误之处，而且在传抄过程中，又出现新的错误。各国学者对会同馆《女真译语》中的女真语词汇进行了研究，但还有许多疑难词汇的词义没有搞清楚。会同馆两个抄本的《女真译语》合计收入词条 1 156 条，其中，有 355 条缺少圆满的答案。会同馆《女真译语》是构拟女真语语音体系的重要语言材料，也是总结女真语与满语在词法和句法方面的异同点的重要语言材料，还是确定女真语与其他民族语言的词语借贷关系的重要依据。因此，全面完成会同馆《女真译语》中的疑难词汇的解读任务，就成为多项学术研究的一项基础性和关键性工作。我运用校勘学、汉语音韵学、文字学，结合满族文化知识，校正了会同馆《女真译语》中有关汉字记音的错误，找出与书中的疑难女真语词汇相对应的清代满语词、其他满洲通古斯语词或突厥语词、蒙古语词、汉语词借词，并重新校正了中外学者已解读的一些女真语词汇。

满语文方面主要聚焦于满汉文翻译、满语诗歌、满汉混合语研究等方面。我的舅太爷是清末满语文师傅，1958 年去世。我小时候讲满汉混合语，从小就对满语感兴趣，上大学后开始搜集和学习清史和满族史，在东北师范大学读硕士时开始自学满文，工作以后继续学习满语文，后到中央民族大学学习满族语言文化，学习满语文有 30 年了。原来重心在历史比较语言学，近十四年来，在党和政府各部门的直接领导和支持下，在满语抢救进程中，作为承上启下一代，我也参与进来，从讲授满语课，到研究辽宁话中的满语成分和明代满语，将现实语言和历史语言相结合起来开展满语教学和研究工作，撰写了《凤城市满族满语使用情况调查报告》《辽宁沈阳满语地名考释》等调研报告，出版了专著《辽宁满汉混合语调查研究》，开展东北话中活态满语成分研究，发现了辽宁话中的 1 000 个活态满语词汇及大量的满语构词法、句法，揭示了辽宁话丰富的满语底层内涵，改写了以往人们对东北话的定性。

穆崟臣：辽宁省有些高校有满语社团，在这方面沈阳师范大学情况如何？

鲍明：2013年6月，学生白江阳申请成立学生社团，并任社长，10月，开设第一期满语字母课程班；2014年4月，又开设第二期满语字母课程班。2014年9月，刘益君任社长，10月，开设第三期满语字母课程班，刘煜琦担任满语教师。2015年9月，唐硕任社长，2015年10月，开设第四期满语字母课程班。2016年9月，开设第一期满语语法课程，10月，开设了第五期满语字母课程。2017年3月，迟萍任社长，开设第六期满语字母班和第二期满语语法课程班。2018年9月，王毅任社长，10月开设满语字母和语法课程班，唐硕、迟萍、魏宏亮等相继担任满语教师。2019年9月，关智华任社长，10月开设满语字母和语法课程班，谢思曼担任满语教师。每期开始时，上课学员人数有几十人，坚持到最后的只剩十余人，甚至几人。

穆崟臣：我从媒体上了解到，沈阳师范大学曾举办过三届满文书法大赛，请您介绍一下具体情况。

鲍明：好的。2014年4月1日~6月30日，沈阳师范大学承办了辽宁省满语文人才培训班。为了进一步展示学员们的培训成果，结业典礼期间，我校中国北方少数民族文化研究中心举办了首届中国满语文书法展赛，学员们创作的70多幅笔法遒劲、风格逸秀、形神兼备的满文书法作品为结业典礼增添了浓郁的民族情趣。

2014年12月26日下午至2015年1月3日，国家民委民族文化工作基地（我校中国北方少数民族文化研究中心）和沈阳师范大学美术与设计学院联合举办的"第二届中国满文书法展赛"在沈阳师范大学美术展馆举行。展赛共展出来自全国各地70多位作者之手的150多幅满文书画作品。著名满学家关嘉禄研究员的满汉合璧书法和满族青年乾隆榜书传人爱新觉罗·毓葇创作的多幅境界独特的满文书画，以及张杰博士的全规格满文手抄《乾隆御制皇都赋》体现了本届展赛多样化的艺术风格。本届展赛在保护抢救满语文工作上具有重要意义。

2018年4月15日下午，第三届中国满语文书法展赛，在沈阳市于洪区马三家街道静安社区（原静安村）开幕，至4月25日闭幕。第三届中国满语文书法展赛由沈阳师范大学国家民委民族文化工作基地主办，由沈阳国际满语文传承保护试验区（于洪区静安村）承办，由河北民族学院满语文研究所、新宾满族文化研究所、爱新觉罗皇家书画院协办。本次书法展赛将萃集当代中国满学界诸多满语文专家的墨宝，其中包括著名满文书法家班布尔、满文书法联谊会评审委员甲哈里、中央民族大学满通古斯语言研究会副会长伊齐泰、爱新觉罗皇家书画院院长祖忱和国内满学大师关嘉禄研究员等大家的作品。这些出自大家的满语文书法艺术作品使本届书法展的层次与水平达到一个新的高度；与此同时，还有来自东北三省各满族自治县和满族聚集区的满语文教师与满语文爱好者的佳作。

**穆鲨臣**：满族拥有辉煌的历史和灿烂的文化，但随着时代的变迁，满族文化载体和符号的语言、文字正渐渐淡出满族民众的日常生活，逐步走向衰微。您从事满语文教学研究多年，想请鲍老师谈谈您的满语文教育经验。

**鲍明**：好的。下面我谈一点个人的满语教育工作经验。

（1）多民族合作开展满族语言文字抢救和发展。过去讲开展满语文教育的理由有三点：整理档案；满族民族情感的需要；保证民族文化教育权利。我们在教学中还强调两点：满语文满族创造的优秀文化，是中华民族的宝贵文化财富；抢救满语文是增强中华民族自信心的重要途径，是满、汉、蒙古、朝鲜等各族满语文工作者的历史责任。

（2）短期强化培训是速成满语文人才的有效途径。与辽宁省民委合作，举办了两届辽宁省满语人才培训班，为满族自治县和满族乡镇培养一批飞不走的满语人才，取得了短期强化培训、快出人才的丰富经验。我们培训的学员，经过三个月的强化培训，大多数成为满族自治县和民族乡镇的满语文和文化台柱子，为地方满语文教育与培训、民族文艺表演、文化旅游、文化事业的发展贡献突出。

（3）坚持后期跟踪服务。满语班教师在培训结束后，还利用休息时间为学员提供满语文、满族历史、满族习俗等方面的知识和发展策略，鼓励和支持他们坚守地方，传承满族语言文化，一些学员已走向地方教育领导岗位，有的成为地方满语培训师、满文书法家，有的成为满语歌手、公共萨满，对推进地方语言教学与文化工作做出了贡献。

（4）统合社会满语教学力量，组织跨部门团队，开展满族语言和文化传承发展工作，一切活动依法正规化。在我的建议下，沈阳满族联谊会成立了盛京昂吉满族语言文化研究会，我和另两位满语专家担任此研究会的顾问，通过此会推动高校满语社团、满族社区、新宾满族自治县的启运满语学堂的满语推广工作、满族民俗活动、满语文艺活动，把满族萨满主持的大型祭祖、修家谱、换锁、月亮湖冬季捕鱼等活动纳入满族联谊会领导之下。盛京昂吉满族语言文化研究会的成员还与计算机专家合作，编写满文输入软件，有多种满文字体。目前仍属于自费研究。盛京昂吉满族语言文化研究会的成员还组织成立了百首满语歌曲演唱小组。

（5）逐渐完善从小学到大学本科、研究生各级各类学校的满语文教材体系，作为满语文教学的基础工作。盛京昂吉满族语言文化研究会的成员编写了一些实用的满语文培训教材，有小学满语教材、成人培训班满语教材（初、中、高三级）、大学满语文教材，我们中心编写了满语文培训班教材、研究生用的满语语法教材。

（6）开展明清女真语、满语文献研究，为满语文教学奠定科学基础。我们中心和盛京昂吉满族语言文化研究会的成员研究了明代的女真语、清代的满语教材、清代满语作品、满译汉文经典，并组建读书会研习部分满文算学、医学、文学、萨满学著作，我将有关成果应用在满语培训班、研究生教学中，在满语文培训班中教授满文《御制盛京赋》《满语诗歌》，与学生一同研读满文神话小说《尼山萨满传》。

（7）开始组织力量进行满语文标准化和水平等级测试工作。我们与几家满语教学团队，组建一支满语抢救集体，鼓励有医学、机械学、体育学、社会科学专业背景的中青年满语文工作者，按照满语造词规律创制各专业的满语新词，为满族自治县有关单位服务，为制定满语文标准化文件打好基础。

**穆盛臣**：国内满语文教学、科研方面取得了令人瞩目的成绩，当然也存在一些问题，请您谈谈对满语文保护传承的建议。

**鲍明**：由于我在沈阳师范大学担任中国少数民族语言文学专业硕士研究生导师，我提一些不成熟的政策建议。

（1）关于师范院校少数民族语言文学专业硕士、博士学位研究生培养体系问题。高校对满语文在抢救满语文过程中，起过重要作用，但在满语文走向发展和扩展进程中，从中央民族大学到地方师范院校，高校的科研和人才培养对重获新生的满语文的支撑力度不足，辽宁、吉林、河北高校急需设置满语文传承保护中心，蓄积人才，为本土语言文化保护和发展服务。希望从学科专业顶层设置角度，大力支持师范院校发展少数民族语言文学专业学科建设，早日建成从本科到硕士、博士学位研究生的培养体系。

（2）关于研究生录取分数线问题。地方还需要一批研究生层次的满语文研究者，地方满语工作者既要深入学习满语文、汉语文，研究生考试又要学习外国语，有些力不从心，面临入门机会和职业发展的瓶颈，建议将少数民族语言文学专业单列。

（3）关于举办高级满语文人才培训班问题。自治地方对满语文人才的要求越来越高，不但要求能说、写、读，还要有翻译能力，地方满语人才需要进修深造才能适应这种高要求。建议在省级中级满语文人才培训班基础上，举办全国高级满语人才培训班，选择有培训经验的满语专家和满语培训师任教。

（4）关于满语文研究项目和资金支持问题。在满语由濒危抢救，进入初级发展阶段，急需研究项目、满语语音合成技术开发和满文输入软件升级研发项目、出版项目等资金支持。建议设立专项资金支持少数民族濒危语言文字抢救工作。

（5）关于中小学满语教师和课程考试问题。满语教师面临发展问题，建议出台政策，规定中小学承担濒危语言文字教学的教师，应设置专岗。

（6）关于满语文人才的出口问题。为保护自治地方濒危民族语言文字的传承和发展，可出台政策，支持自治州、自治县和民族乡在录用政府公务员、事业单位工作人员时，对通晓民族语言的报考者，不分民族，优先录取。

沈阳师范大学在满语文课堂教学及多种形式的满语文人才培训教学、义务普及满语文教学、满文传承与开发等方面开展了富有成效的工作，做出了积极的贡献。

# 第七章

# 辽宁省社会科学院、辽宁省档案馆满语文保护抢救访谈

## 第一节 辽宁地区满语文传承情况概述

**采访时间**：2018 年 6 月 9 日

**采访地点**：辽宁省社会科学院

**采访目的**：辽宁省满学研究人员勤勉治学，取得了丰硕的研究成果，受到学界瞩目。通过采访著名清史、满学专家关嘉禄先生，理清辽宁省满语文传承、研究情况

**采访者**：穆崟臣、詹俊峰、李洲、宋先通

**被采访者**：关嘉禄

**被采访者简介**：关嘉禄（1943—），男，满族，研究员，1966 年毕业于中央民族学院满文专业（本科五年）。曾任辽宁社会科学院历史研究所所长、满学研究中心主任。

**穆崟臣**：关先生您好，非常感谢也非常感动您能接受我们的采访。我们知道满学研究受到了历史学界、民族学界和语言学界的高度重视，几代学人薪火相传，取得了丰硕成果。我想请您谈一下辽宁地区满学研究的现状，取得了哪些成绩，存在一些什么问题？

子课题组负责人穆鉴臣在辽宁省社会科学院采访关嘉禄先生（2018年6月9日）

**关嘉禄：**辽宁的满语文研究起步不是很早，应该说主要是在"文革"以后，由中央民族学院，现在叫中央民族大学，分配来几个学生，其中有我、佟永功、沈微，开始就是这三个人。后来呢，关克笑和王佩环从农村调回来了，一共就五个人。我在辽宁社会科学院，佟永功、关克笑、沈微这三位在辽宁省档案馆，王佩环后来调到沈阳故宫博物院。应该说是在20世纪70年代以后吧，形成了这么一个研究格局。

这些年来，在辽宁的这些同志，重点是从事历史档案，就是满文历史档案和清史、满学这方面的综合研究。当然语言研究也有一些，包括对满语的词法、语法、语音各个方面也有一些研究，也有一些论著。这方面的情况，我们和吉林、黑龙江这几个省的满文专业工作者也都有过交流，也有过合作，但是重点还是在我们省内。重点是挖掘、研究满文历史档案，特别是像辽宁省档案馆保存的这部分档案，包括三姓副都统衙门档案、盛京内务府档案，还有就是我们20世纪80年代在大连市图书馆挖掘的清代内阁大库散佚的满汉文档案，相继出版了一批这方面的满文译注。同时，结合档案和清代的汉文史料，我们也写了很多论文，有关清代历史方面的论文。此外，我们还在满语文的这个专业书籍方面出版了《简明满文文法》《新编清语摘抄》等书籍，《新编清语摘抄》就是我和关克笑、王佩环几个老同学合作。我也参与了《满汉大词典》《汉满大词典》的编写工作。还有就是我在社会上开办了两次以辽宁社科院为主的满语文学习班。另外，2015~2016年在辽宁社科院，在院党组的支持之下，我们专门培养了一批我们院内的满语文的专业人才，其中包括有博士、研究生、本科生。这个学习班，时间长达一年半，主要是培养稀有的专门人才。因为他们大部分都是研究清史和满学的。所以，这些年来应该说辽宁的这个满语文专业工作者，除了发表了一些科研成果之外，通过培训班的方式，通过合作研究的方式，培养了一些通晓满语文的人才。另外，辽宁民族出版社也非常重视满语文有关专业书籍的出版。这你们也都知道，很多满语文的专业书籍都是在辽宁民族出版社出版发行的。另外这些年来，我们重点接待了日本东洋文库的学者，像老一辈学者神田信夫先生、松村润先生、河内良宏先生、加藤直人先生，等等，和他们一起进行实地的考察，如到新宾等地，考察主要是清史、满学方面，这些日本的专家学者，他们对满文都是比较精通，应该说还是不错的。另外像德国、意大利、俄罗斯等国的满语文学者也都到我们社科院进行过交流。此外我们和祖国宝岛台湾的满语文学者也有过交流，也接待过他们。在学术交流方面，应该说改革开放以来是比较活跃的，大致基本情况就是这样。

**穆崟臣：**刚才您也提到了，您在辽宁社科院院内开了满语文培训班，培养了很多的青年人才。那我想再问一个问题，就是现在民间满语培训比较火热，想请您谈谈这种社会办班进行满语培训的问题。

**关嘉禄：**应该说，这些年来，近七八年或者五六年来，辽宁民间的满语学习热潮是比较高涨。辽宁有满族自治县，辽宁满族人口500多万，沈阳市可能就有40多万。沈阳市有个满族联谊会，沈阳市满族联谊会有一些年轻人，他们自发地组织起来学习满语，本溪满语课开展得也挺好，沈阳满族中学也曾开设过满语文课程。

我在20世纪80~90年代在社会上开过两期班，然后进入21世纪了，我在院内开过班。从民间来看，中学、小学，包括社会上喜欢满语文，或者对满语文感兴趣的一些满族同胞，他们学习热情很高。语言是随着社会的发展而发展，大部分满族人现在已经不会说满语，你说要想让这些人现在都把满语捡起来，作为一个交际工具，我觉得不太可能。因为这个社会环境，包括满族同胞之间，也不可能再通过满语来交流。但是作为一个满族人，这种民族的文化认同，因为语言文字属于文化的一个部分，能够提高民族的自豪感、民族的认同感，知道满族先人以前创制过满语文，而且这个语言文字在清代历史上发挥过重要作用，感到自己应该学一学，知道自己本民族的文字也是一种思考吧。当然少部分人可能将来能成为这方面的专业人才，大部分只是了解而已。现在文化是多元发展，国家也倡导发展民族文化，百花齐放，所以我感觉这个挺好，这些年应该讲发展的势头还是挺好，但是也存在一些问题，一是不太规范。前些年出了各种地方满语教材。辽宁省民族出版社在前年开了一个会，就是小学满语读本，把有关人召集在一起，后来专门出了教材，实际上就是满语小学读本，就是力求规范化。现在民间满语教学过程中也出现了编造名词的现象，咱们这个语言文字讲的是科学性，是吧？现在民间满语培训过程中出现的错误就会以讹传讹。二是现在还有一些人学了点满语文，就写书法，就说是满文书法家了。你看有的写的那个条幅都大错特错，非常可笑。比如有些"天道酬勤"的满文书写，完全不按满语文文法写，非常混乱；还有乱改罗马字的现象和满语教材的标准化问题。我记得20世纪90年代末，中国第一历史档案馆、国家档案局专门搞了一次满文标准化问题研讨会，我参加了那个讨论会，后来他们出了一个方案，但没大范围推广。我编著的《简明满文文法》也有标准化问题的阐述，特别是现在要去拼写人名地名，总还得有依据。我说这个什么意思呢，就是说一定要规范化、标准化、科学化，不能够随意。我觉得目前在社会上普及或者说在民间推广满语，这个态势挺好的，民族文化需要繁荣嘛。但是在这个过程中势必是大浪淘沙，有些东西就是鱼龙混杂，这势必造成一些混乱。当然把这个局面整好，现在也很难，所以我说一定要抓紧时间，进行规范化，不然真是误人子弟，糟蹋这个学科。

**穆崟臣**：盛京地区是清朝龙兴之地，留下了很多的满族文化资源。想问问辽宁地区，这满语文化资源遗存情况有哪些？我们如何保护？

**关嘉禄**：应该说，辽宁地区满语文资源，不像三家子地区保留着会说满语的一些老人，主要是文献资料，那些纸质文献，如满文档案、图书、碑刻、家谱等，这方面还有不少，但是没有能说满语的老人。

**穆崟臣**：现在有些学者提出满语研究不能只进行单纯的基础研究或者学术研究，要与文化产业和文化保护结合起来，还有文化保护文化产业之间的关系，如何协调，或者把它们关联在一起？

**关嘉禄**：这个是可以的，我认为可以结合。当前，有些满族自治县搞一个具有满族特色的、有满族文化含量的旅游产品，它需要有民族符号、文化符号。学了满语满文都可以用上。这样的话，我觉得这些就可以结合，不是不可以结合。还有像满族饮食文化，也是文化产业，或者文化创意产业。利用满族文化剪纸，设计一些文创产品。吉林市有一个火锅店，让我给他题写满文牌匾、书法，挂在店铺里，很有特色。满族的文化、风俗可以和餐饮、旅游结合起来，包括一些文化活动，歌舞、唱歌、大型的演出、会场的布置，等等，这些都可以结合起来。但我说的结合还是要有一个规范，首先是不能乱写，在规范性的前提下，把它与文化产业关联起来。

**穆崟臣**：现在有些大学，如中央民族大学、辽宁大学和科研院所培养了一些满语人才。现在这些人才的出路存在一些问题，请您谈谈有没有好的解决办法。

**关嘉禄**：这个方面我建议国家应该从教育部门有个统一的规划。另外，对专门人才应该有特殊政策。像档案馆、文化馆、图书馆，等等，都应该事先都有个接纳人才的规划。所以可以建议咱们国家主管部门、教育主管部门对特殊专业人才,他们毕业出路应该有特殊的政策。这样的话,无论对事业来讲,还是对个人来讲,这都是有利的,对国家有利的。保护好这部分人才,不然的话,你没有规划,将来就慢慢地出现人才断档,人才流失,那就不好办了,咱就没有接班人了。就是说,这些人才非常难得,一个国家要发展,没有专门人才不行,各行各业都是这样。

**穆崟臣**:刚才我们聊了满语专业人才的问题,还有一个问题,就是一些满族小学、满族中学开设满语课,但基本上就是小学期间学习满语,但是到中学、高中就不学了,高考也没有一个特殊的政策,有一些孩子们的学习兴趣就受到冲击,家长让孩子学习满语可能热情也不高,所以满族学校发展会存在一些困境,再有这些小学满语教师队伍的问题,这个建设需要怎样的一个顶层设计?

**关嘉禄**:恐怕这个问题应该也不是全局性的,是个别的,在满族人口聚集比较多的地方,满族自治县等,像南方省份,就不可能开满语课。像民族自治县、满族自治县,特别是辽宁省的满族县有六个,像这些地方的小学、中学,包括将来他们考大学等,应该有政策倾斜,需要制定一个特殊政策。包括教师队伍建设,学生一条龙培养。现在看来,解决这个问题应该说比较困难。我们也是从高中毕业之后专门考的专业大学,就是中央民族学院满语学习的专业,那时小学、中学也没学过。所以关键我觉得专门人才还是在高校培养,小学、中学普及可以,真正的专业人才那还是极少数的!

**穆崟臣**:辽宁是满学研究的重镇,请您谈谈辽宁满学发展历程、取得的成绩。

**关嘉禄**:满学亦称满洲学,至20世纪末,已成为一门国际性的显学。辽宁是满族的故乡,是清朝的发祥地。这里居住着500多万满族同胞,占全国满族人口的一半以上。辽宁还有6个满族自治县和若干个满族乡镇,是满族聚居和活动的主要地区。辽宁地区古迹繁多,人文荟萃,文献丰富,为满学研究提供了得天独厚的有利条件。我个人认为,20世纪辽宁的满学研究大体经历了四个发展阶段。第一阶段是满学研究的草创时期,时间为20世纪初到中华人民共和国成立之前。1918年,金梁招聘人员对沈阳故宫所藏的《满文老档》进行翻译,将其部分内容刊印出版,名为《满洲老档秘录》,后改称《满洲秘录》。虽然错误不当之处颇多,但可谓开满文文献整理研究之先河。"九一八事变"后,金毓黼先生(满族学者,东北史专家)在战乱频仍的险恶环境里,对满族历史和文献做了可贵的探索,提供了满学研究重要的参考资料。第二阶段是中华人民共和国成立至"文化大革命"爆发之前。在满学专门人才培养方面,1961年周恩来总理指示，在中央民族学院开设满文专业班，自此满文学科正式纳入了高等教育的轨道，招收学员 21 名。"文化大革命"之后，有 5 名学员分配到辽宁省工作，后来成为辽宁省满学研究的骨干力量。这个问题我在前面也谈过。第三阶段为"文革"十年停滞期。这不用多说，大家都很清楚。第四阶段，改革开放后至 2000 年末，是辽宁满学研究大发展时期。这一时期，满学研究专门机构相继建立，使满学专门人才大有用武之地。1982 年辽宁省民族研究所成立，以研究满族为主，下设 4 个研究室和《满族研究》编辑部。1996 年 6 月辽宁社会科学院满学研究中心正式成立。1997 年 12 月，新宾满族自治县成立了满族研究所。此外，辽宁省满族经济文化发展协会、辽宁省满族文学学会、辽宁省少数民族古籍整理规划办公室、辽宁大学历史系、辽宁大学中文系满学研究中心、沈阳故宫博物院等都开展了丰富多彩的学术活动，满学研究在辽宁省呈现蓬勃繁荣的景象。

应该说，20 世纪辽宁满学研究取得令人瞩目的成绩。主要有四个表现：满语文研究取得长足进展、满文文献的整理研究成果显著、满族历史研究更加深入广泛、满族文化研究成就斐然。关于这个问题我就不展开说了，你们可以参考我写过的论文，有比较详细的阐述。

## 第二节　辽宁省档案馆座谈档案工作

**采访时间**：2018 年 6 月 11 日

**采访地点**：辽宁省档案馆

**采访目的**：辽宁省档案馆馆藏数量可观、内容丰富的满文档案，是研究清史、满学不可替代的珍贵史料。通过采访，了解辽宁省档案馆满文档案文献的种类、数量、整理状况

**采访者**：穆崟臣、詹俊峰、李洲、宋先通

**被采访者**：何荣伟、程大鲲、张虹

**被采访者简介**：何荣伟（1965—），男，锡伯族，辽宁阜新人。1988 年 7 月毕业于辽宁大学历史系，获历史学学士学位。在校期间学习了满语满文，并于 1987 年 9 月至 1988 年 3 月间，前往新疆察布查尔锡伯自治县学习锡伯语锡伯文，熟练掌握满语满文和锡伯语锡伯文。大学毕业后，在辽宁省档案馆从事明清档案整理、满文档案整理翻译工作。现任辽宁省档案保管中心（辽宁省社会档案寄存中心）主任，研究馆员，辽宁大学历史学院特聘教授。

程大鲲（1968—），男，满族，中共党员，辽宁绥中人。1990 年 6 月中央民族学院满文清史专业毕业，后获中国人民大学档案管理学硕士。现为辽宁省档案馆研究馆员，辽宁省档案系统领军人才，国家档案局聘任的首批全国档案专家，主要从事档案整理及满文档案的编译研究工作。

张虹（1965—），女，满族。1988 年毕业于辽宁大学历史系，历史学学士。在校期间，除常规的史学方面的必修选修课外，还专门进行了满语文、满族史学习，并前往新疆察布查尔锡伯自治县实习，学习锡伯语文。现为辽宁省档案馆研究馆员，主要从事明清档案的保管整理编研及满文档案的翻译工作，辽宁大学历史学院特聘教授，讲授满文档案，参与编辑档案汇编10 余部，《黑图档》执行主编之一。工作之余利用清代文书档案等文献进行史学研究，发表论文 20 余篇。

**辽宁省档案馆座谈（2018 年 6 月 11 日）**

**穆崟臣：**感谢辽宁省档案馆能接受我们课题组的采访。我之前在交流函中说明了来访的目标，想就辽宁省档案馆保存满文档案文献的种类、数量、现状，辽宁省档案馆保存满文档案文献的整理状况，辽宁省档案馆满文整理研究人员的构成，辽宁地区满语抢救、保护、传承存在的问题及应对措施等问题与各位专家进行座谈。

**何荣伟：**非常欢迎穆老师带着学术团队来省档案馆调研。我先简要介绍一下相关情况。今天参会的程大鲲老师，1986 年考入中央民族大学学习，毕业之后分配到辽宁省档案馆。张虹老师 1984 入学辽宁大学满文班，1988 年毕业，我们是同班同学。冯璐和肖婷婷 2009 年毕业于黑龙江大学，通过公务员考试来馆工作。田媛媛和孟庆来2013年毕业于辽宁大学,2015年通过公务员考试,到馆工作。目前,程大鲲、冯路、田媛媛、孟庆来、肖婷婷在历史档案整理处工作,张虹在编研展览处工作,我在档案开发建设处工作。我们虽然分属不同部门,但涉及满文档案整理项目时,我们仍会集中在一起,工作上还是一个团队。转眼之间,我和张虹来馆工作今年正好是30年,程大鲲老师工作28年,目前档案馆从事满文工作的就是这些人。我们时常怀有一种紧迫感,我记得我们刚参加工作时,佟永功老师像我们现在这个年龄,现在有冯璐等年轻人在接续,但仍然有紧迫感,各有各的专业岗位职责,并不像高校系统、科研机构可以集中精力搞研究,满文档案整理不是一蹴而就的事情,搬到新馆之后,我们也开展了一些档案整理工作,比较典型的是《黑图档》的整理,一共300多册,从动议到出版前后近5年,在这个过程中,年轻同志业务水平也得到了提升。我先简单地介绍了档案馆从事满文档案整理同志的基本情况,下面请程大鲲老师介绍一下辽宁省档案馆现存满文档案的现状。

**程大鲲**:辽宁省档案馆现存清代档案38个全宗75 003卷,其中满文档案主要涉及16个全宗,大约61 574卷(册、件)。几十年来,辽宁省档案馆非常重视满文档案的保管、整理和开发利用,现有保管条件完全符合国家标准,甚至是优于国家标准,目前档案保存完好。近几年大规模进行整理编目、数字化和编研出版工作,积极向社会提供利用。

第一个方面介绍一下档案保管情况。现有满文档案主要保管于辽宁省档案馆特藏档案库。其中的破损档案绝大多数已经进行了修裱,其余部分正在进行修裱。下面我分类介绍一下:

《满文老档》老满文、新满文各一套,26函180册。

清玉牒、清圣训、清实录10 749册,均为满汉合璧,《满洲实录》满汉两体文合璧8册、满汉蒙三体文合璧8册。

盛京内务府户口册、吉林黑龙江热河地区清代户口册、双城堡户口地亩册、吉林各地官员经制册共计4 613册,内容比较单一,其中汉文和满汉合璧占绝大多数,纯满文数量仅占20%。

清代盛京内务府档案、清代敕谕制诰和清代世管佐领及世职承袭谱共46 782卷。清代三姓副都统衙门、双城堡总管衙门、吉林将军衙门兵司、吉林各副都统衙门、黑龙江将军及呼伦贝尔副都统衙门档案2 301册。这部分档案约26万余件,其中一半为满文文件。

第二个方面介绍一下整理和数字化情况。混杂有满文档案的16个清代全宗61 574卷档案,目前均有案卷级目录。每卷有多份文件,清代三姓副都统衙门482册、双城堡总管衙门1 569册、清代黑图档1 149册,目前我们已完成文件级目录。吉林将军衙门兵司、吉林各副都统衙门、黑龙江将军及呼伦贝尔副都统衙门档案240册，约1万余份文件，目前没有目录。目前除了清玉牒1 133册，没有进行数字化外，其档案均进行了缩微或数字化。

第三个方面介绍一下开放利用和编研出版情况。这部分档案内容均可以对社会开放利用。但由于档案比较珍贵，因此按相关规定，不允许提供原件利用，只能提供缩微胶片或者数字化图片。清玉牒因受目前技术水平限制，不能缩微或数字化，暂不能提供社会利用。1998年，学苑出版社影印出版的《爱新觉罗宗谱》包含了清列祖子孙汉文玉牒的全部内容。

《满文老档》社会上已经有原文影印及全文翻译译文公开出版。

《清实录》目前社会已经有多种汉文版本影印出版，其中包括满汉蒙三体文合璧《满洲实录》。2012年由辽宁教育出版社影印出版了《满洲实录》满汉两体文本。

《黑图档》的影印出版被列为国家"十二五"少数民族语言文字出版规划项目，辽宁省档案馆组织8名同志组成3个课题组夜以继日地开展工作，现已完成全部整理工作，2016年以来影印出版329册。

辽宁省档案馆从事满文工作的同志先后编辑整理满文档案多部。1984年编译34.5万字的《三姓副都统衙门满文档案译编》、1993年出版了82万字的《盛京内务府粮庄档案汇编》、1995年编译出版了35万字的《清代三姓副都统衙门满汉文档案选编》、2001年编译出版了44万字的《兴京旗人档案史料》、2003年编译出版了34万字的《盛京参务档案史料》和93万字的《盛京皇宫和关外三陵档案》及32万字的《一宫三陵档案史料选编》、2006年编译出版了31万字的《盛京官庄档案史料选编》，以上累计编译出版档案史料汇编8种385.5万字。

此外，我馆从1992年开始在黑龙江大学《满语研究》刊物编译连载了20余万字的《乾隆朝"钦定新清语"》，2006年开始连载了8万字的《康熙二十九年盛京包衣粮庄比丁册》，2009年开始连载23万字的《咸丰九年三姓八旗人丁户口册》。2016年开始在辽宁省民族研究所《满族研究》上连载了10余万字的《清代盛京内务府满文档案选译》，以上累计在学术期刊上连载满文档案译编4种60多万字。

**穆崟臣**：通过您的介绍，我们基本了解了辽宁省档案馆满文档案的现状，虽然从事满文档案整理、研究的人员不多，但三代学者薪火相传，取得了骄人的成绩，这是学界有目共睹的。有个问题想问您，在开发利用满文档案中存在哪些问题？

**程大鲲**：虽然30多年来辽宁省档案馆从事满文工作的同志付出了很多辛勤和汗水，但受人力、技术等条件的制约，目前进一步开发利用满文档案还存在一些问题。主要有两个方面问题，一是清玉牒的数字化技术问题。清玉牒是中国唯一系统保存下来的皇室家谱，分存于中国第一历史档案馆和辽宁省档案馆。辽宁省档案馆现存1 133册，满文、汉文对应各一套，2002年，被列为第一批中国档案文献遗产，属于极为珍贵的国家级瑰宝，薄者仅厚1厘米，最厚的光绪三十三年清列祖子孙宗室竖格玉牒厚85厘米。对于开本厚度在2厘米以上的，我们尝试几种数字化设备进行不拆卷数字化，但都不能实施，如果进行数字化就需要进行拆卷，而目前的技术水平如果拆开了之后不能装订回原样，对档案是极大的破坏，因此一直未能进行数字化。二是翻译满文档案受人力的制约。目前辽宁省档案馆懂满文的专业人员共有8人，其中处长2人、副调研员1人、主任科员2人、科员2人、公共服务人员1人。其中何老师和我于2017年12月被授予"辽宁省档案系统领军人才"荣誉称号、2018年初被国家档案局授予"首批档案专家"称号。2017年12月，张虹被授予"辽宁省档案系统高级人才"荣誉称号，冯璐、肖婷婷被授予"辽宁省档案系统青年业务骨干"荣誉称号。从事满文翻译工作，不仅仅需要懂满文，还需要懂清史、满族史，了解清代的典章制度和旗人的社会习俗，加之手工抄写的档案受当时笔帖式满文水平的影响，字迹多有潦草错误，没有多年的深厚文化积累，很难将其内容准确地翻译表达。这8名同志有5名是"80后""90后"年轻人，并且分别在档案整理、开放鉴定、编研展览等岗位的不同处室工作，单位并没有专门的满文人员岗位编制。只有在从事编研出版项目的时候才临时组织1~3个课题组开展工作，而且他们还同时要承担其他工作。

**穆鸰臣**：目前社会上满语培训如火如荼，满族同胞、满族文化研究者、爱好者的学习热情比较高涨，想问问民间满语培训的意义及存在的问题。

**何荣伟**：目前来讲，满族同胞、满族文化爱好者对满语学习的热情比较高涨，好多地方满语培训还比较兴盛，比如辽宁、吉林、黑龙江、北京等地。我觉得满语满文作为满族曾经使用过的语言文字，当然，目前还有个别满族同胞也在使用。从这种语言的实用性和其所承载的历史、社会等方面的内容来讲，保存、传承满语非常有意义，而且也非常重要。作为一个民族，有自己的语言和文字，有自己独特的民族文化，想把本民族的语言文字和民族文化传承下去不但可以理解，而且我觉得也非常必要。现在满语教学与培训应该说可以划为两大类：一类是专业类，像高校、科研单位等专业满语学习，虽然进入专业领域时间有长有短，水平有高有低，但基本知识结构是没问题的，从掌握的程度、准确性等方面，总体来讲还是非常不错的，没有什么问题，而且在实证研究、档案整理、满语教材等方面取得的成果也非常丰富。

再一类就是民间、社会上开展的满语培训。应该讲，民间学习满语的热情十分高涨，比如辽吉黑、北京等满族同胞聚居较多的地方，都纷纷开设了各种不同程度、不同形式的或不同类型的满语培训班，有长期的，有短期的。但是在满语教学和传承的过程中，也存在着一些问题，我觉得一个最大的问题就是师资问题。刚才我说满语学习有专业人员和非专业人员。专业人员大多数都集中在大专院校、科研机构、档案馆、图书馆等部门，因为他们本身有自己工作，就像我们，自己的工作都干不过来，哪有时间去做普及满语的事情。这样的话呢，就有一些人员在掌握到一定程度之后，就进行满语推广工作。当然不是说非得学得非常精通才能授课。但问题是什么呢？现在满语民间普及这一领域，也存在着不同的派别。有的人和专业人士的接触比较多，也征求一下这些专业人士的意见和建议，或者可以说是在专业人士的指导下来从事这个满语的普及工作，但也有的人通过自己学习，达到一定程度之后，就办班讲授满语。语言和文字学习是非常专业的系统学习，你自己硬看书还是学不到位的。这些人再把掌握不到位的满语进行推广，我想就会存在一些问题。实际上，现在这个问题也体现出来了，这两个派别之间已经产生了比较严重的对立，你说我不好，我说你不对。有些满语班规模挺大，影响也挺大，但他们那些东西我也看过，我觉得问题挺多。其中他们编的一些东西，给我的感觉就是什么呢？我在看一些他们教材中的范文，如果是选自清代的一些文献，看起来非常流畅。如果是他们翻译的，或者他们自己编出来的东西，马上就感觉非常吃力。因为像我们阅读满文材料，肯定是按照满语的语法和语言习惯，按照我们所掌握的知识来解读他们写的满文，有时就感觉比较困难，甚至有些地方是错误的，弄不准的地方还情有可原，讲错的地方就十分危险。比方说，有个零基础的学员学了，他就认为学的是对的，但实际上是错误的，将来这个学员学到一定程度后，就会接触到清代的文献，不管是文学作品也好，还是档案文献也好，按照他所学的知识，怎么一看清代的东西都是错的？因为他始终认为自己所学的是正确的，但从时间逻辑上看，清代的哪能错。所以，从这个例子就可以看到这个问题很严重。而且民间学习满语热情越来越高涨，从地方政府的角度来讲，也想打造一下民族文化、特色文化、地域文化，也鼓励学习和传承包括少数民族语言在内的民族文化，但是如果像这样的传承，我觉得将来恐怕要有负面影响。我们应该清醒地认识到，满语不可能恢复成日常用语。学习这种语言文字将来干啥？多数情况下还是看一看清代留下的东西。现实应用方面写写标语、写写匾额等，我估计也就达到这种程度。所以，民间普及和推广满语有必要正本清源。但从目前专业角度来讲，比如我们在座的几个全力以赴地搞这个语言文字的推广和应用也不太可能，因为我们毕竟还有各自的岗位工作。所以，应该想一个比较合适的办法，既能满足社会上学习满语的诉求和需要，又能改变在学习过程中出现的问题，纠正出现的错误，我觉得这需要认真考虑。

**穆崟臣：**何老师的分析鞭辟入里，既阐述了民间传承满语的必要性，也指出了存在的问题。从文化遗产的角度，满语满文可以称为特殊的文化资源，现在除了满文档案,辽宁地区的满语文文化资源的分布遗存情况如何?像满文碑刻、家谱等类型的,请各位老师介绍一下。

**程大鲲:** 满文碑刻比较零散,数量也不多,可以翻阅一下辽宁省民族古籍办编的《中国少数民族古籍提要·辽宁卷》,其中有分类,比如档案主要藏于在省档案馆,图书主要藏于省图书馆、大连市图书馆,可能有些线索。像家谱虽然散存在民间,但有些学者做过收集整理,像李林、张德玉、何晓芳等学者就做过这方面的工作。

**何荣伟:** 满文碑刻不像满文档案、满文图书集中保管,有些学者集中收集一些,量也不是很大。

**张虹:** 辽宁省古籍办计划出版辽宁省少数民族古籍目录提要,但碑刻部分没能进行。规划时有这方面内容,但需要进行田野调查,需要大量精力和财力,最后放弃了。现在满文碑刻保管情况,省博物馆有一块,原来北塔有一块,后来挪到盛京碑林了,沈阳故宫博物院也有两块,具体情况还得李林老师的书出版之后。20世纪80年代我们在校期间,李林老师带领我们搞过调查,当时拓下来了,这么多年过去了,可能又有一些碑刻被破坏,因为这些民间的满文碑刻一般是在各家的陵墓里,多数是诰敕碑,我们在农户院子里还看过,有的当门槛,有的作为台面,曾经有官方、学者呼吁要集中保管,但最终也没实施。当时李林老师做过统计,他那本书图文并茂,学术价值很大。

**何荣伟:** 本溪平顶山有个碑林,里面有两通满文碑刻,但字迹不是很清楚。

**张虹:** 民间满文碑刻的收集、整理、保管应该政府出面组织,下拨专项资金,进行田野排查,单靠个别学者一腔热血不行。再者,民间百姓对这些满文碑刻还有一种自发的保护意识,没有当地人引导,你自己去访查,人家未见得告诉你遗存信息。目前,新宾满族自治县有位地方学者,名字我记不清了,姓包,对新宾地区的满文碑刻等比较了解,你可以去咨询。

**程大鲲:** 抚顺有个佟佳氏墓地,规模很大,但留下多少碑不太清楚,需要到各县市区的文管部门咨询调查,我估计需要到县区文管部门访查,因为20世纪80年代做文物普查时,各县镇都写乡镇志,应该有这方面的记载。因为当时我父亲写乡志时,别说是满文碑刻,就连井沿上有满文的都派人去实地查看。

**穆鉴臣:** 再有一个问题,现在高校、科研机构培养了不少满语言专业人才,他们的出路问题何在?培养之后的就业是个问题,有何建议?

**程大鲲:** 这个问题很难解决。像20世纪60年代那个满文班,他们毕业了,赶上了"文化大革命",从事的行业比较多,改革开放之后,绝大多数都回到了大学、档案馆工作,他们绝大多数人还从事这个职业。吴元丰老师那个班,因为就是为档案馆培养的,所以他们绝大部分留在那儿了,不存在就业问题,个别人最后出去了,也是从事相关专业,像杨珍老师、江桥、赵志强老师等;到何老师那个班呢,他俩(何荣伟、张虹)在做这方面的工作,相关就是到辽宁民族出版社、省图书馆,个别到高校工作的,这也算是从事与专业相关的工作,因为在教学、科研、图书整理等领域或多或少能用上满文满语,其余的可能都改行了。我大学同学基本上都改行了,我们 22 人,中国第一历史档案馆 1 人,黑龙江大学 1 人,省民研所 1 人,加上我一共 4 人从事与专业相关的工作,其他同学基本上跟这个行业毫无关系。黑龙江大学满语言文字已经有了本硕博专业培养,毕业生有到档案馆的,有到文博部门的,还有的去读研究生的,读博的还好一些。像何荣伟老师教了十几多学生,有 1 个到一史馆的,3 个到辽宁省档案馆的,也就是说出路不是很宽。如果学这个专业,读研、读博可能需要,还算用得上,像中国人民大学清史所好多老师就喜欢有满文基础的学生。其余的同学涉及就业问题的话,除了大专院校、科研院所或者博物馆、档案馆、图书馆之外,基本上就是没有地方去,基本上没有需求。因为啥呢?满语言文字太专业了,专业性就像你刚才提到的,如果作为一个民间普及,那么他有这个基础,但这属于兴趣爱好,属于民族感情的业余爱好。如果作为一个职业的话,职业途径其实是很窄的,教学需要,科研可能作为一个辅助手段也需要。最需要的是档案馆,但档案馆馆藏文献量非常大,满文档案只是其中的一小部分,不需要太多的人。像中国第一历史档案馆满文部,他们人员比较多,但到一定程度就饱和了,不需要补充了。再有像我们档案馆满文从事人员目前也处于饱和状态,短期内不会进人,而且进人需要通过公务员招考,因为编制是有数的,不可能大量招人。再者,像我们档案馆,满文档案还算比较多的,但也只是其中一小部分,对一个档案馆、档案局来说,业务工作很多,也不可能只开展一个专业的业务。所以说,如果专门把满语作为一种职业手段,就业出路是很窄的。

穆崟臣在辽宁省档案馆与满文专家何荣伟、程大鲲、张虹等座谈(2018 年 6 月 11 日)

**张虹**：如果从就业的角度说，就业口径确实很窄。我觉得应该有个统筹和相应措施，比如就辽宁省而言，省内的满语满文人才培养，相关部门就应该协商，制定一个规划和计划，弄清到底哪些单位需要这方面的人才，需要培养多少，各单位接受这类人才的条件要按特殊人才标准制定。实际上政府机关或者相关行政部门就应该制定这类人才招聘政策，特殊人才特殊对待。大学本科招生时直接说明本硕连读，因为这个专业相关用人单位明确注明需要硕士及以上学历，这样直接把本专业本科生刨除在外，出路上直接给掐死了。有些本科学生挺喜欢学的，也下了很大功夫，毕业时就是不符合招工条件，没有应聘资格，也挺可惜的。所以，从学校到政府之间应该有个协调和沟通，在招生培养时有个计划。再返回到刚才的话题，即民间培训满文人才，大环境是打造地域文化特色、民族特色，开发民族文化资源，这样民间满文培训就很兴盛，但有些人在这个过程中可以说有些沽名钓誉的感觉，和传承满语文的初衷可能有所背离，满文已经被纳入古文字行列，我个人觉得没必要再造新词，你们来搞这方面的调研，可以和有关部门呼吁一下。

**何荣伟**：现在有些高校教师和科研机构的一些学人也有学习满语的需求，当然他们不是想如何传承满语言文化，只是想在教学和科研过程中多掌握一门技能，比如清史专业的学习满语就会如虎添翼，增加解读史料的范围。这些人很多是参加民间满语培训，那么入门学习满语时学错了或学得不精，等到利用满文档案时就有可能理解错了，然后在错误理解史料的基础上做的研究结果就是致命的。

**穆鑫臣**：2017年12月我们课题组到本溪满族自治县调研，和满语授课教师座谈，也发现一些问题，比如教材问题、师资问题、满语教师职业成长问题等，各位老师有什么建议？

**程大鲲**：去年（2017年）我参加了一个座谈，汇报一下档案馆满文档案整理情况，讨论时，大家认为民族政策的制定实际上是国家层面和政府层面的一个全方位问题或者是全局性问题，如果给满族制定特殊的政策，那回族、朝鲜等民族呢？这样牵扯的面就太大了，所以还不能只站在本民族的角度考虑问题，政府层面要权衡。然后，大家也就满语教材、师资队伍建设进行了讨论。当时我还就教材问题提了自己的看法。现在民间和各个开设满语课程的中小学编了好多教材，就我所知，有些满语专业出身的老师其实已经编著了好多教材，这些教材可能有不同方面的不足，但总体来说人家毕竟是专业，其实使用这类教材教学完全可以，或者说某个出版社抑或是某一个部门有项目经费，也可以组织专家学者编一个标准化教材，指导大家使用。这类教材比较成熟，但是为什么大家都不用呢？因为其中原因可能除了有民族感情之外，还有其他想法。比如说师资培训问题，当时大家就提出，从民委的角度，能不能统一找指导性专家为不同阶段的满语制定教材，首先应有个指导性意见，这不是个人行为。何老师（何荣伟）编过小学阶段的满语教材，就可以推荐使用。到了高级授课阶段就比较麻烦，有好多专家都编写过满语教材，大家推荐的教材就不会一样，你可能推荐刘厚生老师编写的，黑大的推荐刘景宪或者赵阿平的，北京地区可选择的就更多了，到这个层面实际上就很难有个统一的解决办法。

**穆鑫臣**：还有最后一个问题，现在有些学者提出，满语研究属于基础研究，应该和社会需求产生联动，与文化保护、文化资源产业化结合起来，这种建议的可能性和可操作性如何？有哪些举措可以推动这种想法？

**程大鲲**：我觉得倒是也可以做些尝试，民族自治县或者民族自治乡开展特色活动，就以满族为例，搞地区旅游的时候，就要呈现自己的特色，比方说做一些民族表演，或者导游学一些简单满语做一些文化介绍。我到南方旅游景点时，他们那个民族地区就穿着民族服装，有时候还介绍一些这个民族的文化，或者是用少数民族语言给你唱一首民族歌，这样你有特色了，才能发展。辽宁也在搞特色旅游产业，还有特色小镇，现在正在进行首批申报。如果民族乡镇被批准了，就可以打造民族小镇，然后开展特色旅游特色文化，包括饮食、服饰和文化用品，都可以在这方面做一些尝试。

**何荣伟**：我记得曾有个学员，他说想做一个类似《印象·刘三姐》那种大型的音乐剧作品来推动旅游可行吗？我说这个想法可行啊，可以利用现在的音乐元素进行重新创作。

**穆鑫臣**：谢谢各位老师。

辽宁省档案馆馆藏数量可观、内容丰富的满文档案，且以其独特性、原始性和完整性见长，是研究满族文化、清代东北地方史不可替代的珍贵史料。有清一代，甚至到中华民国初期，盛京地区官府文书仍不同程度地使用满文，留下了大量弥足珍贵的满文文书档案。因盛京陪都地位尊崇，清廷将中央机构纂修的"国史秘籍"送至典藏。这些满文文书及"国史秘籍"构成辽宁省档案馆馆藏满文档案的主要部分，其中有崇谟阁藏《满文老档》《满洲实录》《清实录》《清圣训》；敬典阁《清玉牒》。此外，还有《顺治年间档》《盛京内务府档》《黑图档》《盛京内务府户口册》《盛京礼部档》《三姓副都统衙门档》《呼伦贝尔副都统衙门档》《双城堡总管衙门档》《世管佐领及世职承袭谱档》等重要档案。辽宁省档案馆的专家佟永功、沈微、何荣伟、程大鲲、张虹等，在满文档案整理、清史、满学研究诸方面取得了骄人的业绩，享誉学界。

# 第三节　辽宁省档案馆专家谈满文档案整理和研究

**采访时间**：2018 年 6 月 10 日

**采访地点**：沈微家中

**采访目的**：辽宁省档案馆存有丰富的后金、清朝档案文献。在文献的整理与研究方面成绩斐然。通过采访辽宁省档案馆老一辈专家沈微先生，了解其从事满文研究的学术历程及辽宁省档案馆满文档案整理、研究的基本脉络

**采访者**：穆崟臣、刘厚生、詹俊峰、李洲、宋先通

**被采访者**：沈微

**被采访者简介**：沈微（1941—），女，中央民族学院民族语文系满文班毕业，辽宁省档案馆历史部整理翻译清朝档案，研究馆员。论文有《清代国书与宝印》《清实录圣训玉牒的纂修及于沈阳清宫存贮概况》《满文研究之渊薮——辽宁省档案馆的清朝档案》《略论满文典籍在日本的翻译与研究》《辽宁省档案馆藏世管佐领及世职承袭谱档》（合作）等。著作有《盛京内务府粮庄档案汇编》（统编总校），合作部分有《简明满汉辞典》《新编清语摘抄》《辽海印信图录》《三姓副都统衙门满文档案译编》《三姓副都统衙门满汉文档案选编》。

**沈微研究员**

**穆崟臣：** 沈老师，您好！感谢您接受我们课题组采访。有几个问题向您咨询，请您回答一下。首先请您讲一下，您从事满语研究的学术历程。

**沈微：** 1961 年，我考入了中央民族学院满文班，学习了五年，本应 1966 年毕业分配，但因"文革"开始了，1968 年 8 月我们才开始大学毕业分配，我和佟永功、关嘉禄、王佩环、关克笑五人分到沈阳，到省委学习班报到，不久我们都下乡去"五七干校"了，1969 年冬我提前调回来，到东北档案馆搞现行档案，1978 年，老同学们才陆续回来，佟永功、关克笑留在档案馆，关嘉禄分到沈阳二十中教书，王佩环分到沈阳故宫，这个时候我们才有可能搞专业，我们档案馆满文史料多，资料多，整理档案的任务重，人手不够，于是就把馆外的关嘉禄、王佩环请过来一起搞，从此，我们开始走上专业道路。

**穆崟臣：** 您说从 1978 年开始正式从事满文档案整理与研究工作了，请您具体讲一下这段历程。

**沈微：** 清朝，盛京作为陪都，存有后金和清朝形成的太多的史料和文献。辽宁省档案馆便得天独厚地承继了这些珍贵的档案。1960 年，东北档案馆成立，从辽宁省图书馆档案部接收了明、清、民国时期的档案和日伪资料。至此，这些历史档案有了一个正式的家。当时的工作条件不好，办公室是向省图借来的，库房是张作霖大帅府的中式院落，环境很差，但大家都积极热情地在这片土地上耕耘，科学地保管和整理档案，并且特意为那些又大又重的实录、圣训、玉牒定做了许多坚实且美观的大木箱，使这些珍品得以完好地保存。

1978 年，开始安排整理清朝档案，首先整理三姓副都统衙门档案，开始逐件阅读制作目录，在此基础上译编出版了《三姓副都统衙门满文档案译编》（民族专题）。之后，我们译编了三姓档的设治沿革、流民垦荒、吉林官庄、台站卡伦、沙俄侵略几个小专题。因当时条件所限，直到 1996 年才得以出版，书名为《三姓副都统衙门满汉文档案选编》。三姓档的整理工作完成后，便开始攻克数量庞大的黑图档（盛京内务府册式档案）。不久，两位馆外的同学回到原单位，馆内的三人便多年埋头在整理黑图档制作文件级目录的工作之中。

开始工作需要大量的工具书，当时手头有《满蒙汉三合便览》《五体清文鉴》《清文汇书》《清语摘钞》《清文虚字指南》外，又去省图查找复印了诸如《大清全书》《六部成语》等多部词典，逐一核对后，请技术部做成精装本。为保护档案，馆领导让技术部安排多位同志将三姓档、黑图档等悉数裱糊和装订成册，历时多年，大大改善了档案的保管状况。面目一新的档案封面需要标注名称，除在外定制了黑图档的印章外，我们还自己动手设计并用胶皮刻制了三姓档印章，是满汉合璧的，很有特色，它将伴随档案实体流传下去。多年来，为保护档案，技术部陆续将清代档案缩微复制提供利用。1988 年和 1990 年迎来了三位年轻的同行，分别是毕业于辽宁大学的何荣伟、张虹和中央民族大学清史满文专业的程大鲲，新鲜的血液带来了工作的新气象。《黑图档》中内容最为丰富的是有关皇庄的记载。鉴于此，我们译编了《盛京内务府粮庄档案汇编》，此书面世受到人们的关注，多有引用。早在20世纪80年代，我在工作中见到各时期的公文有许多印模。尤其是清朝的官印，从最初应用老满文，逐步演变为新满文，由楷书发展到篆书，还有许多满汉文合璧的，很有特色，建议将其汇集出版。延至90年代后期，辽海出版社决定将印模收集范围扩至东北地区，出版了《辽海印信图录》，此书作为该社"九五"规划出版的重点图书，并采用了绝版印刷，限量发行。这件事我之前也讲到了。再有，为《世管佐领及世职承袭谱档》重新制作了相关文件的目录。21世纪初，我们这一代均已退休。经过第二代同行的努力，他们相继出版了《兴京旗人档案史料》《盛京皇宫和关外三陵档案》《一宫三陵档案史料选编》《盛京参务档案史料》《盛京皇庄档案史料选编》等译编。2009年，又来了两位黑龙江大学满语与历史文化专业的毕业生。她们很快就融入这个队伍，共同进行此项工作。经过几代同行的努力，使得清代档案可检索到案卷级，部分档案有了文件级目录。

**穆崟臣**：现在满语研究，有些学者建议，基础研究和实用性研究结合起来，将满语研究文化产业化，把基础研究和文化保护、文化遗产之间关联起来，这些方面您做过思考吗？

**沈微**：我没考虑多少。像你们搞教学的方方面面都能接触一些，我因为学了满文，自己还有点业余爱好，就是喜欢美术。为什么说这个呢？中学的时候，在北京有个少年宫，有一个美术部，那时候叫美术组，什么国画、西画、篆刻、书法都有。我那时候虽然在西画组，但是，我接触美术比较多。我喜欢篆字、印章这些东西，虽然我不刻，但知道这个。为什么说接触到满文呢，就是看早期的民国档案和清朝晚期的，这样的比较多一些。公文的后面都有印章，像内务府，印章都是长方形的，叫关防。正方形里头，官印都是满汉合璧的，有楷书的，有篆字的，像各个县、市，基本都是正方形的。看了以后，不学美术或不喜欢印章的人不会想到这一点，所以我就觉得，多学一点没坏处，触类旁通了。然后我最早接触这些东西，看民国档案就看见了，是汉文的，那后边盖个章，满汉合璧的，我就跟馆领导提议，把这个出一本书吧。把这个照下来，出一本印模。馆里虽然认同，但是那个时候经费少，出书挺困难的。而且出版社也没那经费。又过十来年，辽沈书社的前身，又叫辽海书社，来了一个编辑，姓郭，他觉得这是好事，决定要出版。后来他又琢磨，档案馆的印章有限，故宫有实物的，博物馆也有。后来想想东北三省吧，把那两省都扩进来，出了这本书叫《辽海印信图录》，这本书印刷2 000册左右。我认为，学满文或学什么东西，你不要就死盯着一样，你学过的其他东西到了一个时间节点都能用上。

搞翻译的人,不能局限于我的语法好了就行,你必须要多涉猎一些,了解东西太少不行。翻译内务府档案的时候,有好多体会。一个是生活经验少,不知道人家当时都吃什么,用什么,当地的话或者民间怎么用,这都跟口语有关系,所以我们没有实习口语这是一个缺陷。你两条腿走路,光知道文字、语法,推论半天也不知道什么东西,碰到这个情况,可能何荣伟就顺当些,他口语好。人家说的时候不用书面语,用口语你就不明白怎么回事。

《黑图档》里边有很多粮庄的事情,我曾写过官庄的文章,后来我又写一篇关于粮庄的论文。翻译粮庄档案的时候,因为前面《三姓副都统衙门档案》的那个满文档案翻译是佟永功主持的。到了《盛京内务府粮庄》的这本书呢,佟永功让我来做工作,汇总、校稿。当然我的能力也是有限的,反正这个过程中,我看到刚刚进馆的学生翻译的出错出得比较多一些,经过训练,现在业务能力都行了。

**穆崟臣**:沈老师,对辽宁地区的,除了满文档案,还有其他一些满语文化资源,您了解吗?像碑刻之类的。

**沈微**:有些学者对北京地区的碑帖做过调查,我没出去调查过。

**穆崟臣**:辽宁地区应该是保留了很多那种满汉合璧的碑刻,还有家谱。您对这方面有了解吗?

**沈微**:家谱嘛,有些人写过关于辽宁留存的一些家谱的文章。另外,因为档案里边也涉及一些,也算是家谱,叫佐领承袭谱,就是在满文档案里面看到了,专门有一个小类就是承袭谱。我和唐英凯两个人合作完成的《辽宁省档案馆藏〈世管佐领及世职承袭谱档〉》。因为我看了材料,我觉得特别好,所以就把那材料整理出来,有满文的有汉文的,然后就写成文章,参加沈阳故宫的一个学术会,这篇文章收到故宫的一个集子里。

盛京作为清朝陪都,存有后金和清朝形成的史料文献。辽宁省档案馆得天独厚地承继了这些珍贵的档案,同时也断续开启了这些文献的整理与研究工作。1978年,开始安排整理清朝档案,首先整理三姓副都统衙门档案,开始逐件阅读制作目录,在此基础上译编出版了《三姓副都统衙门满文档案译编》(民族专题),中外史学界反响很大。随后,其他满文档案也渐次整理。经过几代同行的努力,使得清代档案可检索到案卷级,部分档案有了文件级目录。出版了许多学术成果,诸如译著、专著、合著、辞书等,发表论文多达200余篇。可以说,辽宁省档案馆是辽宁满学研究名副其实的重镇之一。

# 第八章

# 沈阳故宫博物院、辽宁省民族与宗教研究中心、辽宁民族出版社访谈

沈阳故宫是清王朝的发祥之地,其具有民族特色的建筑群和馆藏文物是满学研究的重要依据。辽宁省民族研究所"以辽宁少数民族研究为对象,以满族研究为重点",创办有享誉满学、清史学界的《满族研究》杂志,涌现出一批满族史研究方家,成为辽宁满学研究的重镇之一。辽宁民族出版社出版了大量涵盖满文档案与资料整理、辞书、工具书、语言学习类、满文文献研究专著等。

## 第一节 沈阳故宫博物院满学研究成果突出

**采访时间**:2018 年 6 月 10 日

**采访地点**:姜相顺家中

**采访目的**:沈阳故宫博物院经过几代学人的辛苦努力,培养了一批满学专业研究者,在沈阳故宫历史与文化、清前史研究等方面多有建树。通过采访,主要了解沈阳故宫博物院满学研究的相关情况

**采访者**:穆崟臣、詹俊峰、李洲、宋先通

**被采访者**:姜相顺

**被采访者简介**:姜相顺(1941—),男,1966 年毕业于中央民族学院历史系。沈阳故宫博物院研究员,中国民族史学会理事,辽宁大学满学研究中心、辽

宁社会科学院满学研究中心特邀研究员，沈阳民族学会常务理事。出版专著《神秘的清宫萨满祭祀》等3部，合著《清帝东巡》《清史简编》等9部，主编《多尔衮与庄妃》等4部，发表《幽冥的清宫萨满祭祀神灵》《关于海州牛庄城老满文门额》等30余篇。

**穆鉴臣：**姜老师您好，我们现在承担个课题，旨在调查辽宁地区满语文保护传承的情况。您是这方面的专家，我有几个问题想问您。我们都知道满语是语言学、历史学和民族学共同关注的一个课题。关于满语的研究，几代学人薪火相传，取得了很多的成绩，想让您介绍一下辽宁省满语研究的情况。

**姜相顺：**我们沈阳故宫主要是王佩环老师的满语学的精而深。我后来发现了"盛京城址图谱"全是满文，进而深入学习研究满文，对词汇知道一些，如宫殿的名称、萨满教等，还有写有关满族自治县的内容的时候接触到一些。后来写了本《神秘的清宫萨满祭祀》，所以对萨满教情况知道一些。对满族发展进行历史研究必须用到满文，一方面是学习，另一方面是工作。研究清史、满学，离不开满文，翻译一些满文史料我们都需使用。简言之，就是利用满文进行清史研究。当时《满文老档》就是我们这一批同学翻译过来的。

**穆鉴臣：**沈阳故宫有从事满语研究或懂满文的学者吗？

**姜相顺：**据我了解，懂满文的现在都退休了，年轻人也不太了解。因为辽宁大学有满文班，沈阳故宫就派人过去学习。不像大学学历教育，把满语当成一个语言学习的专业，系统地学习一门语言。这方面主要是因为有工作，所以不能脱产学习满语，而且故宫博物院事情很多，领导也没有能力支持你去学习研究，不像在高校、专门的科研机构时间充裕，基本上是学习之后或者提高以后在岗位上能使用上。

**穆鉴臣：**沈阳故宫需不需要懂满文的，在工作上能不能起到作用，有没有用人指标？

**姜相顺：**沈阳故宫是有需求的，其次对开展业务来说也是需要懂满文的，如故宫的解说员介绍一些清代的历史文化的时候，如果懂满语会更好一些。我们单位辽宁大学毕业的李理，他对这方面了解得多一些，应该学过满语。满语是很重要的，多数情况会请外面的一些专家学者来讲讲学，但真正解决问题的还得需要培养自己的人才。像我们单位了解满语的代表就是王佩环先生，对于这项专业进行了深入研究。至于说工作上的指标问题，我不是很清楚。

**穆鉴臣：**民间对学习满语的热情很高，好多都办了一些满语培训班，您对民间满语班办学情况了解吗？

**姜相顺：**我知道广东省教育研究院的沈林，在中央民族大学学习过满语，他教一些年轻人学习满语。辽宁地区是抚顺地区有开设满语课程的小学。新宾永陵、赫图阿拉地区有一些学校里有开设满语课。民间培训肯定有积极意义，但是存在一些问题。这些专家究竟是不是专业，规不规范并不清楚。但是我们那一届同学是真正的会满语。提到这个，我想到1993年到匈牙利布达佩斯参加了国际萨满教会议，意大利学者乔瓦尼·斯达里用德文出版了一部纪实全录，上面有满语和汉语，我和佟永功先生合作翻译，后宋和平先生先把满语部分翻译出来进行研究。这本书已经被吉林长春师范大学萨满文化研究所的薛刚他们负责出版。

**穆崟臣**：辽宁地区保留了很多满族的文化遗迹，有些是满语文化的，还有一些碑刻、满文图书、满文档案，您能谈谈辽宁地区这些文化资源的分布情况吗？

**姜相顺**：我了解得不多，辽宁省档案馆翻译的《满文老档》，原来就在盛京故宫，现在用的是乾隆年间的抄本，不是原始本。台湾有原始本，但是没有乾隆时期的抄件。此外，辽宁省档案馆还有一些满文档案还没有完全翻译完。还有一些满文碑刻，乾隆时期的新满文，满汉合璧等几种文字。盛京碑林里面有一些，但比较杂，需要到现场拍一些照片验证一下。还有一些满文家谱，新宾的刘庆华翻译了一些满文，有一本书里面家谱比较全。当时写萨满文化祀典，还参考了他的书。

**穆崟臣**：现在学者提出满语研究和文化产业联系、结合起来，对此您怎么看？

**姜相顺**：满族文化的产业化与文化旅游局应该联系起来，我记得辽宁大学曾经成立过旅游部，但是没有从文化方面入手，没有把文化和旅游结合起来。而我们单位是文化单位，不是一个教育单位，所以在这方面希望领导带头，希望国家把这个事情管起来，处理好。一个人的精力毕竟有限，需要国家、教育部和有关部门来积极配合。

**穆崟臣**：您能介绍一下辽宁满族自治县的满文文化遗迹吗？

**姜相顺**：辽宁省省民委曾搞了一次民族文化调查，时间大概是2001年前后，我退休以后了，时间已经记不太清了。这几个满族自治县，岫岩、新宾等有一些历史遗迹，可以走访一下，深入了解各地的不同。如北镇有清朝皇帝巡幸的镇山医巫闾山，还有沈阳的北陵公园，新宾的永陵等都值得去了解，可能会有满语满文的遗存。

**穆崟臣**：满语人才培养的出路问题，现在学习满语的学生毕业以后的就业问题，您有没有好的建议？

**姜相顺**：我记得原来是有国家计划的，像我们以前学习以后是包分配的。现在我们提出意见，领导应该重视，把这个事情处理好了，对这些稀缺人才的发展有利。辽宁省民委、教委要重视，从政府层面要采取一些措施，必须认识到这个问题的重要性，要落实到人，要共同呼吁一下。

课题组在姜相顺先生（左）家中采访（2018 年 6 月 10 日）

经过几代人的辛勤努力、刻苦研究，沈阳故宫涌现出铁玉钦、姜相顺、王佩环、李仲元、佟悦、李理等著名学者，并依托清沈阳故宫，建立了"清前史研究中心"，构建了专业研究团队，出版了具有一定影响的学术专著，如《盛京皇宫》《清帝东巡》《清沈阳故宫研究》《清帝东巡研究》《文溯阁研究》，以及国家出版基金或古籍整理基金项目《清朝前史》《沈阳故宫博物院院藏精品大系》《盛京景物辑要点校研究》等，在清史、满学研究方面产生一定影响。

## 第二节 辽宁省民族与宗教研究中心满文利用情况介绍

采访时间：2018 年 6 月 8 日

采访地点：沈阳金山宾馆

采访目的：关克笑先生毕业于中央民族学院满文班，供职于辽宁省民族研究所，对辽宁省满学研究的情况十分熟悉。通过采访，了解辽宁满语研究的现状，取得的一些成绩和存在的问题

采访者：穆崟臣、詹俊峰、李洲、宋先通

被采访者：关克笑

被采访者简介：关克笑（1941—），男，锡伯族，辽宁省开原市人。1961 年考入中央民族学院满文班，学习五年。1968 年毕业分配到东北工作，下放庄河锻

炼，十年后调辽宁省档案馆工作，不久调到辽宁省民族研究所，担任研究员，主要从事满族史研究，发表《试论满族共同体的发展变化》《满语文的兴衰及历史意义》《满族共同体孕育形成时期的讨赏》等论文数十篇，著有《满族姓氏寻根》等书，编著《新编清语摘抄》（合著）等，参与编写《简明满汉辞典》任副主编。

**穆鉴臣：** 关老师您好，我们知道现在满语深受历史学界、民族学界和语言学界的重视，我想有几个问题请教您。请您谈谈满语研究的现状，取得的一些成绩和存在的问题。

**关克笑：** 满语作为一种语言，在实际应用中利用率很低。很长一段时间，满文档案的利用存在问题，在北京一史馆的满文档案资料都是保密的，不能随便查阅，现在只能作为一种语言进行研究。我记得辽宁大学1984年培养了一批满语人才，但是后来基本都改行了，这是一个需要面对的现实问题。要学以致用，光学没有用武之地是不行的，所以出路比较重要。前年做了一项调查，需要满语从业人员两千人左右，但是没有那么多会满语的，有的民族档案馆是需要这方面的人才，但是没有懂满语的。这就需要调研，现在培养是一个大问题，出路也是一个大问题。满语的社会需求是必须要考虑的，一些博物馆、档案馆、高校历史系和行政机构的管理民族事务的部门以及宣传部门是否有需求，还有一些旅游单位需求情况。辽宁大学历史系民族班在学满语，后来带学生去新疆实地培训参与交流，那一届学生学得还挺好，但是没有出路。

**穆鉴臣：** 盛京地区是清朝的"龙兴之地"，留有很多满语文的资源，如碑刻、图书，请您介绍一下这方面的情况。

**关克笑：** 碑刻的话主要是在沈阳盛京碑林，原来的碑林放到了北塔，现在都集中在盛京碑林了，可现在碑体损坏比较严重，都看不清了。老满文的话，我知道沈阳故宫有一块。省图书馆出版了一部满文图书目录，但是读的人不多，而且是目录集，里面内容并没有多少。在沈阳故宫有一套满文版的《三国演义》，这是保存比较完整的满文图书。在文化资源方面，日本的东洋文库保存得比较好，因为他们的历史基本上就没有断层，形成一个比较完善的体系。

**穆鉴臣：** 我们知道目前满文的专业人才培养方面也存在一些问题，如何才能改变现状？

**关克笑：** 培养这方面不好弄，没有编制，到最后都转行了。但是改变也好改变，抢救性地选一些好苗子研究满语。政府层面上，应该出台一些相应的政策。因为现在如果让学生学的话，有多少人愿意学？毕竟实用性不强。此外，希望大学设置一些专业，而不是上大课，要当成一种专业来学习，或是成立一个满语研究所，把它纳入国家计划，这是应该可以的，像中国社科院这种类型的。然后就是应该有梯队的、层级性的学习，现在是小学生学习，大学个别高校相关专业学习，中学因为升学问题不学，也需要根据这些问题采取相应的措施。

**穆崟臣**：现在有些学者提出，满语研究属于基础研究，应该和社会需求产生联动，与文化保护、文化资源产业化结合起来，这种建议的可能性和可操作性如何？对此您怎么看？

**关克笑**：产业化这块儿主要就是开发旅游业，这方面咱们这边儿不如南方系统规范。首先是满族的创意产品开发得少，种类比较单一。其次就是缺少民族情结，文化内涵少一些。最后就是注重经济利益，对文化的传播推动作用发挥得不是特别好。应该多学习借鉴一下其他少数民族是如何把本民族特色产业化的。像一些饮食如满洲八大碗、富察氏火锅等发展得就不是特别好。具有一定条件以后是可以有一些特色的，如满族剪纸、萨满文化等就可以进行产业化的思索。

**穆崟臣**：目前辽宁省满族自治县在中小学都程度不同、规模不一地开设满语课程，对此您如何看待？

**关克笑**：据我了解，辽宁省满族自治县中小学尤其是小学基本上都开设过满语课程。但存在一个问题就是，满语任课教师自己本身知道的就不多。实际上，学得还是不够，基本上是入门阶段。各个自治县的情况不同，语言的发音不统一，没有规范性。满族自治县的一些行政单位，还是得请专业人员来规范满语学习，规范满语教学，这方面本溪做得是比较好的。其他地方了解得不是很多。

**课题组在沈阳金山宾馆采访关克笑先生（左）（2018 年 6 月 8 日）**

1982 年 8 月，辽宁省民族研究所成立，确定了"以辽宁少数民族研究为对象，以满族研究为重点"的方针，设有民族理论、民族经济、民族史、民族语言文学四个研究室，另创办有享誉满学、清史学界的《满族研究》杂志，涌现出一批满族史研究方家，如金启孮、张佳生、何晓芳、关克笑等先生，出版了《中国满族通论》《满族文化史》《满族村寨调查》《中国少数民族社会发展现状调查·满族卷》等著作,成为辽宁满学研究的重镇之一。

## 第三节 辽宁民族出版社满学成果出版情况座谈

**采访时间**：2018年6月10日

**采访地点**：辽宁民族出版社

**采访目的**：通过采访,了解辽宁民族出版社在清史、满学成果的出版情况及未来此领域的出版规划

**采访者**：穆鑫臣、詹峰、李洲俊、宋先通

**被采访者**：吴昕阳

**被采访者简介**：吴昕阳（1966—）,女,满族。1988年7月毕业于辽宁大学,获历史学学士学位,现任辽宁民族出版社副总编辑、编审。长期从事民族编辑工作,策划和开发了满族历史文化类选题300余种,形成了民族图书出版的品牌,如《内阁藏本满文老档》《清代（满族）历史文化研究书系》《汉满大辞典》《满族通史》《辽宁少数民族丛书》《走近中国少数民族丛书》《辽宁省志·民族志》等项目,在民族学、民族史方面有较强的政策理论水平及学术研究成果。

吴昕阳老师

**穆鑫臣**：自满文创制以来，形成了浩如烟海的满文文献，包括档案、图书、谱牒、契约、碑刻等。多年来，国内外学者关于满文文献的研究著述较为丰硕，其中辽宁民族出版社就出版了不少满文文献及其研究方面的精品著述，请您介绍一下这方面的情况。

**吴昕阳**：辽宁民族出版社是国内唯一一家长期致力于出版满文文献及满族历史文化研究图书的出版单位。自1984年建社以来，累计出版相关图书300余种，主要涵盖满文档案与资料整理、辞书工具书、语言学习类、满文文献研究专著等。满文作为清代官方文字，由于其统治者的民族属性，在公文函件往来中大量使用，因而形成了大量的用满文书写的档案文献；在民间，满语满文一直使用到新中国成立初期，至今仍有人在使用，因而在谱牒、祭祀、碑刻中留下丰富的满文资料，为后人研究清代及满族历史、语言、风俗、制度、经济等各方面提供了难得的第一手资料，印证和弥补了汉文文献。下面我介绍一下我社关于这方面的出版成果，其中包括满文档案翻译类图书。

辽宁民族出版社出版这类图书起步较早。我按年介绍一下，当然不是每年都会出版这类图书。

1989年，我社出版了两部档案整理方面的图书。一部是由中国第一历史档案馆编译的《锡伯族档案史料》一书，该书分上、下两册，共计60万字，收录了万历二十一年（1593）至宣统二年（1910）年间的有关锡伯族档案史料，共300余件（不含附件）。这些档案史料，主要来自一史馆所藏满文《月折档》《上谕档》等清代官方文书，弥足珍贵。该书所录档案史料对东北、西北边陲地区的政治、经济、军事以及风土人情、民族关系等多有载述，涉及内容十分丰富，是开创学术界研究锡伯族历史的核心史料。

另一部是由辽宁省社会科学院历史研究所、大连市图书馆文献研究室、辽宁省民族研究所历史研究室译编的《清代内阁大库散佚档案选编（皇庄）》。该选编所收档案均选自大连市图书馆所藏清代内阁大库散佚档案（满文文本和满汉合璧文本）中之皇庄部分，内容有粮庄类83件、果园类8件、打牲类35件、畜牧类36件。这批档案属清宫密档，很可能是20世纪20年代"8 000麻袋"中的一部分档案，十分珍贵，价值很大。

2001年，我社出版了辽宁省档案馆、辽宁省少数民族古籍整理出版规划办公室合作共同完成，由赵焕林、杨丰陌主编的《兴京旗人档案史料》，该书全部取材于辽宁省档案馆所藏满汉文《兴京县公署档案》，全书410件（组）文件，起于嘉庆十一年（1806）止于民国四年（1915）。主要内容分为官员任免、奖惩、挑补及俸禄、官兵差役、土地典卖与转让、刑事民事诉讼案件、旗人教育等方面。该部档案汇编是研究满族史、清史的重要参考资料。

2003年，我社出版了杨丰陌、赵焕林、佟悦主编的《盛京皇宫和关外三陵档案》。该书是全国少数民族古籍"十五"规划重点项目，是《中国少数民族古籍总目提要·满族卷》和《中国少数民族古籍总目提要·辽宁卷》的阶段性成果。该书是配合辽宁省"一宫三陵"申报世界文化遗产而编，取材于《盛京内务府》《黑图档》《奉天省长公署》《兴京县公署》等全宗档案1 370余件，时间为康熙年间到民国时期，其中康熙朝为满文档案，仅收录36件，由张虹、程大鲲翻译。按照内容分为3个部分。第一部分为盛京皇宫，下面细分为宫廷事务、册宝、实录、圣训、御用器具、工艺品、书籍、墨刻、宫殿维修、物品等，共计七个小类。第二部分为关外三陵，下面细分为祭祀、器物、供应、维修、公园和其他六小类。第三部分为清帝东巡，以朝代分为康熙、乾隆、嘉庆、道光四部分。

2008年，我社出版了《清宫珍藏海兰察满汉文奏折汇编》，该书共辑录奏折、奏片286件，其中用满文书写者88件、用汉文书写者198件。该书所辑奏折均属首次公布，是研究海兰察及其相关重大历史事件和民族历史的第一手资料。此外，还影印了清代沈启亮辑的《大清全书》，该书收词18 000条，是我国第一部刻版发行的大型满汉语文词典。正文满文部分主要是满语词语以及词的形态变化，有些词条后附例句。汉文部分采用对译或对译辅以解释的方法，少量采用音译或解释方法。书中收录了相当数量的早期汉语借词和满语古词，是研究和翻译早期满文文献及满语中汉语借词的重要参考书。

2009年，我社出版了20卷本的《内阁藏本满文老档》，采用了中国第一历史档案馆收藏的乾隆年间誊写的内阁大库本，全书共20册，1～16册为原文影印，17～18册为满文罗马字母转写，19～20册为汉文译文。罗马字母转写和汉文译文均附有《人名索引》《地名索引》。该书是清入关前用满文写成的编年体档册，记载了当时满族的社会组织、八旗制度、法律规章、族内纷争、官员任命、生产和经济状况乃至宫廷生活、民情、风俗、天气、地理、气象等情况。其史料原始可靠，记事翔实广泛。《满文老档》是研究清朝开国史、满族史、东北地方史、民族史的第一手史料。此次我社出版了《内阁藏本满文老档》，将1990年出版和《满文老档》没有翻译的310条，做了翻译，恢复了《满文老档》全本的原貌。此书是我社建社以来承担的单品种投入最大的一种图书，它的全本出版在中国大陆尚属首次。

2013年，出版了刘庆华《满族民间祭祀礼仪注释》一书。刘庆华先生在清前史领域耕耘多年，著有《满族姓氏录》《满族历史故事选》等书。作者收集了满族民间各姓氏祭祀本、神祠、祭文百余篇，精选59篇，有满文本、汉字记音本、满汉合璧本、汉字夹带满语词汇本及汉文本。成书时间为清朝中后期至民国年间，如《钮祜禄氏祭祀礼仪》本就有《祭天拿猪神歌》满文，此本无时间记载。《安图瓜尔佳氏祭祀礼仪》中的"祭文"采用了汉字记录满语词汇，时间记录为伪康德八年正月元旦。

2016年，出版了10卷本《清太祖满文实录大全》。不同版本的清太祖满文实录同时出版，弥补了《清太祖实录》汉文版本的不足和缺憾，为研究清代前期的语言文字及《清太祖实录》的编纂史提供了重要资料。此外，我社还出版了何晓芳、张德玉两位学者编撰的《满族历史资料集成·民间祭祀卷》《辽宁省少数民族民间文化遗产丛书·满文卷》。

**穆崟臣**：听了您如数家珍的介绍，确实感到辽宁民族出版社是满族历史文化类图书的出版重镇，为满族文化的传承做出了巨大贡献。我们知道，贵社除了出版了上述您提及的书籍，在满文辞书、专业工具书、学习用书出版方面也作出了应有的贡献，想请您介绍一下这方面的情况。

**吴昕阳**：满文虽然已经被国家有关部门确定为古文字，但是改革开放以来，尤其是近20年来，各地学习满语满文的热情十分高涨。全国开设的各类学习班如雨后春笋，如大学开设的满语文专业及设在其他专业里的满文班、民间自发创办的不定期满文班、满族自治县中小学开设的特色满语课程等，从不同角度反映了社会对满语教学用书的需求。为了适用读者需求，我社陆续推出了《满汉大辞典》《汉满大辞典》《辽宁省图书馆满文古籍图书综录》《北京地区满文图书总目》《北京地区满文碑刻拓片总目》《简明满文文法》《满语365句》《满语》（一二册）等满文学习的辞书、专业工具书、教材等10余种。每本书的具体情况我就不一一介绍了，其中既有专业性很强的论著，也有普及性质的。我顺带说说我社出版的《满语》特色教材。2016年，《满语》特色教材由辽宁民族出版社出版。这套《满语》教材是为适应各地小学满语文特色教育编写的，教学目标是让学生掌握满文的字母读音、拼写规则和简单的词汇及句子，采用满文传统十二字头教学方法。目前，辽宁满族自治县地区好多所中小学开设了满语课，但使用的基本是校本教材，在标准化方面可能存在一些问题，这套教材如果被采用将会对这些问题的解决有所帮助。

**穆崟臣**：众所周知，辽宁民族出版社还出版了大量关于满文文献研究的论著，在学界产生重要影响，请您谈谈这方面的情况。

**吴昕阳**：满文文献的发掘、整理与出版，为相应的学术研究提供了基础资料，这方面的工作已逾百年。百余年来，不仅发表了大量的学术研究论文，相关的研究著作也不断问世，为满文文献研究开拓了更广阔的空间。在这个方面，我社推出了赵志忠的《〈满谜〉研究》《萨满的世界〈尼山萨满〉论》，赵杰的《现代满语与汉语》《满族话与北京话》，春花的《清代满蒙文词典研究》，佟永功的《满语文与满文档案研究》、郭美兰的《明清档案与史地探微》、吴元丰的《满文档案与历史探究》等研究成果。

**穆鉴臣**：通过您的介绍，我们大体了解了贵社在满学论著出版方面的重大贡献与业绩。下面想请您谈谈辽宁民族出版社未来几年在满语满文方面的出版规划。

**吴昕阳**：辽宁民族出版社长期致力于出版东北少数民族历史文化研究的古籍文献、学术著作及民族知识普及读物。在今后的工作中，我们将继续坚持这一出版理念。

**穆鉴臣**：谢谢吴老师，希望贵社继续打造满语满文及满族历史文化学术研究的出版品牌，嘉惠学林。

辽宁民族出版社是东三省唯一一家出版朝鲜文、蒙古文、满文和汉文图书的综合性公益出版社。主要以出版民族特色的历史文化、古籍文献、民文工具书、文化教育等图书为主，其中涵盖满文档案与资料整理、辞书工具书、语言学习类、满文文献研究专著等，为清史、满学研究的深入发展做出了重要贡献。

# 第九章

# 辽宁省满族自治县满语教学情况综述

近年来，辽宁地区满族文化及语言的保护与传承工作越来越受到重视，一些满族县乡的中小学陆续开设了满语课程，抢救濒危满语，弘扬满族文化，成为县域教育系统独具特色的一道靓丽风景线，取得了令人瞩目的成绩，探索了一条具有范式意义的满语教学模式。与此同时，满语教学面临许多困难，如经费不足、课师资力量薄弱。

## 第一节 本溪满族自治县传承满语文的"本溪模式"

### 一、满语教学"本溪模式"采访

**受访时间**：2017年12月26日

**访谈地点**：本溪满族自治县满族小学

**采访目的**：本溪满族自治县在满语保护、传承方面创建了"本溪模式"。通过采访，了解"本溪模式"的具体做法

**采访者**：穆崟臣、詹俊峰、李洲

**被采访者**：谢文香

**被采访者简介**：谢文香（1966—），女，满族，沈阳师范大学汉语言文学教

育本科毕业。1986年8月至2002年7月在辽宁省本溪满族自治县实验小学任教；2002年8月起在本溪满族自治县教师进修学校做课程改革实践指导兼教育科研和语文教研工作；2010年9月起兼任满语教师培训和满族文化传承工作；2013年9月至今任教师进修学校副校长，负责教育科研、小学教研和满语教研中心工作。辽宁省"师德标兵""优秀研训员"，2014年被国务院评为"全国民族团结进步模范个人"。

本溪满族自治县教师进修学校谢文香校长

**穆崟臣**：谢校长您好，我们知道本溪满族自治县在满语保护、传承方面做了很多开创性的工作，取得一些宝贵的经验，学界称为"本溪模式"，给予了很高的评价，请您介绍一下基本情况。

**谢文香**：本溪满族自治县成立于1989年，全县近30万人口，满族人口有19.5万，占全县总人口的65%，县内至今仍然保存着丰富的文物古迹。但是2010年以前，本溪满族自治县满族语言濒临灭绝，县内无人会说满语，无人认得满族文字。2010年7月，本溪满族自治县县委、县政府经过充分调研，决定抢救满族语言文字，开设满语课程，传承弘扬中华民族文化，打造县域满族文化品牌，走文化强县之路。当时全县共有18所小学，政府集中培训了22名满语教师，每所学校至少有一名满语专职教师，编写了小学满语教材。从2011年3月至今，在小学五六年级每周开设两节满语课，目前全县已经有14 000多人能说简单满语，认得部分满文。2013年8月、2015年和2017年4月，县教育局、民宗局、旅游局三次联合对全县景区导游员进行满语培训。现在县内导游员能用满语说简单导游词，会唱几首满语歌曲，懂得满族礼仪，了解满族历史文化知识。

穆鲝臣：对于满族自治县而言，传承满语是一项重要的民族工作，需要得到政府的支持，本溪满族自治县在这方面给予了哪些扶持？

谢文香：应该讲，本溪满族自治县政府和相关职能部门对传承满语一直给予了很大的支持，制定了相关政策和规划，使我县满语传承有了制度保障，同时开展了一些具体工作。我逐一来说吧。首先是政府决策。2011年县政府制定了《本溪满族自治县满族文化传承发展规划》。2013年，新一届党政班子颁布了《本溪满族自治县满族文化传承保护发展规划（2013—2017）》；县人大修订了《本溪满族自治县自治条例（修订）》，在第四十六条中规定："自治县有计划地发展民族小学和民族中学，增加办学经费开设满族历史课和满族语言文化课，让学生了解本民族的历史和文化，学习本民族的语言。在自治县内推广使用常用的满族用语，形成自治县的满族文化氛围。"这样，我县满语保护、传承的工作就形成了政府牵头，教育局、民宗局、文化局等密切配合的局面，所以，很多工作开展起来就比较顺畅。其次是在全县范围内开设满语课程。本溪县聘请了东北师范大学资深教授、博士生导师、满语专家刘厚生教授培训满语文师资。县教师进修学校组织编写了满语教材，属于地方教材、校本教材，县政府出资出版印刷，免费发给学生使用。在全县小学五、六年级开满语课，每周两节。每周五集中全县的满语教师集体教研，巩固所学，交流教法，以保证课程质量。每年对满语教师进行一次教材教法考试。再次是成立满族语言文化教育研究中心。2011年11月，县教育局在教师进修学校成立了满族语言文化教育研究中心，专门负责设计、组织教育系统传承保护和发展满族语言文化的各项工作。最后就是全面整体推进满语传承工作。比如县电台开启了"走遍满乡"空中课堂，每天教市民说一句满语。县报社开辟满族文化专栏。电视台制作了三期视点节目，宣传满语教学工作。2011年3月23日《本溪日报》整版报道了《本溪满族自治县重视发展民族教育事业——满族语言文化走进小学课堂》。通过这些途径与方式，本溪满族自治县就形成了全民参与保护满语、传承满族文化、打造强县民族文化品牌的态势。

穆鲝臣：听了您的介绍，本溪满族自治县在政府层面上确实很重视满语文抢救、保护工作，既有制度保障，又有具体工作指导。现在全县满语教师除了参加培训外，还通过哪些方式来提高自身的业务能力？

谢文香：我县在满语教师业务能力提升方面主要就是通过"请进来、走出去"的方式。所谓"请进来"，就是聘请满语专家给予业务培训与指导，比如今天刘厚生教授在看完满语教学演示课后的指导；所谓"走出去"就是去其他满族自治县考察他们在传承满语过程中的成功做法、参加省民委主办的满语人才培训、出席相关的学术会议。因为我县满语传承工作开展得比较早，也积累了一些实践经验，也有协助培训其他地方满语人才的工作。当然，在这个过程中，也有一些高校和科研院所的学者前来考察。这些如果归结为一点就是交流学习。这种交流学习事例很多，我准备了一份书面材料，我介绍一下部分内容吧。

2011年暑假，县政府派民宗局和教师进修学校带领满语教师到吉林省吉林市满族博物馆、伊通满族民俗博物馆和黑龙江省三家子村等地进行实地考察学习。

2012年5月，组织满语教师到新宾满族自治县赫图阿拉老城和永陵考察，了解满族历史，并到新宾永陵满族小学交流学习。

2012年寒暑假，本溪县满语教师到吉林为长春师范大学实习生培训满语。2011年秋天，到桓仁县协助培训满语师资；为本溪市档案馆工作人员培训满语；多次为县里的会议翻译满文会标，为单位和店铺翻译满文牌匾。

2013年5月，本溪县六名从事满族语言文化工作的教师到台湾学习考察。在台北、台中等地交流民族文化教育等内容。

辽宁省民族宗教问题研究中心多次调研、指导，邀请专家来本溪县讲学，资助满语教师学习。2013年10月召开"满语教育与现代化教学有机结合研讨会"，将本溪县确立为"民族理论政策研究共建基地"。

2013年11月，国家民委领导带加拿大研究协会代表团到本溪县，交流抢救濒临灭绝语言及双语教学的意义和现状。2013年初，国家双语教育研究会将本溪县满语文教育研究中心吸纳为会员单位。

2014年4月1日起，省民委连续三年举办了辽宁省满语培训班，本溪县选派13名优秀的满语教师到沈阳接受为期三个月的脱产学习培训。

2016年8月25日，我县成功承办了辽宁省第二届满语知识竞赛，我县代表队在竞赛中表现突出，荣获辽宁省第一名的好成绩。

2017年6月，满语文教研中心为督促满语教师进一步巩固所学知识，举行了全县满语教师满文单词听写大赛，通过活动使教师们共同进步、共同成长，为更好地开展满语文教学打下坚实的基础。

在这个过程中，岫岩、桓仁、新宾、宽甸等满族自治县先后到本溪县了解满语教学情况；我国台湾地区、日本、澳大利亚的满语专家到本溪满族自治县考察满语教学工作；长春师范大学将本溪县确定为满语教学实践基地，已经有五届历史文化学院选修满语专业的本科生来本溪县实习；吉林师范大学将本溪县作为满族文化教学与科研基地，在满语教学、科研和师资培训等方面进行合作；中央民族大学还曾为本溪县的师生举办满文书法展览。

穆崟臣：抢救满族语言，传承中华民族文化的工作任重道远，本溪县在这项工作中，开展得有声有色、形式多样、脚踏实地，必将做出自己的贡献。

## 二、本溪满族自治县满语教学存在的问题采访

采访时间：2017 年 12 月 26 日

采访地点：本溪满族自治县满族小学

采访目的：本溪满族自治县在满语教学方面积累了宝贵的经验，但在具体实践中亦面临诸多问题。通过采访，对本溪满族自治县满语教学存在的问题有一个理性把握

采访者：穆崟臣、刘厚生、詹俊峰、李洲

被采访者：白文阁

被采访者简介：白文阁（1956—），男，满族，辽宁本溪人。在教育系统工作有三十余年，先后担任过本溪满族自治县一中教师、教导主任、校长，担任过县教师进修学校校长，县教育局副局长。其间一直兼任中国教育学会理事、中国西部教育顾问、省教育督导专家评估组成员，市教育学会理事等职务。主编《中小学骨干教师成长案例与精彩课堂实录》丛书一套；组织县部分满语教师编写了《满族历史文化与语言文字》的小学生满语教材，在全县各小学高年级满语课教学中使用。组织语文教研员编写了六册《小学生古诗文诵读》校本教材，纳入全县小学语文教学计划之中。编写了《丹心育桃李》师德教育教材。农村骨干教师新课程专业引领与自主研修教育模式的研究获省教育厅基础教育优秀科研成果一等奖。

课题组采访本溪满族自治县教师进修学校原校长白文阁（右二）（2017 年 12 月 26 日）

**穆崟臣**：我们课题组采访了谢文香校长，谢校长如数家珍地给我们讲述了本溪满族自治县满语教学的发展历程。现在想请您谈谈目前满语保护、传承过程中存在的问题。

**白文阁**：本溪县在满语教学方面起步很早，取得的成效也很显著。谢校长谈了本溪县满语教学的历程，主要讲了成绩，那我谈谈问题。其他学科，比如语文、数学、外语等都评选市级优秀课例，满语曾经也评过两年，后来停了，作为一门课程，应该给老师展示的舞台，鼓励参评满语优秀课例，这是对满语教师所从事的工作的肯定。这样有个层级积累，有机会再争取省级优质课。再有，除了"满小"之外，其他学校基本上都是一名满语教师，他们工作起来也很"孤独"。应该说，小学满语教师有很多付出，都需要经过三个月的脱产学习，之前都是零基础的，学习强度与困难可想而知，学成归来，还得利用大量课余时间自学，所以他们的工作最需要受到认可。目前对学校的考核是多指标的，也不可能用满语教学的情况来评价学校整体的工作情况，这样就产生一个所在学校领导重视与否的问题。

**穆崟臣**：满语教师的队伍确实显得"单薄"，加之没有被作为一门学科纳入教育体制内，无疑会遇到很多困难。

**白文阁**：从教师发展层面，涉及满语教师自我提高的问题、知识拓展的问题、教研的问题。其中还有一个课程标准的问题。每一个学科都有课程标准，然后有教材。因为目前满语教学没有课程标准，我们自己编写了一本满语乡土教材。所以，从教育部门层面应该在开设满语课程的县区制定一个课程标准，在哪个年级开设，学到什么程度等有个规范。当时，我们县一二年级学汉语拼音，三年级开始学习英语，担心学生在学习满语时与汉语、英语混淆，所以就定在五、六年级选一个年段开设满语课。此外，满语自身学科地位的问题至关重要。就以刚才谈到的满语市级优质课评定的问题，应该有既定的政策，要有大气候、大氛围。从政府层面来讲，作为一个提案应该提交给教育部和国家民委、省民委。中小学满语教师也需要解决一个职业道路自信的问题。在保护、传承濒危满语的道路上，道路自信的最终落脚点是有相关的政策保障。你满语一线教师再宣称"道路自信"，坚定信心，如果没有政策保障，总不能持续长远。地方政府靠自身财力，有的县区可以，有的地区就难以为继。本溪满族自治县政府对这项事业给予了大力支持，学生使用的满语教材的费用就是县财政解决的，但这是远远不够的。所谓"政策保障"，首先，有经费保障、人财物保障，有专项资金投入；其次，相关政策，比如设计满语在中考、高考中的指标问题，在考虑权重的基础上，满族自治县的高考考生语文成绩由汉语和满语两部分组成，这样就能解决目前满语教学衔接问题。否则，就会存在学习断档问题，因为中考、高考的指挥棒没变，学生学习满语的热情就会受挫，尤其是家长可能就会反对学校开设满语。简单说，没有政策保障，就不能理直气壮、挺直脊梁去做这项事业。经费、师资队伍建设、教材、课程标准、课程计划、学科地位等问题都需要国家和政府在顶层设计时就予以考虑，这些都是刚性的要求。

**穆鉴臣**：确实如您所说，如果没有政策保障，就会产生满语传承这面红旗"能扛多久"的忧虑。

**白文阁**：现在民间有热情，政府也能感觉到。据我所了解的情况，辽宁省各地满族自治县的小学都程度不同地开设过满语课程，有的坚持下来了，有的中途放弃了，有的工作开展得很扎实，有的则很虚浮。传承濒危语言是项事业，单独靠民族感情或依托个别领导重视，是不能长久的，也是走不远的。这个必须有政策保障。当然，这是项系统工程，三年五年解决不了，但可以做个十年规划，这个总可以吧。

本溪满族自治县的满语文传承工作，是抢救濒临灭绝语言的成功范例。文化部、国家图书馆录制了该县满语教学纪录片，在国家图书馆展播；岫岩、桓仁、新宾、宽甸等满族自治县，日本、澳大利亚、加拿大等国的满语专家先后到本溪县考察满语教学工作；长春师范大学、吉林师范大学将本溪县确定为满语教学实践基地。本溪县满语文抢救工作在全国独树一帜，卓有成效，引起了有关部门的关注。可见本溪县满族小学利用开设民族语言课、民族音乐课、民族体育课等形式，用丰富多彩的形式抢救本民族濒危语言，弘扬民族文化取得了可喜的成绩。"本溪模式"有三点经验值得借鉴：一是政府部门高度重视和大力支持；二是有长远、科学、切实可行的规划；三是打造一支乐于奉献、勤于钻研的师资队伍。其成功经验值得学习，其办学模式值得推广，其面临的问题需要针对性解决。

## 第二节　清原满族自治县满语文教学正在起步

采访时间：2018 年 10 月 14 日
采访地点：清原满族自治县天翼商务宾馆
采访目的：了解清原地区满语教学的基本情况
采访者：穆鉴臣、詹俊峰、李洲
被采访者：潘海燕
被采访者简介：潘海燕（1967—），女，满族。中国北方少数民族文化研究

（沈阳师范大学）基地东北满族民俗研究中心主任，清原清前史研究所副所长。1990~1993年在辽宁省民委和中央民族大学联合举办的满语言文学专业学习。2015年在辽宁省第二届满语人才培训班学习。多年来一直在满族自治县从事基层收集整理满族民间习俗、民间故事及满族常识推广工作。曾在2010年10月至2011年率先在清原满族自治县创造性地开展满汉双语牌匾推广工作。2016年6月在辽宁省第二届满语文基础知识大赛中获三等奖。近年来，内引外联与志同道合的人士在清原满族自治县举办首届辽东满族民俗交流会等一系列满风满俗、满语地名考察寻访活动。

**课题组在清原满族自治县采访清原清前史研究所副所长潘海燕（2018年10月14日）**

**穆崟臣**：潘老师好，今天请您介绍一下清原地区满语教学的基本情况。

**潘海燕**：我先简要介绍一下清原满族自治县的情况。清原县位于辽宁东部山区，东与吉林梅河接壤，南与新宾满族自治县相邻，西与抚顺县相接，北与铁岭开原贯通。最早设县治为1925年。1989年9月由国务院批准设立满族自治县，下辖10个镇、4个乡，共188个行政村，总人口32万，属辽宁省抚顺市管辖。全县有16所小学，共8.9万小学在校生。

**穆崟臣**：清原目前还有哪些满族风俗和遗迹？

**潘海燕**：清原与新宾同为满族发源地。改革开放之前，满族遗风尚存，清明插"佛托"，过年宰年猪等习俗年年可见，那时，老一辈人管"阿尔当"（清原一村名）还叫"啊勒当啊"。近几年，随着老一辈逐渐逝去，满族风俗虽有，但已不很普遍，民间虽尚存会作"佛托"及满族宫灯的人，但没人去保护挖掘，也将快消失殆尽。

**穆崟臣**：据我所知，清原满语文教学起步较早，也取得一些成绩，请您介绍一下具体情况。

**潘海燕**：好的。2010年，清原县委、县政府开始重视满族特色，打民族文化牌，曾抽调我到民宗局，主抓满汉双语牌匾开创及普及工作，使满文字首次从官牌中延伸到民间商铺，很多人从满汉双语牌匾上才知道还有满族文字。到了2014年，随着省民委对满语文的重视程度加强，在沈阳师范大学举办了首次满语人才培训班，我县派出红透山小学音乐教师郭铁霞等四名小学教师参加学习。她们四人当年学习非常认真刻苦，系统学习了满语文。县民宗局也大力支持，提供了学习、资料、辞书等所有的费用。她们经过三个月培训后，先后在红透山小学、县一小、三小开设满语课，但考虑到小学生低年级汉语拼音与满语会混淆，就在四、五年级开课，取得了很好的效果。2015年3月，沈阳师范大学与省民委又举办了第二期全省满语文人才培训班。我及红透山小学美术老师刘娜、二小（清原县实验小学）英语教师陆阳参训，经过三个月学习，我们也系统掌握了满语文。2016年假期及2018年，刘娜又参加了两次专业课的培训。师资问题解决后，县民宗局为开满语文课程的学生定制了课本和作业本，并先后在红透山小学、县第一小学、二小学、三小学、英额门小学开设了满语文课程。而且红透山小学一直授课。英额门小学因为我工作与授课时间冲突，授课时间最短。红透山小学，每周教授满语文课程为12课时，分2个年部，有满语文基础、满语对话、满语歌曲、美术作品、剪纸、舞蹈等，学生经过两年的学习，基本能说会写满语文的句子、小作文、会唱满语歌曲、跳满族舞、部分学生会满族剪纸和满族绘画。清原县实验小学（二小）教授满语文课程至2017年10月份，因下半年新学期开始，此校满语文授课被叫停。清原县一小及三小满语授课也一直在进行，但大多被其他科目占用，效果不是很好。

**穆崟臣**：清原县这些年来满语文教学确实取得了一些成效，但也存在不少问题，您认为，决定一个地区满语文教学好坏的因素主要有哪些呢？有什么建议呢？

**潘海燕**：我认为主要有三点：第一，师资问题是决定满语文教学成败的主要因素，教师水平高，能力强，爱好满语文教学，就会认真备课，课堂教学效果就会更好；第二，社会环境影响，包括教育主管部门、上级民族领导机构等；第三，对满语文教学的再认识，满语文是一种传承并使满族民族精神得到延续的有效载体，需要满族族胞的倾心相助，共同努力。

清原满族自治县地处辽宁省东部山区，是辽宁省的东大门，与新宾同为满族发源地，现今仍是我国重要的满族聚居区之一。清原县委、县政府重视满族特色，打民族文化牌，所以清原满语文教学起步较早，取得了一些效果，但也存在不少问题，整体情况不太理想。

## 第三节　新宾满族自治县满语文教学取得良好效果

采访时间：2018 年 10 月 15 日
采访地点：锦州银行新宾支行会议室
采访目的：了解新宾地区满语教学的基本情况
采访者：穆崟臣、詹俊峰、李洲
被采访者：王开、李轲昕、吴殿华

被采访者简介：王开（1968—），女，满族，中国作协会员，辽宁省作家协会理事，抚顺市作协副主席，辽宁省作协签约作家。有散文、小说发表于《民族文学》《红豆》《星火》《鸭绿江》《文学界》等国内期刊，出版《众神的河流》《马背上的江山》《我意天下》等多部历史文化散文集，多次参与省作协组织的纪实文学活动，近年陆续出版《天辽地宁十四城》《辽宁工业文化》《盛京大工匠》等，获第七届辽宁文学奖散文奖，第十届辽宁儿童文学奖，2018 年《民族文学》散文年度奖，两次通过中国作协少数民族作家重点作品扶持项目。

李轲昕（1972—），男，满族，新宾满族自治县新宾镇人，热爱并研习满文书法，尤其是毛笔书写大字满文。多次参加县颁金节及满语文的发掘传承等文化活动，热衷传统书法和满文大字书法的研究，并从事书法教学。现任新宾县书法家协会秘书长、县满语协会理事、县第三届文联理事、抚顺市文学艺术联合会会员、抚顺市书法家协会会员。

吴殿华（1963—），男，满族，辽宁新宾人。1980 年 8 月于抚顺师范学校毕业后从事中学教育工作。其间，通过函授学习取得抚顺教育学院中文大专学历。1991 年 1 月，调入县直机关工作，先后担任县政府办公室秘书，土地局科员，县委组织部科员、组长、副部长，县人事局局长，县审计局局长，县文化广电体育局局长，县满族文化研究发展中心负责人，县政协提案和人口环境委主任等职务。任满族文化研究发展中心负责人两年期间，组织编写了《新宾满族史》《辽东满族民俗》等历史文献。

王开同志（左）及李轲昕同志（右）（2018年10月15日）

**穆鑫臣**：今天和各位学者座谈，主要是想了解一下新宾县满语抢救、保护情况。

**王开**：新宾县有好多清前期的古城、古村寨遗址，如古勒城、费阿拉等，这些城寨在清代文献，比如《满文老档》《清实录》中屡有记载，和清前史的重要关节点都有很大关系。此外榆树等地有一些满族家谱，永陵守陵人也有家谱，有些是满文或者满汉合璧的。

**李轲昕**：新宾县有些满文碑刻，但不是很多。老城、永陵里有几块满文碑刻，很有价值。

**吴殿华**：《新宾县文物志》里面应该有些记载，至少能提供一些寻找民间满文碑刻的线索。去年，新宾还召开了一次关于辽宁地区清代碑刻的研讨会，碑刻比较分散，大体有8通左右。

**王开**：新宾地区有些满族人家有家祭，也是反映满族文化遗存的一种形式，可以去了解一下具体情况。家祭有具体时间，需要提前联系，我可以帮着联系一下。家祭虽然和清代时有变化，但我认为只是程度上的不同，应该是比以前有些删减，但仍保留了核心部分，所以说，家祭是最能体现满族民间文化遗存的一种样式。

**穆鑫臣**：新宾留下了丰富的满族文化资源，新宾满族自治县的民族事业取得了长足的进步，其中满语保护、传承工作也做得有声有色，请各位老师谈谈这方面的情况。

**李轲昕**：新宾满语培训在省内还是比较兴盛的，新宾有个启运学堂利用寒暑假举办满语社会班,现在已经开办了 5 期了,每期 20~70 人不等,学员比较广泛,有来自吉林师范大学、沈阳师范大学等高校教师、来自美国加州大学洛杉矶分校、芝加哥大学、英国伯明翰大学等在校研究生和国内知名学府如清华大学、中央民族大学、南开大学、北京外国语大学、大连理工大学、内蒙古大学、四川大学的研究生和本科生,其余社会各界人士都有。应该说,新宾满语社会培训为满语文研究和教育的发展开辟了广阔空间。

**穆鲎臣:** 确实,新宾在社会满语培训方面做出了很大贡献。在体制内的满语教学如何呢?或者说,新宾县中小学满语教学情况如何?

**吴殿华:** 我记得 2015 年 6 月,辽宁省民委为弘扬民族传统文化,促进各市县间的满语学习与经验交流,在新宾举办了"辽宁省满语说读比赛"。来自沈阳市、岫岩满族自治县、清原满族自治县、新宾满族自治县、本溪满族自治县、桓仁满族自治县、宽甸满族自治县、凤城市、北镇市 9 支代表队的 50 余名选手参赛,比赛分中小学学生组和成人组。新宾县在满语教学方面和辽宁其他满族自治县差不多,在小学阶段开设满语课程。2009 年,永陵满族小学就将满语引入课堂,编写了校本教材《满语读本》,作为特色课程在全校学生中普及教学。新宾满语进课堂实现了全覆盖。近年来,可能有些学校因为各种原因没能坚持下来,但全县十五个乡镇的中心校都开设了满语,为做好满语文传承和保护做出积极贡献。这些学校的满语教师的满语知识都是后学的,新宾县满语教师都是兼职的,评职时没有单独系列,县里也在争取,但肯定很难。因为只是在满族自治县开设满语,主要是让孩子们对满语、满族文化有个了解,所以社会上的意见也有不同,有的支持在中小学开设满语课,态度积极;也有持反对意见的,有质疑之声。我认为满语作为一种文化遗产,继承可以,要是全面普及不太现实,因为没有满语交流的语境。新宾满语传承除了学校,基本上就是社会满语班培训,五一、十一、寒暑假,这样一年大体有四次。

**李轲昕:** 除了课堂教学和社会满语班,新宾满族自治县县委宣传部开通了微信公众号"新宾宣传",从 2016 年 10 月 30 日起,"新宾宣传"推出了"教你学满语"栏目,这是利用新的传媒手段传承满语的举措。再有,我们有个满语协会,每个周三我们都在一起学习满语,主要内容是学习十二字头、简单的满语对话、练习满文书法等。

**穆鲎臣:** 谢谢各位老师,听了你们的介绍,基本了解了新宾县满语保护、传承的情况。

新宾满族自治县留下了珍贵的满族文化遗产,如清前期的古城、古村寨遗址、满文碑刻、满族家谱等。新宾满语培训在省内还是比较兴盛,为满语文研究和教育的发展开辟了广阔空间。

## 第四节　桓仁满族自治县满语文教学成效显著

采访时间：2018 年 10 月 16 日

采访地点：桓仁满族自治县文化局

采访目的：了解桓仁地区满语教学的基本情况

采访者：穆崟臣、詹俊峰

被采访者：王乐

被采访者简介：王乐（1984—），女，满族。辽宁省本溪市桓仁满族自治县教师进学校教师，在满语文教师研训及一线教学方面取得了一定的成绩。2013 年参加辽宁省民委举办满语文人才培训班学习，结业典礼上作为优秀学员代表发言。连续三次参加辽宁省民委举办的满语文知识竞赛和满语诵读大赛荣获优异成绩。组织桓仁满族自治县小学满语教师培训，组建桓仁小学满语师资队伍。在全县做满语课教学观摩展示、满语教学公开课。参与了桓仁县县地方满语文教材《满族语言文字》、辽宁教育出版社出版的教材《小学满语文》、辽宁民族出版社出版的教材《满语》的编写、整理校对工作。

课题组在桓仁满族自治县文化局采访县教师进学校王乐老师（2018 年 10 月 16 日）

**穆鋆臣**：感谢王老师能接受我们课题组的采访。本次调研目的是想了解一下桓仁地区满语抢救、保护、传承存在的问题及应对措施等问题，请您介绍一下基本情况。

**王乐**：我先介绍一下桓仁满族自治县的基本情况。桓仁满族当治县总人口31.9万人，有满、汉、朝、蒙、回等14个民族，少数民族占全县总人口的55.7%，其中满族人口占53.17%。下面我简要讲一下我县在满语传承方面的具体工作。2011年9月24日至2011年12月17日，县教育局和教师进修学校举办了满语文师资培训班，全县22所学校选派的24名优秀教师参加了培训，聘请了东北师范大学教授刘厚生先生为学员们授课。通过在培训班的学习，学员们掌握了满语拼读、书写等技能，掌握了满族的民俗和礼仪，能演唱满语歌曲，表演满族舞蹈，为满语课堂教学打下了坚实的基础。县教育局成立了教材编写委员会，并责成教师进修学校负责具体的编写工作。满语班的8名优秀学员和教师进修学校的6名研训员共同协作参与了满语教材的编制。2012年3月，在全县小学四年级开设《满族语言文化》地方课程，本着不留作业、当堂吸收的原则，让学生初步了解满族的历史文化和满族的一些常用语言文字，为我们桓仁地区满族文化的传承和发展奠定了良好的基础。

县民宗局为了扩大满语文人才队伍，2014~2015年，以脱产学习3个月的形式，每年从民宗局、教育局、文化局、旅游局等部门选派5~6名年轻、素质较高的在职工作人员，参加省民委组织的全省满语文人才培训班。同时，每年组织我县5名选手参加省民委举办的全省满语说读比赛和满语基础知识竞赛。2017年，投入10万元满语文工作经费，举办全县满语教师师资培训班，为期20天，参加人数达到20余人。投入10万元，把县东关小学打造成具有满族特色的满族学校，进一步加强满语文教学，开设满族传统体育和剪纸、刺绣、版画教学课程。县民宗局还联合旅游局于2016年和2017年举办了2期全县旅游从业人员满语文培训班，培训的导游人数累计达到280人次，全县旅游从业人员（主要为导游）成为熟练掌握满族日常用语、满族基本礼仪，了解满族历史、民俗、文化知识，掌握满文拼写拼读基础知识的民族旅游专业人才。

**穆鋆臣**：请您介绍一下桓仁县满语文专业人才的培养问题。

**王乐**：桓仁对满语文人才的培养培训工作，主要采取了选派人员参加省民委举办的满语文人才培训班和县教师进修学校举办、全县满语文师资培训班两种形式。目前，满语文人才共27人，从事与满语文相关工作的7人，其中教师进修学校研训员1人、小学满语教师6人。当然在满语师资培训过程中也发现了一些问题：一是满语教师兼职问题，参加培训的老师都是兼职的；二是有些满语教师年纪偏大，学科梯队建设存在问题；三是个别满语教师坚持不下来；四是各个学校对满语教学重视程度不同,有的学校很重视,有的学校就没有那么理想。

**穆崟臣:**请您介绍一下桓仁县满语文教学及人才需求情况。

**王乐:**2012年,我县在19所小学开设满语课程以来,已有13名满语教师因退休、调离、病休等多种原因离开满语教学岗位。目前能够正常进行满语教学的小学仅剩6所,并且这6所学校满语教师均为跨学科兼职,工作量严重超额。为确保我县满语教学顺利进行,教育局在2017年7月开展桓仁县第二届满语培训班,共23人,培训时间20天。由于各小学师资严重匮乏,这次培训的教师中有8人曾参加过省级、县级的培训,本次培训新的满语教师仅为15人,且都是跨学科兼职教师,满语教师编制、专业专岗问题亟待解决。

**穆崟臣:**请您介绍一下桓仁县满族语言文字使用情况。

**王乐:**2013年以来,县民宗局为了提升我县作为满族自治县的品牌和影响力,规范和使用满族语言文字,联合城建、综合执法等部门,对县乡主要街路、景观路、旅游景区的广告牌匾进行了统一规范,逐步规范使用"满、汉"双语牌匾。牌匾汉字所对应的满文由民宗局委托教师进修学校满语文研训员负责翻译。2016~2017年参加满语文培训的旅游从业人员中的导游员在工作中面对游客能使用简单的满族日常用语。

**穆崟臣:**桓仁县满语教学工作您都参与了,请您介绍一下基本情况。

**王乐:**桓仁县满语教学有个机缘。咱们县里的领导调任至本溪满族自治县,发现本溪县在开展满语教学、培训、传承等工作,领导非常敏锐地捕捉到这一特色举措。毕竟桓仁是故乡嘛,就把这一信息反馈到县教育局,教育局很重视,就责成教师进修学校来承担这个培训,正好东北师范大学有个实习基地在桓仁,我们就通过这个渠道邀请到了东北师范大学刘厚生先生。之前提到的,当时是2011年9~12月份,历时3个月,刘厚生教授多次来桓仁,随堂教学。我们是从全县选派老师来参加这个零基础的满语文培训,从字母的识读到拼写。后来在教育局的组织下,我们学校6个人编写了桓仁县地方教材满语文教材,我们是按照一周1课时,一学期34课时,含了两节复习课这样的设计编写了这部教材。内容涉及课堂用语、礼貌用语以及亲属称谓、日期、十二生肖、八旗制度等常用的满语口语。当时,我们也考虑到这个问题,就是学校学生的民族成分是多元的,我们也没有强制地要求所有学生满语水平达到某一程度,所以我们当时设计的宗旨是随堂教学、不留作业、当堂吸收。希望用四年级学生这一个点来带动他们的家庭,形成一个面,去口头传播满语。因为已经在小学讲授满语,我们也在思考怎样把满语文教学学科化工作,我们把满语文教师集中在一起集体备课,研讨教学方法、教学模式。等到2014年,县民委就介入到满语文教学工作了,投入经费,加之辽宁省民委在沈阳师范大学少数民族研究中心开设了第一期辽宁省满语文人才培训班,这期满语文培训班集合了辽宁省6个满族自治县文化局、教育局、广电局等部门的学员,学习归来后,我县教育局连续选派老师参加培训,一共选送了8位老师。

**穆盎臣**:听您介绍之后,深感桓仁县在满语传承方面做了很多扎实工作,在这个过程中存在哪些问题呢?

**王乐**:现在我们一直在进行着四年级的满语教学,但学校之间的重视程度不一,有的学校领导重视,就持之以恒地开展,每年四年级都教;有的学校因为师资不足、领导不够重视,每年开设满语并不能完全按额定课时量进行,挤占课时的现象时有发生。再者,据我调研,辽宁省6个满族自治县的满语教师都是兼职的,而且基本上只在小学开设了满语课程,只有岫岩有所满族中学开设了满语,这样在知识层面上是断条的。我在想一个问题,一个少数民族地区享受少数民族政策,靠什么来维系这个政策长久地支持我们?既然满语文教学已经进入课堂,进入教育系统,那满语文是否也应该考虑学科化问题?其他学科的老师都有学科路线可走,可我们讲了这么大的家国情怀的民族文化传承,中小学满语教师毫无道路可走,基本上是被动完成,即便有些老师有这样的情怀,但没有政策支持,那这种情怀究竟能维系多久呢?反正在满语工作开展了这么久吧,热情归热情,若要长久地可持续地进行下去,实际上困难是很大的。

桓仁满族自治县地处辽宁东部山区,东与集安市相接,南与丹东宽甸县相连,西与本溪县和抚顺新宾县相依,北与通化市毗连。自2011年起,桓仁满族自治县县委、县政府高度重视满语文的抢救与保护工作。在扩大满语文人才队伍、满语文专业人才的培养、满语授课模式等方面均做了有益探索,取得了显著成绩。

## 第五节 宽甸满族自治县满语文教学工作走向深入

**采访时间**:2018年10月19日

**采访地点**:宽甸西门外小学会议室

**采访目的**:了解宽甸地区满语教学的基本情况

**采访者**:穆盎臣、詹俊峰、李洲

**被采访者**:曲红花

**被采访者简介**:曲红花(1969—),女,大学本科,小学高级教师。2015年起从事满语文教学工作,现任宽甸满族自治县西门外小学满语文教师。2015年春参加了辽宁省满语文人才培训班,2015年秋在本校四、五两个年级开设了满语文课程,还编写了《满族历史与文化》校本教材。

曲红花老师在讲满语课

**穆崟臣**：曲老师您好，请您介绍一下宽甸地区满语教学情况。

**曲红花**：宽甸满族自治县的满语教学起步不早，其间有个机缘，就是省民委为抢救、保护满族语言文字，于 2015 年 4~6 月，委托沈阳师范大学中国北方民族研究中心进行了 3 个月的脱产学习满语。此次培训，宽甸县一共选送推荐 3 名学员参加，我就是其中一员。通过培训，学员们能够拼读满文，书写常用的满文，能进行简单的日常对话，借助工具书可以进行简单的翻译。参加这次培训的 3 位老师回到宽甸，在县教育局、县民宗局等相关部门的组织协调下，陆续在小学开设了满语课程。我们西门外小学就是在 2015 年 9 月新学期开始上满语课的。因为师资原因，就我一个人教满语，当时只在四五两个年级开课，每个班级每周两节课，涉及 7 个班级，我每周要上 14 节满语课。因为课时很少，我们就从基础开始教起，从字母开始，学习字母、音节、简单的会话，就像刚才我上课教授的内容，如询问姓名等。

**穆崟臣**：您所在的小学真是很重视满语教学了，我所调研的其他开设满语教学的学校基本上是每周 1 课时。实际上，满族自治县的孩子从小学习一点满语还是很必要的。

**曲红花**：确实如此。我们在开设满语课时就考虑到这个问题了。因为是满族自治县嘛，我们也有义务传承满族语言文化。我们学校满族学生占绝大多数，但只是知道自己是满族，当问他们满族的语言文字时都一概不知，现在通过学习满语，掌握了一些基本知识，能感到孩子们很自豪，觉得满族有自己的语言、有自己的文字，还有自己的文化。为配合满语教学，我们还编写了一些校本教材如《满族历史文化》《满族音乐》《满族剪纸文化》等。

**穆崟臣**：在满语教学的过程中，县里给予了哪些支持？

**曲红花**：应该讲，宽甸县政府对满语教学、满族文化传承给予了很大支持。现在学生使用的教材（何荣伟、张丹卉主编：《满语》，辽宁民族出版社）就是由民委统一购买，免费提供给学生循环使用。这样两个学年，这本教材基本上就学完了。此外，还有一些专项拨款，开展一些富有满族文化特色的活动。但不是常规拨款，是在搞活动时，民宗局给予的一定的经费资助，如购买民族服装、道具等。我们学校把满语教学和音乐学科、美术学科整合起来，开展一些活动，在这个过程中，县民委、县教育局都会给予支持。

**穆崟臣**：在满语教学过程中，遇到些什么问题呢？

**曲红花**：目前中小学满语教学肯定会遇到很多问题，这应该是个普遍的问题，不是个案。就拿我来说，西门外小学只有我一名满语教师，在两个年级开设满语课，确实很累。好在我现在是专职满语教师，除了教授满语，没有其他学科的授课任务。其他学校的满语老师基本上是兼职的，教授满语的同时，还得讲授自身所在学科的课程，也即是师资问题是个普遍问题。再有个问题，就是满语教师职称评聘晋升问题。像我在晋升职称时，那我所教的满语课、所获得的满语文方面的奖励都没有用武之地，没有一点优惠政策，或者说根本就没有相关政策。真心希望相关部门出台相关政策，开辟一个单评系列，这样消除一线满语教师怀疑自己职业道路的问题。

宽甸满族自治县位于辽宁省东南部，坐落在鸭绿江畔，东与朝鲜隔江相望，南与丹东市区相接，西与凤城、本溪满族自治县毗邻，北与桓仁满族自治县、集安市相连，是辽宁省县级行政区域面积最大的县。宽甸满族自治县满语教学起步不早，也未遍及整个县域，其中宽甸满族自治县西门外小学满语文授课开展得较好，在四、五两个年级开设了满语文课程，还编写了《满族历史与文化》校本教材。同时，还成立了满文书法、满族舞蹈、书鼓、满族小合唱、满族剪纸等社团，开展了丰富多彩的满族艺术活动，传承了满族文化，形成了独具特色的教育教学风格。

# 第六节 岫岩满族自治县满语文教学工作取得进展

## 一、岫岩满族自治县哈达碑镇满族中学满语文教学情况访谈

采访时间：2018年10月20日

采访地点：哈达碑镇满族中学

**采访目的**：了解岫岩地区满语教学的基本情况

**采访者**：穆崟臣、詹俊峰、李洲

**被采访者**：吕海龙

**被采访者简介**：吕海龙（1979—）男，满族，现任岫岩满族历史语言文化研究中心主任。2012年，岫岩县满语知识大赛中荣获集体二等奖；2013年10月，在全县满语书法大赛中荣获毛笔书法一等奖。2014年获省首届满语知识大赛一等奖；2015年荣获省满语说读比赛"优秀指导教师"称号；2016年省第二届满语知识竞赛一等奖；2018年获第三届中国满语文书法展赛一等奖；2018年获首届中国满语文"翰墨杯"书法大赛软笔一等奖；2018年被任命为辽宁满族经济文化发展协会副秘书长。

**吕海龙老师教授满语课程**

**穆崟臣**：吕老师好，感谢您接受我们课题组的采访。今天想先请您介绍一下岫岩地区满语教学的基本情况。

**吕海龙**：我们岫岩地区开设满语课是比较早的，2012年秋天开始设置满语课程，我们自己编写满语讲授教材，我和其他几个成员一起参与了，全县开设满语的学校使用的都是这本教材。开课的对象是小学五、六年级，初中一、二年级，这样接受满语学习的学生数量还是很可观的。开课的学校数量方面，起初全县所有乡镇的中学、中心小学差不多30多所，当时参加满语培训的教师达50多人。

**穆鋆臣**：这样小学、初中有四个学年连续学习，这些学校都坚持下来了吗？

**吕海龙**：刚开始时比较兴盛，但存在着师资力量、课程安排等问题，坚持下来的确实不是太多，哈达碑满族中学一直坚持在上满语课，在这方面，我个人能力尚可吧。除了学校系统开设满语课程外，我们还做些义务培训。我们义务开设满语班应该是从2013年夏天开始，每年寒暑假我们都开设满语社会班，这样免费的义务社会班大约办了十四五期。

**穆鋆臣**：授课教师就您自己吗？

**吕海龙**：我们有三个老师，我、李青萍老师和王珏老师共同上课。

**穆鋆臣**：从2013年一直坚持到现在，那确实需要情怀。

**吕海龙**：这期间我们必须要感谢县民委的支持，县民委帮助我们协调，提供上课场所。我们有一个岫岩满族历史语言文化研究中心，这个中心就挂靠在县民委下。

**穆鋆臣**：上课的学员有哪些人？他们通过什么方式获得的授课信息。

**吕海龙**：我们通过岫岩地区的闭路电视做些宣传。再者，现在自媒体也比较发达，通过QQ、微信朋友圈等方式，大家转发信息。每期班学员都在20人左右，最让我感动的是，去年有个70多岁的老奶奶每天都来坚持听课，我们开办的是短期满语培训班，每期7天，但不是一整天，每晚2个小时。这位老奶奶是抚顺人，嫁到岫岩，是满族人，对本民族的语言文化感兴趣。还有一些小孩子，家长陪着来的，作为满族人，既然有机会了解一下本民族的语言、文字，都很有热情。2017年初，我们通过微信平台，搞了一次满语口语培训，基本上晚上七点开始九点结束。我们班的社会满语培训班每期都有开班仪式和结业仪式，每个学员参加毕业考试，发结业证书。

**穆鋆臣**：您在教授满语过程中遇到些什么困难吗？

**吕海龙**：最大的问题还是师资问题，目前教授满语的教师都是兼职的，没有专职教师岗位；再一个就是教材问题，我们的教材到底算地方教材，还是校本教材？因为这门学科定性不是很明确，在人员调配不开时，因为没有被纳入课程体系中来，所以时常存在挤占满语课的现象，有些学校干脆把满语课移除课程表了。我个人认为，辽宁地区这几个满族自治县对满语课应该有个明确的说法。我们不能也不必要求大家都懂满语，但起码应该知道。这样，政府部门应该在顶层设计时就有所考虑，不然我们基层开展工作确实很难，有时就是凭借一口气在做事情，就得凭情怀去做，从2012年到现在，一晃六七年过去了，坚持吧，继续向前走！

## 二、岫岩满族自治县满族中学满语教学情况访谈

采访时间：2018 年 10 月 21 日
采访地点：岫岩满族自治县满族中学
采访目的：了解岫岩地区满语教学的基本情况
采访者：穆崟臣、詹俊峰、李洲
被采访者：王珏

被采访者简介：王珏（1987—），男，辽宁省鞍山市岫岩满族自治县满族中学满语教师、满族文化教研室主任、团委书记，岫岩县满族历史语言文化研究中心副主任讲师，在满语文一线教学方面取得了一定的成绩。2012 年师从张庆威老师学习满语，2012 年 5 月起开始在学校进行满语文试验授课。参加了东北师范大学举办的满语课堂大赛；辽宁省民委举办的满语文知识竞赛和满语诵读大赛；岫岩县满语教学观摩展示课、满语教学公开课、中小学师生满语知识竞赛、书法大赛等各项比赛；参与了岫岩县地方满语文教材、《新满汉大辞典（修订）》《岫岩索绰罗氏家训》《岫岩满族八旗官学教材整理》等多部书籍的编写、重修、录入、整理校对工作。组织并参与教学了岫岩县多个满语文社会公益班。曾荣获省级满语教学骨干教师、辽宁省特色校本课程一等奖、鞍山市新时代好老师等荣誉称号。

**课题组在岫岩满族自治县满族中学采访王珏老师（右）（2018 年 10 月 21 日）**

**穆鉴臣**：王老师好，感谢您接受我们课题组的采访。今天请您介绍一下岫岩地区满语教学的基本情况。

**王珏**：应该说，岫岩满族自治县开设满语课程还是比较早的，应该是第二批开设满语课程的自治县，如果从大的范围看，算是最早的一批，而且规模较大，全县铺开。整个过程我都参与其中，比较了解。具体时间应从2012年2月份算起，由张庆威老师倡导，当时开办了岫岩首届满语文教学师资培训班，当时原则上要求在政治、历史、英语学科中选45周岁以下的教师参加培训，每个学校均有教师来参加培训，大约百人参加了这次培训。培训时间比较短，一周多一点，我当时在金矿学校工作。2012年5月，我开始在金矿学校尝试把所学到的满语知识带进课堂，尝试着采用新的课堂模式，借用PPT、互动屏幕、电脑、各种音乐，等等，我们满语教学新课堂模式主要借鉴了英语、蒙古语的教学方式，然后一点点摸索改进、完善。在这个过程中，我、吕海龙老师、李青萍等几位老师和张庆威老师一起编写教材，地方教材《满族语言文字》，编写大概用了三四个月时间，然后就使用这本教材上课，在教学过程中，我们不断摸索教研方法。2012年9月，是一个新学期初，县里准备检视一下满语教学的效果，就开始搞了全县第一次满语教学观摩课。在观摩课之前，我们县教育局局长、宣传部部长、主管教育工作的副县长到我所在的金矿学校做了前期调研，听了我的满语课，觉得全县开设满语课的时机基本成熟，先进行一次满语课堂展示，主要还是观摩。因为当时的满语师资、学生满语水平参差不齐，我就把我当时的学生用客车接到一个多功能报告厅，给当时全县的满语教师上了一次公开课。观摩课上完之后，对授课模式进行了完善，就确立为全县满语教学模式，在全县全面铺开。县里经过充分论证，要求从2012年9月开始，全县中小学都开设满语，当时的年级是小学五六年级，初中七八年级，但教材使用的是同一本。在这个过程中，县教育局、教师进修学校等部门也始终保持着师资培训、业务培训、定期听课，通过这些形式监督、帮助各个学校把这门满语特色课完成。

**穆鉴臣**：通过您的介绍，我们了解了岫岩满语教学的缘起，确实开展得很早，面铺得很开。在这个过程中出现过什么问题吗？或者遇到哪些困难？

**王珏**：从2012年9月开始全面开课到2013年7月，整个学年结束之后，我们做了总结汇报，在总结的时候我们确实发现了好多问题。第一，满语教师业务水平问题。好多老师因为是兼职满语教师，满语、满族历史文化知识十分有限，业务这块问题比较突出。第二，挤占满语课时。因为中学有升学压力，课业负担比较重，主课挤占满语课程的现象时有发生。第三，教材问题。刚才我提到，小学、初中用的是一本教材，学生在小学五六年级时学过了，上了初中，重新学就没有多少兴趣。我们就利用一个暑假集中精力编写《满族语言文字》第二册，解决此问题。2013年12月左右交付出版。2013年末，岫岩满族自治县对全县铺开满语教学的政策做了调整。随之而来一些学校的满语课就逐渐停了，满语师资培训也不那么热衷了。

**穆鉴臣：**那满语教学肯定受到冲击了，你们采取了哪些措施？

**王珏：**问题不像你们想得那么严重，总的说来，县里还是比较重视满语教学的。接下来我们主要做了两件事：第一是成立了岫岩满族历史语言文化研究中心，挂靠在我们县民宗局下，每年有固定的经费支持，通过这个中心，来解决一些业务培训等问题。第二是设立"点校"。县教育局在征询我们的建议后，建立了满语教学"点校"，也就是通常所说的示范校，全县分成东南西北中五个片区，每个片区选出一所示范校，然后以这个"点校"带动这个小片区的七八所学校。通过这样的片区"示范校"的形式，起码还能保证在全县范围内正常开展满语教学。

**穆鉴臣：**这期间在满语业务水平提升方面有哪些做法？

**王珏：**这期间迎来一个比较好的机会，就是沈阳师范大学和辽宁省民委共同搞了全省满语人才培训班，三个月的脱产学习。我和教师进修学校、县旅游局三位同志参加了培训，这三个月的脱产学习，自身的业务水平有了巨大进步。学成归来，和县里相关领导汇报学习情况，谈谈学习体会，县里决定通过巡讲的方式进行交流，这样把满语传承的火苗再次燃烧起来。随着第二册满语教材的编订，这项事业逐渐开展起来，也从起初如火如荼的状态转到了稳步推进的状态。就像我们用了三个月编写了一本满语教材，在使用时发现错误很多，看来有些事情做得太急并不是一件好事，等沉下心来去做时就感觉好多了。再者，这段时间我们开始积极参加省内省外的一些活动，比如辽宁省搞了四届由各个满族自治县组队参加的满语知识竞赛、说读比赛等，每次我们岫岩县的成绩都是第一，这无疑会触动、激励、提振岫岩县满语教师的自信心。此外，我们还参加了由东北师范大学举办的东三省满语教师课堂大赛、笔会大赛等，我当时获得满语课堂大赛第一名。

**穆鉴臣：**您之前在金矿学校工作，调入满族中学后开展了哪些传播满语文化的工作？

**王珏：**我们县对满族文化传播这一块十分重视，比如有个大型的满韵旗风的文体节目，我们就帮上很多忙，需要我们中心做很多事情。在这个过程中，我在2014年末就调到岫岩县满族中学了。当时满族中学在满语教学方面一直做得不太好，县领导经常提及，作为全县唯一一所满族中学，师资力量这么好，为何满语教学一直搞不起来，后来经过多方协调，把我从金矿学校调到满族中学。调过来之后，我就负责初一、初二24个班，每周一节课，专职满语教师，不安排别的课程，我当时是全县为数不多的专职满语教师，担任满语文教研室主任。除了上课之外，我还负责整个校园满族文化建设，你们进入教学楼时看到的满族文化走廊等就是由我设计的。今年年初，我承接了一项任务，在原有教材的基础上，开发一本具有满族特色的教材，这本教材已经出版了。此外，开展一些具有满族民族特色的文体活动，比如珍珠球、太平鼓、满文书法、满族特色大课间等。我还是认为满族中学的学生还是要懂一些满语满文，起码会说几句，会写一点。

**穆鉴臣**：除了在学校开展满语教学，您还通过什么途径进行满语保护与传承工作呢？

**王珏**：就我个人来说，除了承担学校的满语教学之外，在岫岩县满语文化研究中心，我和吕海龙、李青萍等老师的分工不同，我是专门负责满语社会班的，主要集中在国庆假期、寒暑假，我们会开始7~15天不等的社会满语班，主要面对社会上对满语有兴趣的人。当然在报名时，我们会对学员做个政治审查。今年暑期开办第十一期满语社会班了，每期人数不是特别多，15~20人。年长者有八十多岁，最小的有六七岁，各行各业都有，退休的、大学生、公务员等，还有一些工作需要的学员，比如县里个别景点的导游需要说一些简单的满语。

**穆鉴臣**：在这个过程中，您有哪些体会呢？

**王珏**：应该讲，我是全程参与了岫岩县的满语教学、传承工作，是亲历者也是见证者。我刚接触这项工作的时候，年龄不大，二十几岁，但投身于满语保护、传承事业之后，可以说改变了我的爱好、生活习惯甚至是性格，也算是改变了我的人生轨迹。有时回头想想这五六年，觉得自己曾经非常不被人理解，包括自己的家人，觉得学这个东西没有实际作用。其间自己的想法也有变化，最开始接触满语时，那是工作需要，我当时任团委书记，做些政务工作，根本不会满语，等开始学了满语，就渐渐由工作需要转为兴趣、职业，从事满语教学、普及工作，也乐在其中。

**穆鉴臣**：王老师再问您一个问题，刚才您说您是专职满语教师，那评职称时会遇到一些问题吧？

**王珏**：满语教师没有单评系列。张庆威老师曾就此问题提过建议，但一直也没有答复。这可能就是现在辽宁省满族自治县满语教师面临的最大问题。这些老师只是学校的人员安排，没有专业技术岗位，也没有教育主管部门的认可，所以身份上比较尴尬。实际上可以参照计算机老师评聘职称的办法。我记得辽宁省从2003年在中小学开设计算机课，到2009年左右，计算机课的老师就纳入专业技术岗位，可以晋升职称，当时叫"特岗"，类似于单凭单列，所以吸引了大批人才，好多老师转入到这个学科。我们搞满语的境遇就比较困难，比如我参加省内外活动获得的奖项，在晋升职称时就不起任何作用，从事满语教学的老师都是热爱，靠的是情怀，有时也感到心酸。这是从教师角度讲的。从学生方面讲，也存在问题，其中最大问题是学无所用，从民族感情方面，学生还好，也有学习的热情，但家长比较反对，特别是初中，初中课业比较紧张，升学压力比较大，认为学习满语耽误时间。我们也曾考虑过这一问题，只是限于设想，当然把满语作为考试科目也不可能，但能否在少数民族自治地区考虑一下濒危少数民族语言中考、高考加分问题，当然这种加分有个考核过程。我听说辽宁大学开始招收满语文专业的本科生，这样能否在高考阶段有体现满语文特长的加分选项设计，这样就会产生一定的激励效果。总之，解决了满语教师职业前景问题和学生升学、就业问题，那地方开展满语教学、保护与传承工作就会顺畅很多，不然就会产生教的不愿意教，或者不能全身心地投入精力，学生、家长迫于升学压力不愿意学的局面，所以就形成了一碗死水的局面，我觉得什么时候变成一碗活水，这个事业才能变得兴旺，进入良性循环。但我们也知道，这是很困难的事情。

岫岩满族自治县隶属辽宁省鞍山市，位于辽东半岛的北部。东及东南与凤城市、东港市相连，西与大石桥市、盖州市毗邻，南与庄河市相接，北及西北与辽阳县、海城市接壤，是满族的重要聚居区，含有独特的满族民族风情和深厚的满族文化底蕴。岫岩满族历史语言文化研究中心在研究岫岩历史、整理岫岩满族家谱、编写满族文化乡土教材和民间满语培训等方面做了大量工作，取得了较好的成效。

**结语**

综括上文，通过对辽宁省六个满族自治县满语教学的调研，从整体上看，目前辽宁地区的满语学习、保护还面临着一系列的问题，需要予以解决。

第一，师资与编制问题。满语教学面临一个很现实且普遍的问题是师资严重短缺，亟待解决。目前辽宁地区开设满语课程的中小学，授课教师基本上是其他学科的兼职教师，没有满语专职教师岗位。如此便产生两个问题：一是满语授课教师负担重，首先要把本职学科教学搞好，再分出精力讲授满语，势必不能全身心倾注于满语教学；二是因为没有专职岗位，满语教师没有纳入职称评聘系统，教师的付出、获奖等在晋升职称时毫无作用，久而久之，满语教师就不免担忧职业前景，影响教学效果。

第二，教材标准化问题。教材目前多属试用，由授课教师或相关教学机构编写，以"校本"或乡土特色教材形式，在本校或本地区使用，且各地或学校所用教材体例和内容差别很大，缺乏统一的标准化教材。

第三，社会满语培训规范问题。辽宁地区社会举办的满语班规模较大，举办形式与时间比较灵活，对满语在全社会的推广发挥了巨大作用，但也存在一些问题，比如师资队伍的满语水平参差不齐、满语知识的讲授系统性不强、授课内容不规范甚至多有错讹之处，负面影响亦不可小觑。

第四，语言环境缺失问题。辽宁地区虽然是满族主要聚居区，但能讲满语的人寥若晨星。在课堂上学到的语言无法应用到日常生活中，无法用满语进行沟通和交流，长此以往，必将磨灭学习者对满语的重视程度和学习热情，也给满语学习造成了极大困难。

第五，升学衔接问题。辽宁地区开设满语文课程的中小学，旨在落实民族政策，凸显富有地方民族文化内涵的办学特色。由于中小学教育有较强的应试色彩，满语文成绩又不与学生升学衔接，导致各地开设满语课程并不划一，从小学三、四年级到初中一、二年级均有，课时安排从每周一两个课时到每月一两个课时不等，教师、教材情况各异，教学计划难以保证，时常被主课挤占时间。特别是中考和高考过程中，学习满语没有相应的激励政策，一些家长担心课堂上教授满语会影响孩子主科课程学习，增加学习负担，对孩子学习满语的态度并不太积极。

第六，经费问题。辽宁地区满语教学不同程度地存在经费不足的困境。新宾满族自治县唯一有满语授课的学校因为经费问题已于2006年进入停课状态。北镇满族高中满语授课需要从外地聘请学者，增加了经济负担。越来越突出的经费问题无疑会掣肘满语教习活动。

满语濒临消亡已成事实，抢救满语刻不容缓。在这种情况下，如何把抢救满语工作做好，兹提五点建议。

第一，培养满族文化专业人才，解决满语师资短缺问题。抢救满语、传承满族文化离不开一支专业的、稳定的传承群体。辽宁地区开设满语的中小学的满语教师基本上不是经过学历教育培养的，多为短期培训上岗的，尚需加大满语专业人才的培养力度，提高满语教师的专业素质。辽宁地区可以在有条件和基础的高校设立满语专业或满语方向，为满语教学、研究的可持续发展培养、储备师资和研究人才。同时，政府应该正视现实，实事求是，贯彻国家的民族文化政策，出台有力的政策，解决满语教师编制问题，如在职称晋升时，考虑增加一个满语文特色学科单评系列，为承担满语、满族文化课程教师的成长创造机遇，解决职业忧虑问题。

第二，组织专家编写通用教材。目前辽宁地区开设满语课程的学校使用的是自编校本教材，教材的体例、内容、难易程度、授课时数等方面均有较大差异，教学规范化程度不强，而且教材中都存在一些疏漏错讹之处。辽宁省有多位精通满语文的专家学者，建议有关部门组织协调，群策群力，编写一部全省通用的满语文统编教材，解决教材标准化问题。

第三，科学规划，在升学考试体系中体现满语文的指标设计。在当前的教育体制下，升学考试不考满语这门课程，满语成绩不像其他特长可作为升学的参考或加分选项，致使家长、学生甚至学校不能高度重视。建议政府有关部门，在深入调研的基础上，因势利导，"应制定科学稳妥的政策，采取积极有效的措施"，如在升学考试体系中有体现满语文的指标的顶层设计，解决满语教学的小学中学衔接问题和学习热情问题。

第四，成立保护满语文的专门机构，设立专项资金。国家和政府在保护濒危语言方面应发挥主导作用，如《岳麓宣言》所倡议，"鼓励各国政府、私人机构、非政府组织、学术界和其他相关者，为保护和促进土著语言及其他濒危语言提供资金资助和相关资源"，要有计划地投入经费，解决保护、传承濒危满语的经费问题。

第五，大力宣传《岳麓宣言》，增强全民文化自信与文化自觉。联合国教科文组织的《岳麓宣言》是保护和促进世界语言重要性的重要文件，应该大力宣传。建议以后的"国际本土语言年"活动中，在东北设立一个展区，宣传对濒危满语言的抢救、保护与传承。此活动可以由东北师范大学承办，在辽宁本溪满族自治县开展相关的活动，邀请联合国教科文组织官员和国内相关领导、专家学者参加观摩和指导。类似活动的开展会大大推动我国对濒危语言、非物质文化遗产的保护和可持续发展，同时对《岳麓宣言》又是一次很好的宣传，使其家喻户晓、深入人心。

# 吉林篇

一、调研的必要性和目的

满族起源于吉林省长白山地区，满族文化是中华文化的重要组成部分，满语文也是满族历史及清史研究必不可少的工具。吉林省保留着大量与满族相关的非物质文化遗产，如满族说部、满族家谱等满文资料、满族剪纸等文化艺术，这些文化的传承无疑需要满语为载体。据 2017 年统计，现如今吉林省居住着 80 余万满族人，除此以外还有在历史上使用过满语文的锡伯族等少数民族近 1 万人，主要集中在吉林市、九台市、公主岭市、梅河口市、珲春市、伊通县、梨树县、永吉县等 8 个市县及其所属的 14 个乡镇的上百个满族乡村。但由于迄今为止，吉林省地区尚无相关满语文等方面的整体调查，而现有的为数寥寥的调研资料或年代过早，或范围局限过小，只言片语，难以适应当今满语文文化保护、教育及研究的需要，甚至一些相关保护抢救建议，无的放矢且难以实践操作。因此，有必要对吉林省地区满语文存续、使用及教学情况进行一个全面的调研，进而针对性地提出保护抢救建议。

二、吉林地区的调研活动

东北师范大学率先在 1980 年为研究生开设满语文课程。目前，吉林省开设满语文课程的高校有东北师范大学、吉林师范大学、长春师范大学。课题组对上述大学进行调研。

目前,吉林省境内开展满语文教学的有5所中小学,即白山市第三中学、四平市伊通满族中心小学、吉林市乌拉街满族小学、四平市叶赫中心小学、珲春市杨泡满族乡小学校。为准确反映吉林省中小学校满语文教学现状,我们对上述5所学校进行了实地调研。

# 第十章

# 吉林省大学满语文教育现状及保护、抢救口述资料

目前，吉林省开设满语文课程的高校有东北师范大学、吉林师范大学、长春师范大学。课题组对上述大学进行了调研。

## 第一节 东北师范大学在抢救、传承、弘扬满语文方面的工作成就

自"文化大革命"结束后，东北师范大学便首先举起了抢救、传承和弘扬满语言文化的大旗。目前，东北师范大学先后有刘厚生老师和庄声老师负责教授满语文课程，初步形成了较为完备的教学体系，累积了一定的教学经验。为了了解其教学情况，课题组对曾负责满语教学的刘厚生老师及参加过庄声老师授课的四位研究生进行了专访。

### 一、东北师范大学明清史研究所进行满语文学习始末口述

**口述目的：**了解刘厚生老师在东北师范大学从事满语教学的经过及做出的贡献，并由其总结在满语文教学方面的教学经验。

**口述教师简介：**刘厚生（1941—），男，东北师范大学历史文化学院教授、博士生导师。曾于1961年在中央民族大学接受系统的满语文学习，主要从事清

代东北民族与疆域史、满族语言与文化领域的教学科研工作，退休前主管东北师范大学历史文化学院的满语文教学工作。

刘厚生老师

**刘厚生：** 1961 年，在周总理亲自批示下，中央民族学院开办了满文专业。我是其中的一名学员，学制 5 年。本应 1966 年毕业，因"文革"延至 1968 年夏才毕业分配。我在吉林市 29 中学任教。打倒"四人帮"以后，邓小平同志提出解决知识分子"用非所学""学非所用"的问题，要专业归队，我被中国人民大学清史研究所、南开大学历史系清史所列入了人才调入计划。正在这个时候，东北师大（当时称吉林师范大学）历史系由李洵、陈作荣、薛虹等专家组建明清史研究所，在王钟翰先生的推荐下，师大明清史所先将我调入该所，1980 年 9 月，我正式来长春报到了。

明清所的教授和老师们认为，要更深入地研究明清史，必须借助于清代留下的浩如烟海的满文档案，李洵先生说："不会满文的清史学者不是一流的学者。"因此，学习满语文是尤其重要的。于是，我承担起满语文的教学工作。首先，我着手编写教材，我用了半年时间，完成了一个初稿，包括语言、语法和文选三部分，初步形成了一本书，同时，收集了大量的满语资料，包括满文档案和辞书。

当时，日本人编的《满和辞典》在国内发行，我给学员每人买了一套。满语文课的准备工作就绪后，1981年9月份，明清史所招收了第一批硕士研究生，其中有赵毅、赵轶峰、冷东三位。李洵、薛虹、陈作荣、赵德贵、王德忠几位老师旁听了此课程，一时在校内外反响很大。省社科院历史所、吉林大学历史系、省档案馆几个单位联合要求为他们办满文班，于是在1982年，特为省内几个单位办了一期满文进修班，其中程妮娜、孟昭信、丛佩远、杨旸等十余位学者都参加了培训班，取得了良好的效果，受到学术界的普遍欢迎。

办满文班在国外也产生了反响，日本学者神田信夫、细谷良夫、松村润、河内良弘等纷纷来师大访问，而且索取我们编写的教材。

1980年正值改革开放伊始，东北师大远见卓识，在历史系开设了满语文课程，在全国高校中起了个好头，树立了一面旗帜。接着南开大学、中国人民大学、辽宁大学、黑龙江大学、吉林师范大学、长春师范大学也先后在历史系开设了满语文课，使用我编的教材和辞典。满语文的抢救、传承和应用在全国各地普遍开花了。20世纪八九十年代，满语文仅仅囿于几所高校，而且仅仅在研究生中开选修课，社会上广大中青年想学习满语文却没有条件。东北师大伴随东北民族民俗博物馆的建设，为了加强科研力量，于2008年成立了满语言文化研究中心，由我任主任，这个中心成立以后，集中力量是为社会的广大群众敞开大门，请他们来学习满语文，而且是义务教育不收一分钱。满语班在长春办得风生水起，如火如荼，每一期有六七十人，教室爆满。不仅在长春办班，而且在吉林市、松原市、长白市、伊通县等地也开办了满语文学习班，这个时期是个黄金时期，形成了高潮。后来由于种种原因，满语言研究中心由博物馆改为历史系接管，我也因到了退休的年龄，不再参与了。再后来这个中心逐渐销声匿迹了。

我认为，坚持满语文的推广和普及还要从娃娃抓起。2010年起，我与辽宁省本溪市的本溪满族自治县、桓仁满族自治县合作，首先培训教师，形成了一支满语文教学队伍，在当地小学生中普及满语言文化，他们编印的满语文校本教材，也列入正式教学课程。

就满语文教学方面的经验而言，东北师大满语文教学创造一条新路，形成了一套模式，如何在两年的时间使学生初步掌握满语文，这是一个很困难的任务。

首先，学员在开班之前满语文是零基础，社会上又没有可阅读的资料，只有靠教师灌输了。学好每一个字母的书写和读音是学好满语文的前提和基础。清代有一套学习字母的方法，即所谓的"十二字头"，这是一种字母的排列方式，加起来需要记住上千个字母，清代有音韵学而没有语言学，分类缺少科学性。而我们当代的学生，从小就受到西方语言学的教育，故学语言有一套科学的方法，我编写的教材就是要把西方现代语言学知识应用到满语言的教学中，这样学习起来容易接受，也可以在学习外语的过程中，做些对比研究，深化了满语教学。

其次，研究生学习满语文根本目的是翻译满文历史档案，阅读满文资料，为明清史的研究提供史料上的帮助，所以尽早地接触满文史料有助于学习满语文。明清史研究所决定研究生到北京中国第一历史档案馆进行实习，要用半年的时间，在那里听取馆内专家的学术讲座，接受馆内满文部专家在翻译档案上的指导。在实习期间又要走访北京的专家学者，例如曾集体拜访了戴逸先生、王钟翰先生等。同时，对北京的档案馆、图书馆、历史名胜古迹进行考察，配合教学收获很大。后来由于经费紧张去不了北京，于是就近到吉林省档案馆实习，李洵先生、薛虹先生都非常重视，并亲临现场指导。后来招收的博士生也曾集体去省档案馆考察，并建立起基地关系。

另外，我们还通过编写满汉辞典在科研中学习和锻炼。20世纪80年代编写的《简明满汉辞典》曾列入国家项目，于1988年3月出版，该词典以我为主编，以东北师大的研究生为编委，为了保证质量，我又请了两位原满文班的同学把关，同学们在编写辞书的过程中需要查阅许多资料，这样对熟悉满语文有很大的好处，大家在工作中很自然很容易地记住了许多单词和语法知识，满语文水平有了很大的提高，而且激发了对满语文的兴趣。吉林师范大学教授于鹏翔是我的学生，他学出了兴趣，特别是对满文的构词法从语言学和哲学的角度作了深入的探讨，最后出了一本专著《满文形体学研究》很有深度。于鹏翔教授在吉林师范大学历史系坚持对本科生和研究生进行满语文教学，由于成绩突出，教育部把满语文博士点授予了他们。他因病已经去世了，但他的事业仍在吉林师范大学延续至2005年1月，我们又出版了一本词典《汉满词典》（民族出版社），2009年5月我编写的教材使用20多年后由吉林文史出版社正式出版，名曰《满语文教程》，东北师大语文教材建设上是十分充分的。

刘厚生老师的满语文著作

至于为什么要保护满语文这一濒危的语言？我想，语言是不能脱离文化背景而存在的，满语文作为人们的交流工具已经失去了它的价值，没有必要让上千万的满族民众都要重操满语。但我希望不要使这濒危的语言文字失传，它承载着历史的记忆，展现着一个时代特有的文明。满语文还能存在多久，就像医生，面对病人他要用全力挽救，使其生命延续下去，这是一种责任、使命和期盼。我们今后要加强满学的研究。满族是一个历史悠久并在中国历史上作出了巨大贡献的少数民族，研究满学有着重要的历史意义和现实意义。现在，东北师大联合全国的学术力量成立的"满语言文化专委会"（下属"中国少数民族双语教学研究会"），就是要整合全国的力量共同推动满学的发展。要深入开展满语言文化的抢救、传承和利用，让满语言为现实社会服务，为学术研究服务，我们想做几件实事，其中要举全国之力编写一部领先于国际水平的权威性辞书——《新编满汉大辞海》，以此为契机，建设一个数据库，解决满语文人工智能翻译问题，这是一个浩大工程，我们有信心大力发展我国的满学，把中华民族传统文化中具有重大文化价值的"冷门""绝学"传承下来，提供历史借鉴和精神动力，为维护国家文化安全和中华民族伟大复兴做出应有的贡献。

刘厚生老师于1961年参加了中央民族学院（今中央民族大学）的满语文学习，后于1980年来到东北师范大学从事满语教学工作，通过国内第一本公开出版的满语文教材、编写满语字典及组织成立满语言文化研究中心推动了满语言抢救性保护工作。他认为，满语文的推广和普及要从娃娃抓起，要学会用好语言学、音韵学专业知识规范满语字母书写和语音拼读。历史专业的研究生学习满语的同时应该尽早地接触并译读满文史料。未来，他计划编写《新编满汉大辞海》、建设满语文数据库以进一步传承满语言这一"冷门绝学"。

## 二、学生访谈

**采访时间**：2019年4月10~13日

**采访地点**：东北师范大学历史文化学院研一教室

**采访目的**：了解东北师范大学历史文化学院满语课教学现状；了解有满语或阿尔泰语系学习基础学生和零基础学习满语学生在东北师范大学学习满语后掌握的程度；了解有深造打算学生的未来学习计划；请学生们根据自身经历提出满语教学方面的建议

**采访者**：任润元、卢仕豪、张秋阳、赵静文、赵婧伊

**被采访者**：包乌日尼文、陈红斌、李思莹、乌伊汗

**被采访者简介**：包乌日尼文：蒙古族，东北师范大学2018级明清史方向硕

士研究生。

**陈红斌**：东北师范大学历史文化学院2017级东北区域史方向硕士研究生。

**李思莹**：东北师范大学历史文化学院2016级硕士研究生，在读期间曾多次参加满文文献研究的国际交流活动。

**乌伊汗**：蒙古族，2016级旅游管理专业硕士研究生。

**包乌日尼文**：我学习满语是想从事清史方面的研究。我的本科内蒙古大学在我们大三下学期的时候就开设有满语课程。我在本科学了一年，然后研究生学了不到一年多，到现在为止现在快两年了。

在授课方面，本科我们有满蒙翻译，然后就直接对译，翻译得比较快。在研究生阶段，秋季学期有个初级班从最基础的字母开始教，还教语法。春季学期是史料翻译高级班，老师提前把材料给我们，让我们提前翻译，老师在课上让我们读，最后老师再进行改正。我本科那里的研究生满蒙翻译一节课能读十多页。到了研究生之后就是满汉翻译，比较难。我现在就主要学习怎么进行规整的翻译。我觉得现在的教育教学方式就挺好的，自己做，然后老师改正。

作为蒙古族学生，满语的学习与以前的蒙语学习还有些不同：我们当初学蒙古语的时候是先学口语，然后再学字母、语法。学满语不太一样，没学口语，口语也用得少。我们就是学完基础的字母和语法之后就开始翻档案了，口语这方面就很欠缺。

就满语的掌握程度而言，我现在主要看的是《黑图档》和《满洲实录》，还有《三姓档》这些档案，应该能看懂它的大致意思。作为蒙古族学生，满语中有一些词汇是蒙古语的，然后语法比较相似，都能直接对译理解起来，我不会出现那种错误的理解。但是我还没尝试过用满语交流。

在学习过程中，我也遇到了一些困难。第一是单词记不住，但有些单词就是有很多注释，然后每次都要查，有六七个注释。用蒙古语翻译的话直接就能对应，然后用汉语翻译的话就是不知道对应哪个了。有些单词还是容易忘，就是经常能见到，看着它眼熟，但是不知道它的注释。第二是档案翻译的时候公文格式的问题，老师的建议是让我们多翻看档案，我现在翻看满汉合璧的档案，就是学翻译的。

我关于满语学习的建议是加强口语的培养。我认为口语培养起来非常难，需要一段很长的时间。我们现在就是速成学习，如果你培养口语的话，你学的档案翻译就会落后，来不及了。我很支持满语文资料库的建设，应该多采访会满语的老人，然后记录他们的口语供以后的人学习。在满族历史文化保护上，首先要保护好文字。满语就是保护满族文化非常重要的一个环节，我希望能加大推进满语文的教学的力度，对社会上也推广满语学习，创造便利他们学习的满语文资料库平台。

**陈红斌**：我进入研究生以来选择的是东北区域史，我发现自己对清朝的历史尤为感兴趣，而在清朝的东北地区有很多史料是以满文书写的。我之前也没接触过满文，所以要系统学习满文，加强我对东北地区清代历史的研究。

我从研究生一年级到现在学习了一年多不到两年的时间。刚开始基础课学的是满语文语法，后来上的是满语文献阅读课。大概频率都是一周一次。具体教学方式是老师刚开始会从字母教起，元音辅音等。后来就学一些简单的词汇，再到句子，到下半学期就开始进行简单的满语文献阅读了。

我刚开始是零基础接触的满语，跟老师上课，从字母、词汇、句子再到文献。我发现它的语法同汉语有很大的不同，有它的独特之处。在研一时，我在学习满语的同时还报了日语班，发现日语的语法和满语有很大的相似。我通过二者之间比较进行学习，巩固了我对满语语法的掌握。

经过一年多的学习，到现在我已经能掌握一些简单的词汇，也能阅读一些简单的满语文献。但是一些复杂的历史档案还需要同学和老师的帮助才能阅读。除了语法的问题，我还遇到过一些难的词汇，还有一些文书是手写的，比较模糊而且容易混淆。我以后还会加强阅读，巩固基础，提高自己的阅读水平。

在满语学习过程中，我的导师也叮嘱我注意课下学习。他和我们说，因为每周只有一次满语课，在课堂上学到的内容可能有限，所以希望我们在课下也能阅读一些感兴趣的满语文献。再和其他同学进行交流，满语水平才能得到提高。我自己还认为应该尤其加强同学之间学习心得的交流，这样有利于取长补短，提高同学们的兴趣和满语水平。

除了在课堂上接触满语之外，我也找过一些以满语为歌词的满语歌曲，但以满语作为语言的影视资料比较少。我听过歌手宋熙东唱的几首不错的满语歌，对提升我学满语的兴趣有帮助。虽然我暂时没有读博的打算，但是我对于满族文化还是比较感兴趣的，毕业以后也会继续学习满语。学习满语对我研究清朝的历史文化有很大的帮助。并且我通过学习满语对于许多满族的文化也有了更深刻的认识，比如现在的一些地名都是满语音译过来的。

我觉得，我们一周只有一节满语课，比较少，应该增加课时。除此之外还应该增加一些其他的学习方式，比如同学们之间的合作学习，课下对于影像、音乐资料进行交流，也是很好的学习方式。在建立满族文化音像资料库方面，我觉得应该从当代人的兴趣出发，比如对满族特色民族服饰、饮食文化进行收录，这对于提高人们对满族文化的兴趣很有帮助。另外，可以收录一些同学们课下用满语的交流、平时生活中对满语的使用等。

我觉得现在满族文化的遗产需要得到进一步的保护。除此之外，满族人也应该担负起传承满族文化的责任。当然作为汉族人,我们也要帮助他们,去宣传和弘扬满族文化。还应该对宣传满族文化有贡献的人进行奖励,推动他们更好地发扬满族文化。

**李思莹:**作为清史研究方向的研究生,满语是学习清史尤其是研究八旗制度必不可少的媒介,所以学满语对我而言很重要。正逢我来的那年开设了满语课,我便有幸能学到满语。我是从研一开始学的,每一学期都上课,学了三年满语,都是书面语。基本的语法都掌握了,词汇量大概在 3 000 个吧。以一篇文章为例,大概 100 个词可能有十几个不认识吧。

我们虽然就一个老师,但满语课程是多样化的。基础班就是教具体的字母、发音、词汇、语法。一般基础课在秋季学期开设,然后基础课上的学生就自动转入春季的中级班。在中级班之后,平时每隔两周,我们会有一次高级班,高级班是读文献,是比中级班要难得多,都是草书。中级班的文献一般都是正规的写法,但是高级班文献比较潦草。中级班读的是《太祖武皇帝实录》和《黑图档》的简单文章。高级班读的是《三姓档》,它是从日本复制过来的。

我们的教学方式在上过基础班之后,都是以讲读为主。就是老师先布置选课的人,每个人负责读一篇文章,然后一个学期每个人发言一次。学生发言的时候,对每一个词都要对译,全文要翻译。因为是历史专业出身,老师特别强调注释这一点。在初学的时候,词汇我都不认识。我就找各种词典,电子词典和网络载体。老师也给了不少资料,所以慢慢地词汇量也增大了。现在网上也有一些免费的视频都可以找到。

我也曾参加过一些与台湾地区及日本学者的交流。我感觉,与他们交流的时候,蒙古族的同学比较擅长满语。因为满文词汇中有 30% 是蒙文词汇,蒙语语法与满文语法也相似。他们跟我们的方法也差不多,都是讲读形式。没有刻意地记单词,主要以读史料为主,无形之中提高词汇量。我们很多同学都学日语,日语和满语语法上很相似,我们也不输给他们。

我未来初步计划去美国留学,但会继续从事满族历史的研究。我硕士是利用《黑图档》研究清朝内务府机构、内务府下所属庄头之类。硕士论文资料还是挺少的,我打算读博时,收集更多的资料。去中国第一历史档案馆查阅更多的资料,继续深化。

在满语文教育方面,我有很多想法。我们课一个学期只读两种文献,满文很多写法都不一样,还有很多像我们所说的通假之类的字。我觉得不仅在课堂上读那两种文献,课下还要增加阅读文献的种类。建立满族文化音像资料库也很有必要。我们毕竟学的是书面语,但是老一辈的满族人其实还是有原始的语言,我们应该多采用口述的方法,然后去多多收集他们口语的发音。因为时间一长,原始满语发音就会消失。文献中的写法与实际发音并不一致。

另外，我觉得不仅是在大学开设满语课程，也可以在社会上开设通俗满语课程。在我入学的那一年，有一些博士学姐，她们面向长春市开设满语课程，课程免费。我觉得这样很好，因为学校开设的满语文课程，是用于满语文研究的。但是对于满族人或者喜欢满语的人来说，他们更喜欢通俗的满语课程形式。在这方面，韩国反而比我们做得要好。他们只要涉及满族电视剧，都会用满语发音。这可能与韩国比较注重影视质量、满语研究比较发达有关。韩国古代燕行使们也学满语，留下了一些资料，然后他们就用韩文的音来标满语。去年有两位韩国研究人员到咱们学校开会，他们从事编纂满语辞典的工作，花了大概十年的时间才完成，他们对于这个词汇的编纂下了很大的功夫。

乌伊汗：我学习满语有两个原因。首先，导师是搞这方面研究工作的。其次，我有蒙古语的基础，多学一门语言对我的学习来说很有帮助。到现在为止，我学了两年半（五个学期）的满语。历史学院的满语是分初级和高级，初级是学满语基础，高级就是做翻译工作。我现在是高级水平，可以转写，读和写都没问题。

目前，学院只有庄声老师教满语，一周一次，一般都安排在周一的第一二节。以前是有两节课，一个是初级，一个是高级。春季学期没有初级班了，只有高级班，是在星期三的第一二节，也是每周一次。

在满语学习方面，我平时主要是上课，然后就是做老师的课题，转写、翻译之类的。因为有蒙语基础，就算我们没有学过满语也能读出来。满文本来就是基于蒙古文的，对我们来说很简单。但困难之处是会受到蒙古语的影响。因为有些满语跟蒙古语，形状是一样的，但是字义不一样。有的字义一样，但是形状不一样，然后有的读音不一样。因为我是旅游管理专业的，所以在教学上我更喜欢学习一些平时用语，比如说打招呼之类的那种涉及表达的内容。对于历史系的人来说，是喜欢翻译史料，查找人物、地名。老师则会希望我们多解读一些手写体的档案，然后让我们多写多读。

对现在的满语课程，我觉得需要改进的首先是基础，基础要打好。因为不像我们蒙古族，汉族是初次接触这种竖写体，对他们来说像图一样，不是很清晰。所以得先打好基础。其次现在学习对书写比较轻视，所以必须得读写结合起来。现在大家都是对印刷体掌握得比较好，但是面对手写体时，就会认不出来。就满语的规则而言，文字和语法必须得明显地写出来。然后现在没有人用满语，感觉也得推广，让更多的人接触到满语。此外，我觉得只有自己的民族重视起来别人才会重视，要让满族人自己重视自己的语言，因为语言是传承文化的最主要的工具。

通过对以上几位同学的访谈，可以看到目前东北师范大学历史文化学院的研究生满语教学设有教授字母、语法的初级班和翻译满文文献的高级班。由于开设研究生课程的目的主要是翻译满文档案，因此满语教学相对欠缺口语方面的重点培训，但教师也积极引导学生通过各种课外资源弥补授课方面的不足。在掌握情况上，由于蒙古族懂得的蒙古语与满语有一定相通性，因此蒙古族学生学习进度相对较快，掌握程度也比零基础的学生更深一些。经过认真学习，零基础的学生可以通过一年的学习达到阅读简单满语文献的程度，而经过更长时间的学习，则可达到有效利用满文档案从事研究的程度。同学们普遍认为加强对满族文化保护工作的重视程度、加强口语和语音数据库的建设、规范书写、开设面向社会的满语文培训是加强满语文教育的工作重点。

## 第二节　吉林师范大学满语文教学专访

吉林师范大学对满语教育工作投入了巨大精力。目前，该校已形成了本、硕、博一体化满语教育的历程，是吉林省非常重要的满语传承基地。学校根据满语的民族特色，将满语言的学习置于历史文化学院课程开发的体系中。自2012年起，学校每隔一年设立一个满语小班，人数为15人或16人，同时学习历史通史知识和满语的相关知识。

课题组于2017年11月22~23日对学院的四位相关教师进行了专访。

**采访时间**：2017年11月22日

**采访地点**：吉林师范大学

**采访目的**：了解吉林师范大学负责满语文教学教师的从教经历；请吉林师范大学的老师介绍吉林师范大学历史文化学院满语文相关课程开课情况及学生未来发展规划；请几位老师谈谈教学中遇到的问题

**采访者**：费驰、张沛然、吴涛涛、韩笑

**被采访者**：孙明、吴忠良、聂有财、姜小莉

**被采访者简介**：孙明，吉林师范大学历史文化学院副教授，硕士生导师，主要从事满族史、清史、满族语言方向的教学与研究工作。

吴忠良，吉林师范大学历史文化学院教授，主要从事清史方向的教学与研究工作。

聂有财，吉林师范大学历史文化学院副教授，主要从事满族语言文字教学研究工作。

姜小莉，吉林师范大学历史文化学院副教授，主要从事满族萨满教方面的研究及满语文教学工作。

**孙明**：我是从2002年开始跟于老师、刘老师学满语的，跟于老师学了一年半，教材是刘老师的《满语文教程》，后因没有博士点和专门学习的满语小班，就没有深入研究满语。2012年博士点下来之后，又去新疆学习半年，回到吉林师范大学后，学校开设满语班，教《满语口语》和《基础满语》，这是我整个学习满语的过程和经历。

我的教学实践2012年是第一届，2013年开始上课，设计有专门的满语培养方案。对于今后满语文在大学课堂教学的建议，我觉得首先从生源上讲，对满语的认识上，学生应有所提高。因为我们学校对满族文化比较认可，申报满语班比较积极，在具体教学中，学生听课存在的不足，可能是刚入门很容易，到后来的学习中有困难。我想在今后的满语教学中思考怎样使学生将满语更深入地或者作为一个工具更好地利用起来。

**吴忠良**：我是2007年考上的博士，那时还没有满语课，因为导师会满语，研究清史，所以跟着学。我是他第一个博士，2007年开始有满语学习会，两周一次，一次一个半小时。我2008年开始学满语，学习满文方法是直接学字母读档案，第一周学字母，第二周读档案《噶尔丹与康熙往来文书》，里面掺杂蒙古文，字体潦草。那篇档案翻译3周也没有翻译出来。一直学到2013年毕业。2014年在吉林师范大学开始给2012级本科生开设满语小班，2014级也上。现在给2015级满语方向上课。因为学的是满文档案翻译，我们学校划分老师教满语，一开始是聂有财、孙明老师教满语，姜小莉教高级满语。轮到我时学生已有一定的满语基础，我就教授档案翻译。学生如果不提前预习，很难跟上学习的进度。去年课程从考试变为考查，让学生学习压力更大。语法我没有姜小莉、聂有财、孙明老师讲得好。现在讲课稍有吃力，因为不会语法，但能大量翻译出来。

目前最大的感触是，现在讲满语的人太少了，学不了口语，没有语言环境；再者是用满语写文章，没人能看懂，我们能做的就是将满文阅读翻译出来。关于满语教育方面，2012年第一届满语小班是从历史学和民族学班各抽出八个人组成，据说是拼凑出来的，当时我还没有入职。后来我在2014年为学生做动员演讲，有50人报名，学院只招收15人，按照高考成绩从高到低录取。但是后期出现学生不想上满语课的状况，学院在考虑满语小班退出机制，即一个月的试学，一个月后真正感兴趣的学生继续学习，不感兴趣的学生可退出。目前还未实施，主要是想培养出真正想学满语的学生，兴趣和能力并行。自满语设班以来，每一届基本会有一个学生不想学或者学习成果不明显，因为小班学习，老师能照顾到每一位学生。简言之学生的学习水平、学习进度老师都能掌握，有些学生因学习满语也会带动其他学科的学习。现在2014级的满语班有15名学生，其中13名准备考硕士研究生，满语水平都不错。目前有3名学生想留校继续深造，其余学生打算报考吉林大学、东北师范大学、中央民族大学、中国人民大学等学校，其中报考东北师范大学的学生最多。由于专业的选择，真正继续学习满语的学生很少。

对于历史研究而言，清史、满族史研究比较热门，目前有大量满文档案需要翻译，满族的历史需要我们去研究，所以我们会继续举办满语班。我们在讲授满语文课程时，会读满文档案。读满文档案不仅是翻译的问题，还会发现问题进而解决问题，最后提高学习能力。

吴忠良老师接受课题组采访（2017年11月22日）

**聂有财**：我第一次接触满语是在2004年。那时刚入职，于鹏翔老师出版了一些书，书中满文字母是我用电脑一点一点画的。所以我最开始接触这些东西都是于老师画，我模仿画，之前没学过。《满文形体学》《满语词法学》《满语语言学》《满语句法学》四本书画下来，对满语了解了一些。后来系统学习满语是2006年读硕士的时候，跟于老师学习字母，也仅限于这些。后期我用满语的原因是教学，另外就是写博士论文，需要翻阅满文档案，在翻阅档案的时候又继续跟吴元丰老师、楠木贤道老师学满语。现在学习满文就是翻阅档案时，知道大体含义，却不能交流。

学校之所以开设满语课程，就是想让学生翻译满文档案。关于满语教学，从

第一届小班开课时，教学生字母，是学生满语学习的启蒙老师。现在的教学分两个部分，一部分是学生选修课，历史学开设一个学期课程，之后就没有开设，另外一部分是民族学一直在开设课程，但民族学是考察课，学生不喜欢。期中考试前学生出勤率很高，期中考试以后可能是面临期末大考，学生出勤率就低，即使来上课学生也多半在复习其他科目，每年都是这种情况。选修课的学习内容就是满文字母，学生听课效果不好。关于满语小班，这两届选课的学生情况还不错。我赞成退出机制，一定要选出感兴趣、有能力学好满语的学生。

**姜小莉：** 从2013年开始，我们每隔一年有一届满语小班。2015年有一个历史（满语）专业，这是正规的，在招生目录里的，就是面向高中生招收。本来计划隔一年招一次，今年取消了。满语小班基本是15人、16人，历史（满语）29人，一年满语小班，一年历史（满语），满语专业以后可能不让招生了，是在历史学下面分出来单独招生，属于历史学。但是培养方案不同，两大通史都学，另外加上满语、满族文化的内容。今年开始省里不允许这样招生，继续沿用以往办法，在历史学、民族学下面单独选兴趣班，实行独立培养方案。招生时，设兴趣班归于学校管辖。之前坚持将满语放在历史学下面，民族学生源不好，历史学满语学生生源更好些，第一年招生时，家长与学生对这个专业不太认同。

我们学生从2012级开始，本科阶段会学习三年满语文，不是短期培训，是一套系统的学习，语音、语法以及满文档案，学生可以借助工具书翻译满文档案和阅读满文小说。至于就业方面，学校没办法继续设计。对于学生来说，满语作为一种知识，可以激发他们的学习兴趣和便于人生的规划。这些学生一旦从事与满语相关的工作，他们的满语水平就能进一步提高。我们在做满语传承，比较正规。培养满语本硕博人才，这方面贡献还是有的。本科生是大班教学，经过满语小班教学后，让学生了解如何做研究，带动学生其他方面的学习。

**费驰：** 学生就业情况怎样？

**姜小莉：** 目前我们有一届毕业的学生，毕业的学生以历史学入学或者以民族学入学的回到历史学或者民族学就业。有专门从事满语的，有考研的，民族学专业考研的在面试的时候可能有些优势，但是公务员考试由于招聘条件中并没有满语这一要求，不管是笔试还是面试满语并没有突出优势，面试时不问满文相关档案，问的是新闻之类的知识，应把满语学习程度归于招聘条件之下，我们希望尽可能地培养出更高质量的满语人才，同时也希望国家给这些学生提供对口的岗位，比如本科毕业生，虽有满语文基础，可是工作岗位上不一定能用到。只要是从事和满语文相关工作的这些学生，满语文能力是不错的，所以我们希望培养的满语文人才能够真正学以致用，真正从事满语文教学或者满语文研究，希望这类学生能有对口工作。

姜小莉老师讲授满语课

吉林师范大学的本科满语教育是从 2012 年开始进行的，同时设有民族学或历史学方向的满语选修课和满语小班，满语小班有着独特的课程培养体系，系统地学习、语音、语法以及满文档案，并且便于教师掌握学生的情况。在培养中，也面临着专业方向学生兴趣和学习积极性不足、专业对口性弱等问题。

## 第三节  长春师范大学满语文教学访谈

长春师范大学在 2008 年即设有满族文化研究所，通过开设满语学习班、开展满语文科研交流、服务地方经济建设的方式发挥着抢救保护满语文的作用。该校自 2015 年设有满语专业，从规范满语读音、书写满语字母、翻译满语档案、学习清史知识等多方面入手培养了一定的人才。

课题组刘厚生教授对长春师范大学几位师生进行了线上采访。

### 一、孙诗尧老师

采访时间：2020 年 12 月 20 日
采访目的：了解孙诗尧老师的满语文教学从教经历，并请其给出教学建议
采访者：刘厚生

**被采访者**：孙诗尧

**被采访者简介**：孙诗尧，女，满族，1986年1月生，吉林省长春市九台区沐石河镇人。2005年考入新疆伊犁师范大学人文学院中国少数民族（锡伯）语言文学专业，学习锡伯语（满语）语法、锡伯族文学史等专业课程，2009年获文学学士。2010年考入贵州民族大学文学院中国少数民族语言文学专业，研究方向为民族文学（西南少数民族文学），2013年获文学硕士。2013年考入中央民族大学少数民族语言文学系中国少数民族语言文学专业，研究方向为少数民族文学，2016年获文学博士。在导师钟进文教授指导下完成的博士论文《锡伯族当代母语诗歌研究》，实际上是对当代锡伯文（发展了的满文）原创诗歌的收集、整理和研究。2018年4月就职于长春师范大学历史文化学院满族文化研究所，从事满族语言文化研究，先后获立国家社会科学基金青年项目"满语文学研究"、吉林省民族事务委员课题"吉林省满语文保护与传承研究"、长春师范大学科研项目"满语文教材变迁史研究"。

**刘厚生**：先介绍一下关于你教授满语文的经历。

**孙诗尧**：好的，2018年4月至今，我曾主讲长春师范大学历史文化学院中国少数民族语言文学（满语）专业主干课程，包括满语语音、满语词法、满语句法、满语精读、满语翻译与文献整理（选修）。

**刘厚生**：经过两年的教学，能说说你对满语文教学的建议吗？

**孙诗尧**：那我从满语文人才培养和专业教学两方面谈谈我的体会。

首先，建立完备的高校满语文人才培养体系。

高校人才培养需要建立健全培养机制，形成科学的、有效的培养模式与完备的培养体系，而这对于本身就偏"冷门"的满语文方向人才培养来说很难，加之地方高校整体人才培养各方面条件都有限，要建立科学、规范、稳健的满语文人才培养模式非常难。这里我想提出两点，一是培养目标要明确，二是要注重实习（实践）。这是一个"做什么"和"做得怎么样"的问题。"做什么"，即培养目标明确。比如中国少数民族语言文学专业（满语），从学科上来看，作为中国语言文学下属二级学科，注重语言文学内容体系构建。如果着重培养满语文翻译，我们可以走"语言（满汉双语）体系构建"路线；如果注重培养文学素养，我们可以走"中华多民族文学史观构建"路线。无论哪一种路线，或者二者兼顾，相应的课程设置、师资配备都与之相适应。比如历史学专业（满族历史与文化），这属于历史学科，我们的目标就是培养具有史学功底的满语文翻译人才或清史、满族史研究人才。总之，学科定位明晰，培养目标明确，这会给到刚进入大学校门的学生们一个清晰的专业学习规划。"做得怎么样"，是对专业学习的检验，不能流于形式。不管是专业实习还是教学实践，都是人才培养重要一环。

其次，基于明确的培养目标，满语文专业教学需要足够的课时安排与完整、合适的教学材料。

实际上，这是"怎么做"的问题。在规范的教学中，从语音、语法、阅读到翻译，专业主干课程需要有充足的课时，并且贯穿于每个授课学期。比如语法，词法、句法至少要开设一个学年，而且学生是要在阅读、翻译中反复研习；而阅读和翻译互为一体，也需要课时保证。在教学材料上，当前高校满语文教学中我们缺乏适用教材和与之相适应的教学词典。希望有关部门鼓励、支持青年教师编撰（译）满语文教材、满语文简明工具书。

作为满语文教学、科研工作者，我应继续加强学习，不断提高专业水平，才不辜负师长殷切希望与奖掖之情。

刘厚生、孙诗尧与2017级满语专业学生合影（2019年秋）

## 二、张戍老师

**采访时间**：2020年12月20日
**采访目的**：请张戍老师谈谈学满语的心得体会
**采访者**：刘厚生
**被采访者**：张戍

**被采访者简介**：张戍，女，长春师范大学图书馆副研究馆员，从事图书馆学研究，曾跟随刘厚生老师在长春师范大学学习满语。

**刘厚生**：谈一谈你学满语的心得体会吧。

**张戍**：我接触满语已经有五六年了，谈一点感受吧。

我学满语的起因其实很偶然。彼时，馆里领导跟我说东北师大的博导刘厚生教授在给我们学校历史专业的学生上满语课，问我有没有兴趣去听听课。大家都知道：学习语言是要下一番功夫的，要想学好更是要花费很多时间的。我记得当时已经开学好几周了，怕跟不上进度，就抱着试试看的态度拿着本子和笔去听课了。刘老师的课讲得非常好，不仅通俗易懂，且生动有趣。尽管前面落下了两次课，可这次课程的内容我全部听懂了，我就想：满语好像也不太难，真的可以试着学一学。课间书写练习时我发现，我写的满文字挺好看，至少比我写的汉字好看多了。这一下子提高了我学满语的兴趣，也加强了我和刘老师学习满语的决心。大家都知道，在学习一途，兴趣是最好的引路人。不论学什么，如果没有兴趣，不是发自内心的想学，就是花费再多的时间也不会有好的成果。我就是因为有了学满语的兴趣，进而增加了学习信心才开始学习满语的。因此，培养兴趣是学习满语的必要前提。

再者，学习的方法要巧妙。满文是拼音文字，和蒙文长得差不多，不认识的根本看不出个所以然。它的罗马转写就是一个一个的拉丁字母，每个字母在词汇中的不同位置都对应着不同的书写形式，每个音节、每个词对应哪几个字母？罗马字转写是什么样的？一个词在这个语法结构中是如何写又是如何读的？这句话的书面语和口语又有哪些不同？……这些都必须学懂弄通，不能一知半解。所以学习满语，要把发音和书写、语音和语法结合着学，书面语和口语比较着学，不要全部死记硬背。

其实学习一门语言并不是一件容易的事儿，我们大多数人在学生时代都有过学习外语的经历，对这一点都深有体会，学习满语也一样。但学习满语的不容易还有一个：满语是濒危语言。我跟刘老师学满语后知道了这点，学满语就又多了一个抢救民族语言，传承民族文化的工作，也看到了老师这么多年在满语文抢救，民族语言民族文化传承方面所做出的努力和贡献，更是感受到了老师的任劳任怨、持之以恒的那种精神。

这么多年，很庆幸的是我没有把学习满语彻底丢下，尽管有时懈怠，但我会一直坚持学习，不期待有啥大的成就，只希望在抢救濒危民族语言、传承民族文化方面略尽绵薄之力。

张戍老师（右）与王惟娇老师合影（2019 年 8 月）

## 三、葛晓妍

**采访时间**：2020 年 12 月 20 日

**采访目的**：请葛晓妍同学谈谈她在长春师范大学学习满语的原因、感受及未来展望

**采访者**：刘厚生、张戍

**被采访者**：葛晓妍

**被采访者简介**：葛晓妍，长春师范大学 2017 级少数民族语言文学专业满语文方向本科生。

**刘厚生**：你为什么会选择学习满语？

**葛晓妍**：我与满族文化之缘，是在父辈们耳濡目染的影响下产生的。我的母亲是满族，从小她就给我讲满族的神话故事，带我参加颁金节，在我心底播下了一颗想要好好了解满族文化的种子。到了大学，便选择了长春师范大学的满语专业。

**刘厚生**：这四年的满语学习你有什么感受吗？

**葛晓妍**：王安石曾说："宝剑锋从磨砺出，梅花香自苦寒来。"我知道，学好一门语言，短短的几年时间是远远不够的。从基础的字母读音到独立朗读并熟练转写、知晓满族满语的历史、进行满文档案阅读和翻译，都离不开良师们的教诲。在学校和老师们的培养下，我参加全国首届"翰墨杯"满文书法大赛，获得一等奖并有幸成为格吐肯老师的学生。在练习满文书法的过程中，我又更加深刻地理解了满语的有趣之处：由上而下，由左而右，直行书写，字形优美秀丽，满文的创造，有其文化、地理环境的影响。

在学习的路上我也有益友相伴，21位同学来自天南海北，因为学习满语成了一家人。在大一刚开始的时候，大家不了解满语，心里难免有紧张和不安。经过老师们耐心的讲解和引导，我们没有气馁，同学间相互鼓励和帮助，分享自己的学习经验和窍门。现在的我们，有自信学好满语。在大三的满语课上，我们能做到有默契地一个人接着一个人大声朗读和翻译文献，并且定期写读书笔记，对自己的生活和学习作总结和反思。

**刘厚生**：对于满语学习，你有什么展望吗？

**葛晓妍**：虽然大学的生活已经接近尾声，但我一直在学习满语的路上，永远做虚心的请教者、满族文化的探索者。

**刘厚生老师与葛晓妍同学合影（2019年7月）**

# 第十一章

# 吉林省区域图书馆、档案馆满文资料存储及抢救工作概述

吉林市档案馆在老一辈工作者努力下,档案资料保存完整,满文档案多达两千多件,查阅资料比较方便。由于吉林市的龙潭是呼伦四部的乌拉部所在地,因此课题组选择前往吉林市档案馆、龙潭区档案馆调研满文档案情况。①

此外,课题组还走访了吉林市图书馆。该馆建馆于1909年,藏书二十万册。满文有二十一种一万多页,善本有十万册。②

在调研过程中,课题组对吉林市图书馆刘乐、吉林市档案馆张页若、龙潭区档案馆于化冰等同志进行了专访,就满语言文献的收藏、利用情况、工作人员满语文水平情况、满语人才的需求情况进行了深入了解。

## 第一节 吉林市龙潭区档案馆满文文献收藏及满语培训规划

采访时间:2017年11月3日
采访地点:吉林市龙潭区档案馆
采访目的:了解吉林市龙潭区档案馆满文文献收藏情况;了解龙潭区档案馆

①② 课题组调研结果。

的满族文化宣传活动及从业人员满语培训规划情况

**采访者**：刘厚生、费驰、孟二壮、张沛然、吴涛涛、韩笑

**被采访者**：于化冰

**被采访者简介**：于化冰，女，吉林市龙潭区档案馆馆长。

吉林市龙潭区档案馆馆长于化冰（右）接受课题组采访（2017年11月3日）

龙潭区博物馆馆藏满文档案（2017年11月3日摄于吉林市龙潭区博物馆）

**于化冰**：龙潭区档案馆建馆比较晚，所以馆藏满语原件几乎没有，但有从其他档案馆借阅、复制的满文档案及数字化满文档案。此外我们展览馆里也有许多满文档案。由于呼伦四部的乌拉部所在地在吉林市，所以对乌拉部历史文化的研究中也接触到了满语。我们档案馆出版了一本《打牲乌拉三百年》，为搜集资料

去各大档案馆查询,在查询过程中发现了很多满文档案。满汉合璧的档案还能看懂,但早期纯满文档案却看不懂。去年在长春举办满语培训班时,我就建议我们档案馆、博物馆年轻人都去学习满语言。之所以让他们去学满语文,是有两方面原因。一是满语文对于历史档案的研究非常必要。二是工作的需要。博物馆讲解员在讲解龙潭历史过程当中,离不开满语。我发现参观的群众对最后教的几句满语非常喜欢,而且还在现场学习。另外龙潭档案馆虽然没有原件,却有许多电子版档案。档案中有诸多满语,我们无法看懂。我和区长商量,想在档案馆招生考试时附加会满语的条件,为档案馆引进一批满语人才。

另外,要成立乌拉文化研究会。呼伦四部的乌拉坐落在龙潭区,现在乌拉街正在进行文物国宝的抢修,修缮工作基本结束。下一步还要继续开发,那么对乌拉文化的需求是亟待的。在这种情况下,我们区委常委会讨论准备由我们发起成立乌拉文化研究会,在省里注册。这样需要得到各位专家、学者支持。乌拉文化的研究,离不开满语。如果乌拉文化研究会将来成立之后,希望大家能够共同去研究这段历史,深入挖掘满语言中乌拉文化的历史和一些成果。

## 第二节　吉林市档案馆满文档案收藏情况访谈

**采访时间**:2017 年 11 月 3 日

**采访地点**:吉林市龙潭区档案馆

**采访目的**:了解吉林市档案馆的满文档案收藏情况

**采访者**:刘厚生、费驰、孟二壮、张沛然、吴涛涛、韩笑

**被采访者**:张页若

**被采访者简介**:张页若,吉林市档案馆编研处工作人员,负责吉林市档案馆历史档案的整理审核工作。

**费驰**:请谈谈吉林市档案馆的历史情况。

**张页若**:我在吉林市档案部门工作 30 年,从 1986~2016 年,我先后在两个处室工作,第一个是管理处,管理处管理所有的档案,后在编研处工作。在这 18 年间,吉林市档案馆历史档案排列、全宗上号、数字化整理,我是负责审核,我们全局人员都参与工作。

我简单谈谈东北档案的来龙去脉,东北档案在新中国成立后被保存在东北档案馆,其地点在沈阳。但是"文化大革命"时期,东北档案馆就开始解体。东北档案馆解体之后,各个省、市单位便去沈阳把档案领回。吉林市下辖有磐石市、

桦甸市、舒兰市、永吉县、蛟河市。桦甸市、舒兰市、永吉县有历史档案,磐石市和蛟河市却没有历史档案,档案不知下落。而永吉县也没有历史档案,吉林县最早的建制是永吉州,永吉州的档案是最多的。但是档案被领回后,永吉县档案馆管理人员由于不懂如何管理,又把大部分档案带到吉林市了,因此永吉县也没有历史档案。当时吉林市档案馆却能严实地保持原生态,吉林市历史档案在保存过程中进行编目。按卷、文件集、目录检索,这些工作都已完成。但我们从来没打开,那个历史卷叫奏折卷。档案被归为一卷。满族是中华民族的一个分支,满族文化如果断层就无法延续。吉林市档案馆有满文老档,我当时到编研处申请课题,要把馆藏涉及的所有满文原件扫描,扫描后按精装奏折式出几十套函,档案原件则被保存起来。这样对学者和档案来说都有好处。

讲到满语文,档案馆需要识读满文的人才,至少三人。此外我还建议出版满文的书籍,应是纯满文,这样便于专家学者去研究。现在满文档案有空白,急需学者解读。保存档案的终极目的是利用档案,学者可以运用档案去研究,学者研究出的成果才能为社会服务。

吉林省最早的档案是光绪年间,吉林市档案馆的历史档案有三个特点,第一时间久远,雍正三年的满文档案就一件。第二档案数量最多,六万七千多件,满文档案两千一百一十五件。第三价值珍贵,还有五轴皇帝诏命,这都属于档案保护的普集。

我主持了满文档案文件集检索工具,因不认识满文,就只写满文档案,也没有整理,只是最初的统计。

这些年有一些来利用满文档案的。满文档案的利用是两种情况。第一种到档案馆来,却不知道所查阅的满文档案在哪卷,档案馆无法提供。第二种是可以查看档案原件扫描件,也可以使用数据库。满文档案有损坏的,主要是因为折叠、时间久远。有几类档案不能恢复:虫蛀档案、破损严重档案、炭灰档案、因潮湿而损坏的档案砖。

针对满文档案,我有以下建议:第一,数量要准确把握;第二,保存状态,如实记载;第三,要培养识读满文档案的人才。

## 第三节　吉林市图书馆馆藏满文图书调研

采访时间:2017 年 11 月 3 日

采访地点:吉林市图书馆

**采访目的**：了解吉林市图书馆的满文资料收藏及相关人才需求情况
**采访者**：刘厚生、费驰、张沛然、孟二壮、张沛然、吴涛涛、韩笑
**被采访者**：刘乐
**被采访者简介**：刘乐，女，吉林市图书馆馆员。

**费驰**：请介绍一下市图书馆的情况。

**刘乐**：吉林市图书馆始建于1909年，2003年完成扩建搬迁并正式开放，建筑面积1.53万平方米，藏书180余万册，现藏古籍线装书共计12万册。古籍藏量在省内公共图书馆处于前列。我馆满文古籍藏量不多，大概有21种，1万多页。我们请专家到馆鉴定过，确定是满文古籍。我在2009年因工作需要，曾将7种满文古籍带去北京故宫博物院做再造善本，现在这批再造满文古籍存放在吉林市满族博物馆用来展出。我们馆满文主要是满汉对照的字书较多，其中最早的是《御制翻译四书》，书是清高宗弘历敕纂的，一共六卷，是清乾隆二十年宝明堂刻本，六册，四百一十八页。我觉得有特色的是影印本《西厢记》，原本不在我馆，全书为满文，没有汉文翻译。我馆还有《伊尔根觉罗氏家谱》，它是满族其中一个姓氏的族谱，目前正在开发利用。

此外，我们还有满文拓片，比如之前看的《牛庄门额》是元刻石清拓本，还有《金太祖大破辽军息立马石》和《金摩崖碑》，这两部是金刻石并拓本，还有《元史语解》《金史语解》《辽史语解》，这三部书前面都有满文。

我馆正在逐步开展古籍数字化工作，去年我们做了一些善本古籍，今年计划开始做满文古籍。

我现在参加工作二十二年了，我刚到图书馆工作时，古籍书库是不让非管库工作人员进入的，都是两个专门管古籍书库的老师，拿着两把钥匙，两个人一起开锁进入书库工作。以前的古籍不开发也不利用，只是放在书库里保存，读者就不能阅览和研究利用。一直到搬到新馆后，我被调到古籍部，才有机会接触到古籍，那个时候也没有全面开放，只是按时通风、上药，不让翻看。我在2009年成为本部门主任后，为了落实国家保护计划，经馆里研究成立了古籍工作小组，我馆古籍才开始被重视，陆续开展了整理、修复、鉴定、研究开发和利用等工作。

为了便于整理，我在任部室主任期间，学习了满语，随培训班学了差不多半年。我把馆藏满族文献做成书目卡片，整理后与吉林省少数民族研究所合作出版了《吉林省少数民族古籍总目提要·满族卷》，书里有我们的书目卡片。这些资料还没上网。如有需要到图书馆查阅满文资料可以到我们部门，除了我刚才说的古籍不对外，特藏部的古籍善本在数字化后都可以在网上看到，等到全部数字化后，出于文献保护就不让看原书了。

另外，吉林市图书馆还有一些历史档案可以阅览，如果有课题参考需要，把课题鉴定表原件或复印件带来，我们根据研究方向，如果确实需要一些书，无论是古籍还是老档，都可以帮忙查阅。

除实物资料外，我们的满族博物馆还有音像资料，包括康熙来祭奠尚小白山的过程，有一段音像资料，如果想真正参观，还实地表演。当时包括我们是去北京琉璃厂找老师傅制作的。它门厅的大柱子，院中间大柱子，都是仿造故宫制作，一年保养费就不是小数目。

**费驰：** 馆内需要满语文人才吗？

**刘乐：** 图书馆现在需要人才，如今年招聘三人，两个研究生和一个本科生。本科生也是作为主持人被招聘的。他们都是通过人事局系统招聘，笔试与面试都是人事局组织。

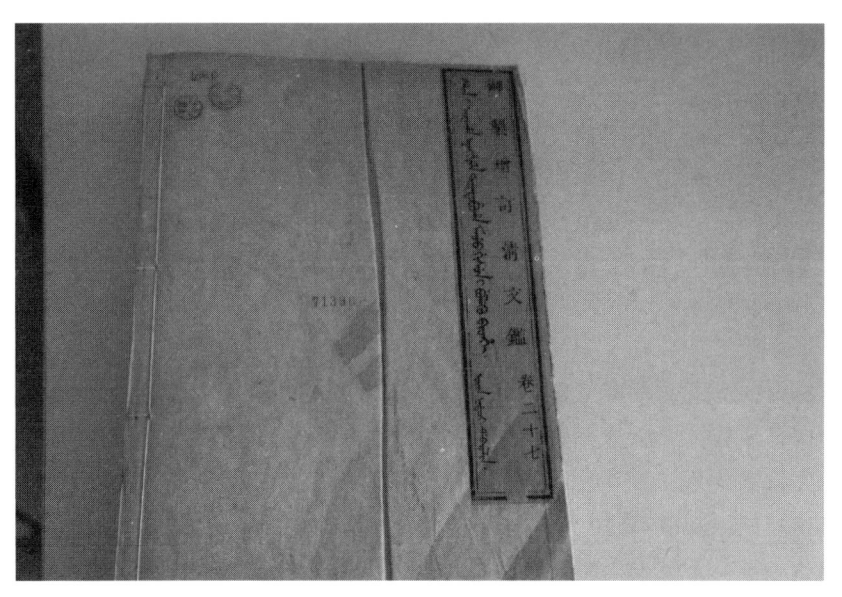

**吉林市图书馆馆藏满文档案（2017 年 11 月 3 日摄于吉林市图书馆）**

吉林市图书馆收藏有二十一种一万多页满文文献，最早可追溯至清代乾隆朝出版的《御制翻译四书》。目前该馆正在进行满文文献数字化工作。为了增加馆存、更有效利用这些图书，该馆需要增加资金投入和满文人才引进。

# 第十二章

# 吉林省中小学满语文传承现状及保护、抢救综述

## 第一节 吉林市乌拉街镇中心小学满语文教学座谈

吉林市的满语文教育工作主要在乌拉街镇中心小学开展，乌拉街镇中心小学所在地区是满族镇，满族文化在当地具有区域、地域优势，而且学校有一半以上的学生来自满族。

**采访时间**：2017 年 10 月 23 日

**采访地点**：吉林市乌拉街镇中心校

**采访目的**：了解吉林市乌拉街镇中心校满语文教学基本情况及困境，并请授课教师提出改进意见

**采访者**：刘厚生、费驰、吴涛涛、韩笑、张沛然

**被采访者**：刘力菲、胡彦春

**被采访者简介**：刘力菲，吉林市乌拉街镇中心校校长。

胡彦春，吉林市乌拉街镇中心校教师。

**刘力菲**：我们学校是 2012 年开设的满语文教育课程的。我那时在想当地是满族镇，满族文化在当地有地域优势，开设满语文课程比较适合，于是我向时任校长提议开设了满语文课程。除了满语文课程外，我们还会有满族音乐教学活

动，如唱满族歌曲，跳满族舞蹈。体育活动像珍珠球、赛威呼、大课间、花棍操等。我们学校满族活动运作很好，但宣传力度不够。

就正规小学满语文教育而言，我认为教材应当经过审定，再统一推广、出版。我们现在只是有讲义、文稿、自己编写的教材，学校内部可以使用，但不能推广。学校目前师资比较薄弱，我们的教师有编制，但了解满族文化、能教授满语文课程的教师数量少，只有胡彦春老师在研究满语文，没有合适的教师教授满语文课程，还不具备单独招聘满语文教师的条件。目前当地有关部门对满语文教育重视程度不够。若只靠我们学校自己研究满语文教育，收效甚微。

如果是满族小学或满族中学的话，国家会有倾向性的政策。我们这里满族人口应该有一半以上，符合办满族小学的条件。可是现在我们学校还不是满族学校。去年开人大代表会议时，作为人大代表，我就此提出建议，目前还未有消息。

**费驰**：刘校长，你们可以这样写报告，第一部分写你们学校满语文基本状况，第二部分写你们遇到的困难，第三部分写你们的建议。

**刘厚生**：你们可以向教育厅反映。满语工作得从两方面做起。一方面上级教育部门重视满语工作，另一方面学校得向上级教育部门反映当前满语文教育状况。

**胡彦春**：我是2008年被调到学校的。最开始从事乌拉街文化校本教研，并编写了六本教材。在讲授四年后，本着想拓宽满语言的想法，我便跟随老师学习满语，之后就开始教授满语文课程。我现在教学生满语字母、读音，最多能讲到十二字头。我一直希望有老师能开设满语班以便进一步学习语法。

**胡彦春老师讲授满语课**

此外我希望向上级教育部门反映，能在课堂深层次讲授满语文翻译，看一些满语文档案给学生讲授以激发他们的学习兴趣。关于满语文教育方面的建议，我认为乡村基础满语文教育只以一人之力恐怕不行，应让更多有志于从事满语文教育的人才来从事满语文教育。我希望通过培训的方式充实师资力量。

目前，乌拉街镇中心小学在满族文化传承方面有唱满族歌曲、跳满族舞蹈、举行满族特色体育活动等方式，同时也面临着难以通过招聘手段招收满语专业教师、缺乏专业教材、授课深度不够等问题。

## 第二节　四平市地区满语文传承情况调研

### 一、伊通镇满族中心小学教学规划与教学现状访谈

伊通镇满族中心小学是伊通县的第一个正规的满语教学基地校，于2010年开始进行满语教育。学校现有学生1 933名，其中1 256名为满族学生，占比大约56%。①

**采访时间**：2017年12月15日、2018年4月9日

**采访地点**：伊通镇满族中心小学

**采访目的**：了解伊通镇满族中心小学的满语文教学规划、教学现状、对外交流情况、存在的问题及诉求

**采访者**：刘厚生、费驰、张军、张沛然

**被采访者**：卢占军、郑挥南

**被采访者简介**：卢占军，伊通镇满族中心小学校长。

郑挥南，伊通满族中心小学教师。

**费驰**：请谈一下贵校学习满语的情况。

**卢占军**：我所在的这所学校原名伊通镇第一小学，1990年改为伊通镇满族中心小学校。学校现有教职工146人，40个教学班，1 933名学生。其中满族学生1 256名，大约占56%。

在满语师资这一方面，我们全县从2010年开始由东北师范大学进行教师培训。到2011年时，县政府招聘了多位教师。我校实际上只招聘了郑挥南老师。她最初是农业畜牧学专业，后来在东北师范大学学了两年满语。

---

① 调查组调研结果。

在教材方面,我们先由东北师范大学从 2011 年开始配备教材,这个教材编订得比较简单。后来为了学校能够开设满语课,便分为国家、地方和校本三级课程。校本课程就是根据学校的办学特色,进行校本教材的开发。我们确定的目标就是把满语教学纳入校本教材。这样我们从 2013 年开始着手自己做了一些调整。我们现在这套教材是 2015 年毕县长来了之后,要求学校把教材重新编写后确定的。

在教学上,我们二年级学习拼音,三年级先对满族的一些历史和文化作介绍,包括一些课间游戏,让学生对它产生兴趣。从四年级开始进行教学,学习简单的单词、拼读,五年级学习简单的对话,六年级能阅读一些简单的小短文,以上就是我们的课程设置。但在实际操作中,这些年也未能达到预定目标。原因也有很多,诸如课时受限制之类。

除了正常授课以外,还有一些课间游戏,包括一些文体方面的活动都是围绕民族文化传承、民族团结进步教育这方面的开展。所以我们印刷了一些宣传手册,包括校本教材。像今天看到的那些作品,这都是让学生简单了解。深层次作品由于受时间的限制,我们也无法挖掘。

因为我们学校在县城中开展的一些活动反响不错、教学质量还比较高。故我们学校排名仅次于实验小学。现在学校招生没有问题,每年招生 300 人左右,我们学区当中适龄儿童有 150 人,剩下一百多人来自农村,这些农村孩子非常期盼到我们学校来就读,一是教学质量高,二是校风好。

由于学校在文化传承中做了一些工作,所以在 2014 年吉林省举办的双百民族团结进步活动中我们被评为先进单位;2015 年被吉林省评为先进单位;2016 年被国家评为示范单位。

**费驰**:满语学习对外交流吗?

**卢占军**:每学期隔一段时间,会有一些社团、领导到学校来考察。有的是校级联谊,原先是七所学校联谊,吉林省有白山市第三中学、杨泡满族乡小学校,辽宁省有新宾满族自治县永陵小学、本溪满族自治县满族小学、岫岩满族自治县金矿学校、沈阳市沈北新区蒲河满族学校、岫岩满族自治县满族中学。现在沈北新区蒲河满族学校校长被调到锡伯族学校,上周到我们学校访问了两天,就锡伯族和满族手工制作以及文化进行了交流并建立了校际联系。吉林省原先只有白山市第三中学以及伊通镇满族中心小学两所学校,后来叶赫满族中心小学、满族初级中学、杨泡满族乡小学校加入进来。现在我们和黑龙江中小学也有联系,但是他们没有加入这个团体。后来河北民族师范学院也加入进来。校联谊活动是每年由一至两所学校开展满族教育展示活动,一是课堂教学展示,二是学校文化展示,同时还有一些特长的展示。

民族文化的传承除了满语教学以外,还有其他的一些项目。校级之间的交流比较频繁，最近一段时间我们又到珲春考察，领导和10位教师到白山市第三中学学习。因为2018年是我们县庆30周年，学校会展示大型团体操，而河北民族师范学院在舞蹈、体育上都有一些传统项目，所以下段时间会去河北民族师范学院学习。而满族初级中学准备推出花瓣舞活动，这些都由河北民族师范学院舞蹈学院编排制作，学习回来后再训练学生。此外，我们每年都参加颁金节和东北师范大学推行的笔会活动。

**费驰**：有什么问题和诉求吗？

**卢占军**：第一是存在经费问题。民委、教育厅的民教处非常重视满语言教育工作，每年都给学校拨一些专项经费，前年拨款10万元，其中5万元是培训费，剩余5万元是活动费。只有在这些经费的支持下，才会便于满语教育工作的开展。

第二是过去学校满语教育工作中有部分不正规。赵志忠教授考察时向我推荐了专家，他说满语教育组织应该由专家引领，满语传承必须得标准化。现在学校教材还有问题，就单词和字母来说，进修学校编写了一套，之后进修学校建议教材再完善，使学生通过语言环境来认识字母和单词。

第三是师资问题。前段时间我提出想再引进一位高素质的教师，因为活动比较多，没有一位高素质教师是无法应付的。

我们也很关注学生未来的满语文学习发展。现在一部分学生到实验中学就读，一部分到初级中学就读，初级中学现在开设满语课程，而实验中学不开设满语课，这些学生的满语学习生涯就到此为止了。学生如果对满语感兴趣，上大学后还继续学习满语，将来才会从事满族历史的研究。现在的一些大专院校应该有这方面的师资力量。此外各个部门如民族宗教局、文化局都缺满语人才。

**费驰**：再次采访您很荣幸，贵校在弘扬满族文化方面有什么新举措？

**卢占军**：我们学校开展满语文教学比较早。除了培养学生特长外，我们也希望借此机会打造民族品牌学校。

我们学校从2010年开办满语文教学活动，最初是在江源举办满语文教学活动，后期是由东北师范大学满语言文化研究中心对全县部分教师进行满语文培训。

此外，我们还会组织各类传承满族文化的活动，如剪纸、讲满族故事、满族体育活动等。赵全主任是我们县唯一懂满文的教师，伊通县牌匾、满文翻译都由他负责，他对伊通民族文化传承起着很大的作用。这使现在一些单位、商铺都会写满文牌匾，在伊通县已形成学习满文的氛围。现在我们在儿童节、颁金节等节日都会有满族的活动。通过举办活动，我们又联系到一些相关的学校，联合组织校级联谊活动。河北民族师范学院在中央民族大学的扶持下决定打造民族品牌、培训一批教师后，对联校进行了走访，被我们学校的满语文教学活动所惊讶。4

月初,青龙区来了四所学校走访。县第一幼儿园、伊通镇第四小学、伊通镇第五小学、满族初中学校等校长、教师为了打造民族学校,也来我们学校借鉴经验。

学校出于文化角度的考虑设计了布展和活动。我们学校教学楼二楼是满族文化的介绍,三楼是现代体育和满族体育。此外还设有特长小组组织制作手工作品以丰富校园文化生活。我们县在5月份要开展满语教学课堂展示活动,6月份会在省民委指导下,开展千言剪纸活动,是将《弟子规》翻译为满文,让学生在单位时间内完成剪纸活动。去年是全市民族学校推行风采展示活动。满族幼儿园的活动举办得不错,小孩子穿满族服装,唱满族童谣。初级中学是举办大型团体操花瓣舞。我们还准备在伊通满族自治县成立三周年即8月30日时,开展融合民族传承的大型团体操活动。

目前,全县满族学校在去年由10所变为18所。现在伊通县有25所小学从五年级开始开设满语课。专业教师都经过培训,但缺乏上级分配的教师。这些教师编制是统编,是按照班头分配编制,不是满语教师编制,没有专职配备满语教师。由于编制不是满语教师编制,也没有相应的考核组,所以将来教师如何评职称仍存在一定问题。校本教材也暂时没有推广到其他学校,他们仍在用东北师范大学提供的教材,后期使用进修学校写的教材,农村学校满语文课仍是从五年级开始上课。目前仅我们自己使用校本教材,其他学校教材不统一。

**费驰**:对今后的发展有些什么打算吗?

**卢占军**:对于满语文教学,我的建议首先是解决师资。虽然长春师范大学成立满语研究所有20名学生,但这也不能满足社会上对满语教师的需求。现在的满语教学培训,最初是在江源举办,后由东北师范大学培训满语教师。像永陵满族小学的满语教学是通过东北师范大学推广而来,2010年开始培训满语教师。2011年他参加我们县满语培训班,派来五位教师、五位永陵墓的解说员、五位赫图阿拉城的解说员。经过培训后,他们会简单的满语。去年暑假我又派了5名教师去白山三中学习满语,一是有经费的支持,二是想让教师能够在课堂上对学生有潜移默化的影响。就教师编制来讲,满语教师没有编制。各个学校都需要满语教师,今年教师招聘200多人,特岗教师招聘50人,也没有设立满语教师岗位。现在农村教师匮乏,各个部门都缺乏人才,就希望能够多培养师资,解决教师匮乏的问题。我们仅有两位教师在上满语课,一人一个年级。如果像英语有双语教学,这样也会对学生将来的发展有益。

其次是关注学生的未来。尽管有对满语感兴趣的学生,但由于师资力量薄弱,同时缺乏语言环境,对学生未来发展不利。学生升学去中学上课,虽然有些学校将满语课当成是选修课,但初级中学并不完全开设满语课,大多数学生去的实验中学就没开设。我们县里满族幼儿园、满族小学、满族初级中学、满族高级中学不可能都开设满语课程。有的学生学习满语生涯就此中断，个别学生才可能通过其他途径。要去解决这个问题我想我们需要政策的引导。

**费驰**：您是如何走上满语教师这个岗位的？

**郑挥南**：我是满族人，家住新家满族乡。从小上学就能看到学校旁边有满文牌匾，当时大家都说满语文消失了，我心想满文牌匾还存在，满语文就没有消失。2009年我从吉林农业科技学院食品工程专业本科毕业，在县里组织下，我去东北师范大学学习满语，打下了我学满语的基础，我也达到了可独立理解语法书的程度。学完满语后，正逢县里招收满语文教育的教师，我回来应聘至伊通满族小学工作。后来，为了工作需要，我又进一步接受了满语文培训。我一直在坚持学满语，经常有老师到我们学校讲满语，校长就会安排我们跟这些老师学习。2010年县里开设满语文课程，黑龙江、辽宁等有自治县的满族学校领导、教师到这里与我们相互交流。他们也开设满语文课程，我们就认识了一些教满语的老师给我们做满语文培训工作，我们全县有25所小学，每所学校会安排部分教师进行满语文培训，被培训的教师回到原来学校后，就开设满语文课程。

我发现我最开始学习的语文书写、发音与我后来培训学到的满语有一定差别。后来的培训没有讲教学方法，而且是集中授课，不区分学员对象，而我最初学满语时是一对一的教学。我认为，满语培训需要规范，由正规机构的专业满语教师培训，并亟须颁发国家承认的正规学员证书。

在工作后，我自己琢磨了满语文教学方案，经多年教学形成了自己独特的满语文教学风格，即主要将民族文化与满语文知识相结合。

**伊通镇满族中心小学满语教学**

通过课题组对伊通镇满族中心小学校长和满语教师的访谈,可以看到该校以民族文化传承、民族团结进步教育为中心开展了满语文教学,组织了满族特色文体活动,培训了满语教师,并积极开展了校际交流活动。同时该校也面临着满语专业师资不足、缺乏中学阶段衔接满语教育等问题。

## 二、伊通满族高级中学满语教学现状访谈

伊通满族高级中学是一所于1951年建校的民族中学,学生约2 610人,老师人数在170左右。① 学校积极地培养了一批满语教师,共七人,参加过多次由东北师范大学组织的满语培训,并计划在近期正式开设满语课程。

**采访时间**:2018年4月9日

**采访地点**:伊通满族高级中学

**采访目的**:了解伊通高级中学满族文化宣传和满语文教学现状

**采访者**:刘厚生、费驰

**被采访者**:王会明

**被采访者简介**:王明会,伊通满族高级中学校长。

**费驰**:王校长,满族中学也在学习满语吗?

**王明会**:我们学校于1951年建校,2005年悬挂了满族中学的牌子,2016年学校被评为全省多样化试点校,占地面积八万七千多平方米,学生大约2 610人,老师人数在170人左右。在民族工作方面,我们高中以前做得不是特别好。专家在评估时提到,作为民族中学我们的民族特色不是特别明显,我们是满族高中,在文化传承上必须要做到,所以在满文上要下功夫。以前我们学校里面各处连一个满文都没有,我们就下决心改变这一现状。最近几年,我们出去学习、考察,借助兄弟学校的帮助也做了一些民族工作。比如文字上,后期在校报、校歌以及学校的一些图标上我们都运用了满族文字。

学校的校园文化方面,我们考虑到满族在民族团结上做了很大的贡献,所以一楼我们主要做的是民族团结这一主题。二楼主要介绍的是满族的饮食、起居方面。因为我们和沈阳的满族高中也联系过,所以班级的布置也很有特色。班级是按照八旗分开的,每个班级的八旗都会介绍自己旗下的理念。包括我们的五楼,在《康熙庭训》当中提炼了四个字"勤慎精敏",给老师和学生在工作、学习上一个参照。

校园外部,我们有一个小亭子,在里面有一些满族的绘画。最大的手笔是去

---

① 课题组调研结果。

年我们建立满族民俗陈列室，筹备历时两年多，民俗用品大部分都来源于学生的捐献，其他一些贵重的是学校出资从一些博物馆和个人手中收集而来。整个陈列室的布局分为七个部分，和博物馆的形式差不多。

在学术文化传承上，学生成立了一个讲解社团，参加过全县民族馆组织的省级培训。

我们的七位满语教师分别来自不同的学科，对民族传承感兴趣，所以都积极参加县里的学习培训活动。最近三年来的培训他们都参加了，但外出脱产学习的经历还没有，而且还达不到教、写满语的程度，只是停留在初级阶段，所以现在上满语课还不行。将来如果有长时间学习机会的话，这些老师还准备深入地学习。现在他们学完之后，在学校艺术节举办时已经有一部分学生能唱满语歌曲了。但是高度和深度现在还达不到，正在尝试向前推进，将来一定在文字上下功夫，这是我们学校的想法。但唯一不足是县里面没有满语老师的编制、人才奇缺，我们没有专职的满语教师，无法开设满语文课程。

现在是小学开展得非常好，但是到高中这里就脱轨了，如何与大学接轨就是个问题。我们还是要加快满语教师培训工作的步伐。要加强七位教师的培训，让他们能够讲课。考文科的学生，可以鼓励他们去学习满语，有满语基础之后在大学可以继续深造，这样比较有优势。如果现在有满语的政策，比如用加试少数民族语言文字等方式录取，那么对我们开设满语课程可能有吸引力。否则高中生学习满语也用不到，就不研究了。现在小学、初中都开设满语课，到高中我们也不想脱轨，我们学校也非常想开设满语课，但我们需要政策支持。如果招生上真有政策支持，那我们之后就直接成立满语班。我们既然是民族中学，重点工作是民族文化的传承。我们学校除了教学生满语之外，我们历史组还在研究校本教材中编写满族知识读本，在校园文化上也增加了很多满族元素，成立了民俗陈列室、民族社团，这是我们当前能做到的工作。我们想进行师资储备，有机会就让这些老师去培训。

通过在伊通满族高级中学的走访，可以看到该校培训了较多的满语师资，但暂时未达到可授课的水平。另外，该校也希望能有配套的大学招生政策能承接学习满语的学生、提升满语课程的吸引力。

### 三、叶赫满族镇中心小学

叶赫满族镇地处四平市东南 30 公里的铁东区境内，是吉林省重点民俗旅游区。叶赫满族中心小学为了让学生接触满族文化，故提倡满语文的学习，自 2012 年开始，学校开设满语课程，截至 2018 年课题组调研时已达七年之久，有过满语学习经历的学生已达一千三百余人，学校在满语文教学的过程中积累了大量的经验，也扩宽了学生接触满族文化的渠道。①

**采访时间**：2018 年 8 月 29 日

**采访地点**：四平市叶赫满族中心小学

**采访目的**：了解叶赫满族中心小学满语教学开展情况及需求

**采访者**：费驰、刘厚生

**被采访者**：李旭平、费申、魏明浩

**被采访者简介**：李旭平，叶赫满族中心小学校长。

费申，叶赫满族中心小学教师，2012 年起在该校从事满语教学工作。

魏明浩，叶赫满族中心小学教师，2015 年起在该校从事满语教学工作。

**费驰**：请简单谈谈学校在学习满语文方面的情况。

**李旭平**：叶赫是满族的重要发祥地，满族文化是一种濒临灭绝的文化，我认为抢救这种非物质文化，是我们教育工作者义不容辞的责任。就我个人来说，浓厚的爱国情怀也推动着我这样做。学校在政府的关爱支持下，派遣两名教师到江源学习满语，就这样我们学校的满语课程才得以开设。起初学校没有教师，我就咨询了黑龙江三家子村，又找到我自己一位在黑龙江省委工作的亲戚帮忙联系教师。后来当时局长告知在白山江源有学习基地，于是便和江源取得了联系，经开会决定派遣费申和王金玲老师前去学习。当时还未毕业的魏明浩老师，也利用寒暑假时间自费学习满语。师资在这样的情况下诞生了。这两位教师学成后，学校就开设满文 12 字头和满语五句话课程，又通过江源满语言基地考核。2012 年的5 月份研究完成后，到 2012 年的下半年，满语便走入了学校的课堂。当时我们采用的是以下这种模式：星期一、星期二、星期三是先学满文，星期四、星期五、星期六是学满语，每周就一节课。一节课的原因，一是师资力量不足，二是满语学习难度大。

**费驰**：有什么具体要求吗？

**李旭平**：我们现在想通过东北师范大学介绍可靠的培训机构为教师培训满语。希望专家对教师培训严格把关，让学校在国际交流时，能准确地读音，保证完美地传承满语。

政府十分重视满语文的传承工作。在经济和人员编制紧张的情况下，去年通过公开招聘的方式使魏明浩成为学校的满语老师。学校原先有两位满语教师，现在又增加一名。其中有位王金玲老师，原来是在扶持春小，但是今年春小的农民纷纷外出，这个学校几乎没有学生了，所以这学期我们把王老师抽调了回来。王

---

① 课题组调研结果。

老师抽调回中心校后，目前是六年级的班主任。学校准备在六年级学生毕业后，在接收新老师的情况下，将王老师也充实到满语教学当中。

此外，满语联谊校每年都要开展活动，进行交流。

学校现在还有一个困惑：学生在小学阶段学习满语，但初中、高中就没有开设满语课程。从2012年下学期开始，我校每年培养200名左右满语学生，六年培养了将近1 300人，但在四平市小学学完满语后，没有初中对接的学校，到初中就不会再学了。

**刘厚生**：谈谈你教满语的情况。

**费申**：我之前是小学语文教学专业的，从2012年开始学习满语，当时通过多方渠道了解到白山市江源区有一所满族学堂，那里有两位老师开设满语班。那时我们这里的满族学校没有满语这方面的教学老师，所以派了我们两位老师利用假期去学习。2012年去了一次，2013年去了一次，一共去了两次，两次加在一起大约是三个月到四个月的时间。

我从2012年就开始上课了，第一次学习之后一直就在给小学生上课。我认为满语毕竟是一个民族的语言，而且叶赫还是满族发源地，所以不论是传承或者发扬，它都是责任的问题。但是感觉现在也出现了一些瓶颈，到初中阶段学生就不学满语了。因为有高中的升学任务，不在升学任务范围之内的课程，他们就不学了。小学学的满语是一知半解，学生走向社会之后，可能这些知识就都被遗忘了。

虽然无助于升学，但我觉得学满语能培养学生的思维。对学生而言，也是接触一种新的语言，对今后学习别的语种也有一些帮助。从国家的方针政策上来看，我觉得应该在初中开设满语文课程，如果一些大专院校、民族学院能够对口招生，对这样的学生有一些优惠，可能在满语开设教学上有很大的帮助。

尽管现在相关政策相对缺乏一点，但我觉得学校仍有必要在满语文这方面再坚持下去。因为毕竟它是一种民族的语言，不能在咱们这一代手中逝去，还得将它传承下去。虽然说现在社会上用到的地方比较少，但是它作为一种民族的文化，还是有必要传承的。

我未来还有继续学习深造的打算。因为我们前两次去学习满语文是在2012年，现在满语文也在发展当中，包括读音或者是单词的写法，都还在统一过程当中，所以说还是想出去再深造一下，提高自己的满语文水平。现在感觉教学生确实还是有些费力，因为当时学得也是一知半解，只会一些满文字母的拼写、读音，在语法上还有所欠缺。原来我学习的那个地方，老师已经搬走了。假期有时间的话想去学习，也不知道去哪里学合适。在刚开始学的时候，我们对满语培训这件事是一片空白，所以当时就觉得学到的是权威的，毕竟是第一次接触。但是有一次吉林师范大学来过几位懂满语的老师，我写了一些满语单词，有的地方他们认为是错的，但也没具体讲。所以现在是有培训的愿望，但却不知道去哪里培训，这是一个问题。

**刘厚生**：你们可以提出要求，比如教师进修满语文的问题。就现在的问题，我就提两点意见，供你们参考。一个是罗马注音，v 你们用 u 表示，其实应该是 ū，就是第六个元音，那是在国际上通用的，是德国人穆麟德夫创造的拼音。国际上都在用，特别是日本，他们写著作都把满文翻译成罗马文，因为满文是竖写的排版不好排。这个在国际上已经都通用了几十年了，大家都觉得不错，不能轻易改动，就像汉语拼音文字一样。你要觉得哪里不对，你可以提意见，但上课的时候，你还得按照国家的标准授课。教课的时候还按照这个来教，是不对的。另外笔画的规范、读音都有问题，需要培训。语音问题比较严重，因为任何一种语言，如果语音不正确，容易使人觉得不是官方语言。就像学英语时，一听起来就是中国式英语，那就是语调、重音都不是按原来所讲那样。现在三家子村有些老人发音比较纯正，我们可以把他们请来校正一下一些词的重音、语调，这都需要再次培训。

**魏明浩**：我是 2012 年在幼师上学时开始学满语的，但不是在校学的。因为授课的老师是我母亲同学的侄子，我又有些个人兴趣，所以到白山去学习。然后连续学了三年，都是在初级班上课，后来才有的中级班。但是学得也不是特别好，老师讲得特别快，学了一个月不到的语法。当时学的时候老师也会拿出满文档案让我们翻译，转写成罗马字母的形式，并让我们朗读。但我现在长时间不接触，只接触小学这方面。培训时每一期都有固定的时间，大约 20～30 天。后期也有比赛，通过比赛的形式，切磋满语教学技巧，但不涉及教学方法的培训。学完后，几位教师会出考试题，若能合格的话，会得到结业证书。上面盖的是学堂的章，后期培训盖的公章是各个学校的，并不是国家承认的章，是民间机构的。

后来，正逢咱们学校招聘满语教师，我经过选拔被招了进来。政府招聘的时候除了写明要招会满语文的老师，也会有一些其他的条件，比如是否有授课的经历，有无授课经历的相关证明。面试的时候会要求讲课。考官来自吉林师范大学，是懂满语文的教师，他们会说说讲课的效果如何。

现在我们授课用的教材是经过多次改进适合不同年龄段学生学习。一、二年级在了解字母上还是差一些，所以注重口语。高年级会注重拼读，甚至还会注重语法。联校之间交流过两次，一是比赛那次，另外一次是沈阳蒲河的教学展示。

从教学来看，学生积极性还是差一些，毕竟满语言比较枯燥，另外满语文学习未受到学生与家长的重视。授课时我补充了一些满族小知识让学生了解一些满族的文化。课件是我自己制作的。图片是在网上查找，其他都是从书上往下摘抄的。目前没有完整的相关教学资源网站，百度之类的能查到些资料，但我有时不知道这些资料到底是否正确。不正确的知识，我也不会教给学生。我们的音乐课还会教授满语歌，我们音乐老师不会满语，是我去教学生读，音调由音乐老师去教他们唱。有的时候让学生读，他不一定能读出来，但让他用歌词唱出来，效果就很好。

魏明浩老师进行满语授课

## 第三节　白山市第三中学满语文教学实录

白山市的满语文教育工作主要围绕白山市第三中学展开。学校从 2009 年就开始着手企划把满语带入课堂，并在社会人士的帮助下成立了设于校内的满语学堂。从 2013 年开始，随着学堂自主研发的教材成型，白山市第三中学满语学堂逐渐走上了正规化。

**采访时间**：2018 年 8 月 31 日

**采访地点**：白山市第三中学

**采访目的**：了解满族学堂组织有哪些满族文化活动，了解白山市第三中学的满语文教学课程开设情况及教学中面临的问题

**采访者**：费驰、彭瑞轩、宗兴波

**被采访者**：宋兆菊、王琳霞

**被采访者简介**：宋兆菊，白山市第三中学党支部副书记。

王琳霞，白山市第三中学教师。

**费驰**：满族学堂组织学生参加一些文化活动吗？

**宋兆菊**：2009 年，学校兴建了满族学堂，一共投资了 260 万元，其中室内装修花费 60 万元，室外仿古装修 200 万元。这基本是全国唯一一所满族学堂。最初做的没有那么好，学生的特色活动、校本课程都是后期研究开设的。学生的满语文课程 2010 年就有开设，当时只有一个年部，2013 年开始系统地在三个年部开设。社会班是 2012 年开始办，每年两期，至今已举办十四期，培训学员有四百余人，以高校学习语言、档案、文字方向的大学生、研究生和留学生为主，且基本都是满族人。2013 年满族学堂面向全校的学生开设了系统的特色校本课程，每周一节课，包括剪纸课、中国结编织课、满语课，深受学生欢迎。其中剪纸课面向三、四、五年级的学生开设，中国结编织面向初一、初二学生，满语课程面向三、四年级的学生。其中国际友人对中国结编织非常感兴趣。

学校满文藏书较多，有八百多册。教材是已经由辽宁教育出版社正式出版的四册本满语教材，是国内迄今为止正式出版的第一套小学满文教材。

因为我们这里不是满族自治县，因此掌握满语的教师数量较少，但学生比较多。由于满语的氛围不是很浓厚，学校在满语课程设置上除了致力于让学生掌握简单的满语基础以外，还注重使学生了解满族剪纸、歌舞、服饰、饮食等满族特色文化，因为满族文化也属于东北的本土文化。

**费驰**：您是什么时候当上满语老师的？

**王琳霞**：我接触满语文教学比较晚。满族学堂是 2009 年投资两百余万成立的。学堂的成立与 2008 年江源区开发松花石项目有关。松花砚是清代宫廷的御砚，投资人是从白山走出去的满族人，想发展这一产业，所以就有了这一想法。他联系了省里的领导，想和满族文化联系起来发展产业，于是通过各种渠道筹集资金，建立了满族学堂。

最开始全区的小学至高中的满族学生、老师都来参加满语培训，并为其制作了满族服装，每周五两节课。后来由于部分农村学生居住较为偏远，参加课程的学生逐渐减少。为了不让满语课程消失，学校于 2010~2011 年在三年级设置实验班，一周 1~2 节课。实验班成立以后，参加了东北师范大学举办的第一届满文笔会活动。

后来学堂开始在寒暑假针对本区和其他各地有意向开设满语课程的老师开设社会班，我跟着学习了一段时间。2013 年时这里缺人了，就把我调过来，还是教三年级的实验班。一周 2 节课，最初使用的是东北师范大学没有对外发行的教材。由于教学效果较好，经过调整后正式出版，出版后满族小学等都开始使用。

教材到正式出版一共调整了四次。

我目前满语的掌握程度是能读满文档案，但是有些词语的意思不能直接认出，毕竟对专业术语接触得比较少。现在我看满文不需要转成拉丁文，直接看满文就能阅读，因为觉得转成拉丁文阅读就失去意义了。因为2013年学校就让我开始在针对社会的假期班讲基础课程，其中涉及简单的语法，为了给学生讲清楚，满语必须得有一定的水平。

费驰：教学负担重吗？

王琳霞：目前，我们是三、四年级开课，现在学过满语的从三~八年级都有。三年级刚开始学，四年级、五年级、六年级、七年级是整个年部学的，八年级是实验班学过。因为只有我一人授课，三、四年级一周9节课。没有其他老师授课，如果加上初中部，一周得20多节课，所以初中部暂时没有满语课。

在授课方面，我有简单的教案。每班一周一节课，是整个年部来开课。因为是语言教学，涉及作业的问题，同时满语不是国家要求的科目、没有考试，家长不重视满语课程。为了保证质量，我要求学生在课上完成作业，并随堂批改完成。

满语学堂王琳霞老师教授满文课

在教学中我发现，在满语方面，大家各执一词，导致满语教学没有统一的各方面规范标准。像汉语有普通话的标准，但现在满语没有。母语者和其他区域的研究者们经常有不同的意见，争议很大。我觉得目前非常迫切地需要国家或者权威专家等做出一个标准，这样在教学中能够有所依据。我在教小学生的时候就比较迷茫，比如《清文启蒙》中的汉字标注和我们现在学习的就有不同，不知道应该遵从书上的还是我们现在讲的，学生也很容易迷茫。如果能有权威制定标准，我们在教学中就能有一个明确的目标。比如在重音方面，母语者说得就很自然，但和我们不一样,按我们的发音讲出来就很生硬,不像一门语言。而且可能这次读重音在这里,下次又变了,学生和老师都很迷茫。我的想法是将母语者和学院派综合,这样发音听上去会好一点。我接触的很多小学老师教学生学满语时会录下来孩子读的诗,有的孩子读得比较连贯,有的孩子就很生硬。

我觉得在讲的方面存在问题最多,在读的时候,读单词是一个读音,但在讲的时候,将多个单词连读起来可能会发生一些音调的变化,满语目前没有像英语一样句子的音调,没有轻重语气的区分。我自己在讲的时候音调都很难把握,因此很难教学生说满语的方法。教授小学生的应该是非常标准的知识,但现在各派没有统一的标准,如果今后发现有错误再改正很困难,也是对学生的不负责。因此希望国家能有一个机构或者专家组规定一个标准,让满语老师们能够执行,这样更有利于满语的发展。

白山三中及满族学堂经过多年的满语文教学,已经积累了非常深厚的经验。

在教材方面,现如今白山三中所运用的满语文教材是满族学堂的老师们自主编写的《小学满语文》,而且省内的满族学校也基本都用这套教材,不少省外的学校也引用了这套教材。但经过与外界的交流和其他学校的广泛应用后,发现其内容存在一些商榷之处。如在发音方面,有几个音的嘴型、轻重读、语调就与满族原住民存在一些出入,这可能是因为教材以拉丁文罗马音为媒介来训读满语所产生的影响。除此之外,这套教材的教学内容较为基础,后续衔接较为高级的语法尚未编撰完成。这可能会影响学生继续深造的程度。

在政策方面,政府还需要加大力度去扶持。一方面,满语文课程只是作为兴趣课,并未参与到各种重要考试中去,导致老师正常教学时间紧张,一些家长对此也并不理解,并不重视;另一方面,国家对于满语文教师的标准还有待深入,怎样的满语文才是标准的、老师用怎样的方法教授满语文才是科学的,这些问题近几年来都困扰着老师们。

## 第四节　珲春市杨泡满族乡小学满语教学采访

杨泡满族乡位于吉林省延边州珲春市东南部,珲春河流域南岸,正式成立于1984年9月1日,是珲春市两个满族乡之一。据统计,全乡总户数为1 374户,总人口为3 918人,其中汉族、满族、朝鲜族各占1/3。

**采访时间:**2018年10月19日

**采访地点:**珲春市杨泡满族乡小学校

**采访目的**：了解珲春市杨泡满族乡小学校满语文教学基本情况

**采访者**：刘厚生、费驰、宗兴波、张秋阳、吴涛涛

**被采访者**：申秀杰、张琳琳

**被采访者简介**：申秀杰，珲春市杨泡满族乡小学校校长。

张琳琳，杨泡小学教师。

**申秀杰**：我们学校从2013年开设满语课堂，当时是乡里出资请民间教师到我们学校授课。2014年以后，由参加过东北师范大学组织的四期教师资格培训，并取得中级资格的张琳琳老师承担我们学校的满语课程。学生共计42人，满语课程从三年级开设，三～六年级有20人。因为我们校本课程是剪纸和满语，因此我们把满语和综合实践课程合并在一起。学生每周两节满语课，现在已经能够掌握简单的口语对话、生活用语、字头的书写。我们每年都会参加东三省组织的满语联谊活动，伊通满族自治县县庆五周年以后我们去了伊通满族幼儿园、满族小学、满族初中、满族高中，永陵的满族小学，叶赫满族小学参观学习。

我们学校和它们不同的是，我们是杨泡满族乡小学校，我们希望把它变成满族小学校。到时候具体的事项，还要请教专家。如果改成杨泡满族小学校的话，我们研究满族文化会更有底气。我们学校属于延边朝鲜族自治州。就全州来讲，我们是唯一开设满语课堂的小学。所以在科研上，我们缺乏力量。我们也想申请加入中国满语言文化发展联盟，让我们学校工作能接上轨道。因为一直就是我们自己在做，闭门造车弊端很大。

我们目前有自编的满族剪纸教材，满语教材也有。我们以剪纸为特色，开发了市教育局备案的校本课程。我们打算将来做成文化产品，把它推向社会，但始终没有形成经济对接。我希望乡里能给予一个平台支持，提升学校的知名度、获得资金的支持。

另外，在师资培训上我们也希望得到官方的支持。我们是2015年开始加入东三省的一个协会，所有的满族小学、满族学校加入这个联谊会。所有的培训与竞赛都会参加。这个机构不是官方的，授课也有商榷的地方。我希望官方部门能向教育部申请，教育部同意后，委托东北师范大学举办教育部认证的满语教师培训班。

**刘厚生**：教学的任务量太大，每周2节课，这教材不适合小学。要编小学、中学、大学的教材，可以自己编写。像伊通满族小学和本溪满族小学的教材那样，结合当地的历史来教。教授满语的目的并不是让所有满族人都用满语对话，这不可能实现。满语作为文化遗产，应当抢救、保护、发扬，应当让孩子了解满族文化。目前满族学生占全校学生的1/3，国家每年会有百万元的支持。贵校也应该举办颁金节。这件事民宗局会资助的。民族自信来源于文化自信。

**费驰**：要想做出特色，就需要把我们参观的表演舞、富察氏皇后这些本地特

色历史文化融入形成校本课程。这样可以凸显珲春满族文化特色，也可以做一个参考。这样的项目会更好。

**张琳琳**：我原本是教授数学、语文的教师。从 2014 年开始，我用了三个寒暑假、每个假期一个月参加满语培训。目前，就对满语的掌握程度而言，我翻译还不行，但是读可以。单词的积累、词意的转换有困难，需要借助字典完成。

在参加完培训后，我开始教满语。在这之前，我们的满语教学由一位 60 多岁的女老师汪波担任。她不是专职教师，只是爱好者。由于没有相关文件，我没有专门的满语教师资格证，也只是兼职教授满语课程。我目前是初级职称，平时也还教数学，评职称也照旧评数学的。

在授课上，学生学习满语的兴趣还比较高。我们的课程没有考试，没有考核和学分，但会布置作业，如让学生学写字头等。我们的课程并不涉及地方史的教学，仅是根据满族的文化、习惯、游戏简单地给学生介绍。教学资源主要是利用教材后面的小知识，我也会根据自己在网上找的资料和我学习的资料给学生讲小故事。此外，我还会教授他们唱一唱满语歌。

就未来而言，我想还是继续教满语，这样的话学生有了一些基础，就可以培养他们对满语的兴趣，学生长大以后也是对文化的传承。初中、高中没有满语课，学生的满语学习就被中断了。

珲春市杨泡满族乡小学校学生在学习剪纸

珲春市杨泡满族乡小学校目前将满语教学与满族剪纸作为校本课程建设，并自编有对应的教材。教师授课时除了利用自己的教材，还会利用网络资源丰富教学。该校没有课程考察或考试，但留有作业。目前的授课方案和教材存在缺乏地方满族文化特色、不适应实际教学需要等问题。该校有希望改革为民族学校、增加官方正规渠道满语教学合作方面等需求。

# 第十三章

# 吉林省民间相关满语文的学习现状

除了高校和中小学外,面向民间的满语培训学习也是传承满语文的重要形式。如自 2008 年起,在吉林市与长春市多次有民间满语培训班举办。学员出于学业、兴趣、专业等原因来学习满语,培养出许多满语人才,为抢救濒危的满语做出了巨大的贡献。

## 第一节 对吉林市龙潭区满语文培训班学员的采访

采访时间:2017 年 10 月 22 日

采访地点:吉林市龙潭区老干部局

采访目的:了解龙潭区满语培训班几位代表学员的满语学习经历,并请他们提供学习满语的建议

采访者:刘厚生、费驰、张军、张沛然、韩笑、吴涛涛

被采访者:邹向阳、李柏璐、孙晓波、景岩、李文

**邹向阳**:我的奶奶、姥姥、姥爷、妈妈都是满族人,我有 3/4 的血统是满族人,我学习满文源于一次经历。我和丈夫去承德避暑山庄,在那里有 72 处景色。有 36 处景色是乾隆修建的,另有 36 处景色是康熙修建的。每一个景色都是用满文写的,我一个也不认识。我心想一定要学习满文,后来 2008 年 11 月女儿告诉我,东北师范大学刘教授正在开办满文学习班,我就报名参加培训班,那时满文

班开课已经一周了,这是第一届,当时在北华大学举办。那时老师一周来一次授课。他告诉我们一个学习的要领,就是单词、语法、句子都要背诵。老师说过会不会满语,就看你会不会读软腭音。我每天会用满语写一句话,或者写一篇小文章。按照计划来,我有时候就实现了,有时候就实现不了。我很少查字典。我外孙女学语文需要写日记,我就用满语翻译出来。我学习满语的时候已经将近60岁了,虽然年龄比较大,但我坚持学习满语。比较遗憾的是,我缺乏满语交流的环境,仅在家里用简单的满语与丈夫交流,他从一到十说得很流利。他一家是满族人,他对满语的知识、文化都喜欢,有较强的民族情结。同期老师有一个学生叫关利,零基础学习满语不到两年后,能够翻译满文档案、资料。他还为北京大学的一位学者翻译了一份乾隆年间关于皇家祭祀四五种香的奏折,包括从生长状况、采集、运输到皇宫的内容。这份翻译出来的奏折,写成文章被发表在故宫博物院的院刊上,并获奖,填补了清史相关领域的空白。

我认为满文学习确实重要,清朝存在了二百八十多年,存在很多满文档案。学好满文知识,能够翻译满文档案,了解清朝的历史,以推动清史的研究。政府应当立法,在中学课堂上普及满语教育,使满语文加入义务教育的行列。另外还应加大对满语教育的资金投入力度。

**邹向阳接受课题组专访(2017 年 11 月 22 日)**

**李柏璐：** 我结缘满语班，属于民族情结。我爸爸是汉族人，我妈妈是满族人。去年看到在吉林市招生的通知，就报名学习。过完年后正式开班，一直到今年的5月份。

为了促进满语的交流，我在此提三个小建议。一是在固定的地方有供满语学者交流的平台。二是随着科技的发达，微信使用日益渐广。教师可以在微信群里定时发布相关满语知识，让学员翻译。三是将满族颁金节向人民大众推广，让社会了解满族文化。

**孙晓波：** 我参加满语培训班源于师兄的推荐，我在长春培训班学习满语，之所以学满语是想对我的专业有所助益，我是艺术专业，教授设计、艺术史。我最初学习满文不是在面授班学习，而是网上观看老师讲授的满语视频。得知老师招生后，就前去长春学满语，最终以99分成绩毕业。

未来我对满语发展建议是，第一，必须要有教学能力突出的人来教授学生。第二，尽快构建满语学者网络交流平台，便于学生学习满语。第三，应不定时举办满语交流活动，这样能够激发学生学习满语的积极性。

就满语资料库建构一事，我认为出去采访时，应当还原原生态。我们可以设置一个主题，让被采访者根据主题进行对话，如此可以在一定程度上还原原生态。但也存在一些问题，标音标、翻译存在一定的难度。只有精通满语的专家，才能跟上他们讲话的节奏，因为口语和书面语的差距比较大。未来满语口语资料库建构的路虽很长，但我们要抓紧进行这一工作。我认为在大学可以多开设满语选修课程，有利于推动满语言的传播。鉴于教师工作、学生上课等原因，选修课的教师上课时间不宜太长。可以外聘精英教师，整合培训体系。

**景岩：** 我在龙潭区龙华街道办事处工作。我学习满语一是为了书法能写好，二是想发扬龙潭区文化。我提倡满语双语教学，最好像英语一样出版相关音像教学资料。一方面能提高口语表达能力，另一方面也能提高书写能力。

我认为满语可以自学。只要努力学习，满语口语能够达到标准要求。

**李文：** 我喜欢满语文化，热衷于收藏字画。去年年末时，我了解到在吉林市开办了满语培训班，就让女儿和我一起报名参加。我记忆力不好，我希望女儿能坚持学满语，在这方面能有所成就。吉林市从文化背景看，可以说是满族文化的发源地。我认为龙潭区满语平台虽然已经搭建完毕，但后期服务有所欠缺。另外政府应把优秀的学生送到更高的学府去深造，为吉林市培养一批满文的学者、专家，为吉林市的社会事业、经济发展做出一些贡献，能够传承满族文化。

## 第二节　满文函授班与人才培养情况简介

**采访时间**：2019 年 4 月 29 日

**采访地点**：吉林省长春市张璇如家中

**采访目的**：请张璇如先生谈谈伊通县满文函授班的情况，并给出一些抢救满语的建议

**采访者**：费驰、张秋阳、吴涛涛、任润元

**被采访者**：张璇如

**被采访者简介**：张璇如，男，1930 年 10 月出生，曾任吉林省民族研究所所长、研究员，东北史专家，先后自撰、主编专著 25 部，发表论文 60 余篇。

**费驰**：请您介绍一下伊通县满文函授班的情况。

**张璇如**：我在满语文方面做了两件事。一件事是为满族乡、镇写满汉双语牌匾，另一件事是 1989 年提议并倡导在伊通县成立满语文函授班。这是我提议，与县政府沟通，经教育部同意的。教育部之所以同意，是因为伊通满族自治县刚兴建，从民族自治县的角度，迫切要求发展满语文教育，也表明国家对民族自治县的重视。我因在民族学院学习满语，所以也对中央民族学院比较熟悉。我就动员他们与吉林省民族研究所联合成立函授班，他们也认为培养满语人才很重要，就答应了。

函授班由中央民族学院函授部与吉林省民族研究所联合举办。当时国家统一考试，计划招收两百名学生。因成绩太差，只录取 60 名学生。因为 1987 年伊通县满族自治县刚建立，59 名学生都是伊通县人，其中以干部、教师居多，都是伊通县的骨干。去年刚退休的原伊通县博物馆馆长，当年就是函授班的学员之一。函授班老师有中央民族学院的季永海老师，他来讲授满语。教授民族理论课程是中央民族学院的金炳镐老师，负责语言学课程的是中央民族学院的戴庆厦老师，我负责教授满族史课程，富育光老师讲授满族文化课程。所以函授班都是名师授课，学生获益匪浅。函授站设在吉林省民族研究所，我是函授站的站长，副站长是伊通县民委的主任。除集中授课外，学生还自学。授课是每年夏季 7 月在伊通县授课，至 8 月结束，一年集中一次。教材由中央民族学院提供，使用的本科教材是国家民委与中央民族学院联合调查组编写的《满族简史初稿》铅印本，当时调查组对各个民族编写简史，这个教材是没有修改的。我上午讲完，下午考试，考完试后，这科就结束了。一个学期考两科。学生三年后毕业，授予国家承

认的、中央民族学院发的函授专科毕业证书。经过培训，这些学生满文档案都能看。

**费驰：**您对抢救满语文有些什么想法？

**张璇如：**现在对满文学习有不同的意见。有人认为是消亡了，学习无用论；还有人认为是学习满语加重了学生的学习负担；我认为他们没有全部了解到我们国内满语文的情况，它不是一种消亡文字，而是一种濒危语言。濒危的语言必须抢救、传承。我在吉林省是保护、传承非物质文化遗产专家组的成员，此外还有富育光、曹保明等。满语随时代的发展会有所变化，联合国教科文组织统计，世界上有七千种语言，平均每两年会有一种语言消失。语言结构是民族、人类智慧成就的语证。我们对这个问题认识程度不深，一种语言的消失不亚于生物物种的灭绝。我一直支持相关学者的工作，将《满汉词典》列为我们省的古籍整理。

我们对满语的消亡，没有做到充分的认识。现在把满语和锡伯语分开，这是不正确的。锡伯语没有被列为濒危语言，而满语被列为濒危语言。锡伯语实际上是满语。在察布查尔锡伯自治县，锡伯族有将近3万人。全新疆的锡伯族有四万人，现在能通用满语和锡伯族语交流的有将近3万人。如果将锡伯族语附在满语上，它就不会成为消亡文字。现在的锡伯语是双语教学，所以满语应该有双语教学。对这个问题认识不够，国家同意在满族乡、镇挂满汉双语牌匾，就应该早学满语。吉林省小学五年级学满语，还比较好。有些人对满语发展的程度有偏差，对满语存在的重要性认识不足。我跟刘厚生老师向教育部申请，搞《满汉大辞典》，把锡伯语列入满语。现在的时代是网络时代，现在满语要想符合时代潮流的话，眼界必须开阔。《满汉大辞典》是永久的历史记忆和视觉记忆。即使满语言消失，它也不会消失。其次，还要搞文库研究，以便把所有满文知识集中起来；最后，加快满语文数字化处理进程的步伐，使用计算机来翻译满语，以实现普及满文的目的。

以前我举办的函授班，要学习民族理论、民族文化、民族语言、民族文学、民族历史。满语涉及诸多方面，如民俗、宗教、文献等。方言会融化在血液中，要分析、理解。东北人会说"嗯呐"，表示同意对方的意见，很多地方会说"是"，汉语意为"即""此"。兴起于本民族蓬勃的文化，内容与语言都是本民族的。有一种说法，满语是仿照蒙古文创造的，是错误的说法。语言是人民劳动成果的结晶。我们学了满语文之后，使用它就不会消亡。

张璇如接受课题组采访（2019年4月29日）

## 第三节　如何实施对满语言的抢救性保护

**采访时间**：2019年6月21日

**采访地点**：吉林省长春市富育光家中

**采访目的**：了解富育光先生学习满语的经历，并请他谈谈对满语传承中规律性问题的认识

**采访者**：费驰、孙鹏飞、赵静文、任润元

**被采访者**：富育光

**被采访者简介**：富育光（1933—2020），男，满族，吉林省民族研究所研究员、民族学专家、萨满文化专家，出版专著8部，发表论文80余篇。

**费驰**：您什么时候学习满语的？

**富育光**：我十几岁就会说满语，满语祭祀、婚葬，老人都用满语讲话。包括我的小妹妹与我交流，都用满语。因为勤奋好学，组织培养我去齐齐哈尔师专读书。后1954年考入东北人民大学，毕业后从事民族学研究。但是我大学以后，主要研究汉文化，就将满语放下。后跟随清史专家王钟翰、民族学家杨堃、中国社会科学院世界宗教研究所所长任继愈学习，这些专家对我从事民族学、宗教学研究获益良多。我1983年毕业回来，回到社会科学院，继续从事我的研究。

我是晚年学习的满语。跟这些专家学习时，他们觉得我有满语的优势。专家们说我的民族学研究应从满族开始，这样我就与任继愈联系比较多。我主要从事历史文化和萨满教研究、萨满文化抢救，会遇到萨满神祠，这样就得会满语。萨满神祠需要以翻译为主，后来就认识了刘厚生、佟永功、季永海等老师，这样便于用满语从事我的研究。我出版了《满族萨满教研究》，现在都被翻译到美国了。

我们现在要用马克思主义批判继承旧时代的意识形态，要吸收优秀文化。建立满语言的资料库，就可以对萨满文化进行甄别，哪些是需要剔除，哪些可以保留下来。我与张学慧主编的《萨满民间神书集成》能对研究起到些帮助。另外，还有汉字标音的满语识字本。这些材料目前没有人整理与研究。满语非常严格，它的时间观念等词意要求严谨，甚至比英语、法语还严。萨满的神词也不能随便唱，对神不尊敬。现在有很多人胡乱把文化当戏表演是不可取的。我们应当有敬畏之心。

**费驰**：社会上流传假满语，您有什么看法？

**富育光**：我认为对满族历史文化、满语、萨满文化这方面的保护、传承需要抢救。现在社会上有很多人说假满语，我曾多次提过，满语现在不是传承的问题，主要是继承的问题。继承清代时的书面语，清代时满语是标准的，与各国通用。我们现在继承满语，就是为了研究清代以来中国的历史。有很多就像《清文鉴》那样的满语文件还没有翻译，踏踏实实地继承下来就很好了。我觉得现在有人滥用满语，满语是继承清朝满族文化的，它要求圈点非常准确，不能有丝毫差错，这样才是真正的书面满文。现在会满语的，黑龙江省还有几个人，如高新光，他是第一届东北师范大学满语班的学员，现在是牡丹江学院的教师。满文与察布查尔锡伯族语言有部分内容相似，与现在的满语不一样。我认为，现在保护满语，需要人才踏踏实实地把满语书面语继承下来，这就是最好的满族文化传承建议。现在吉林省有许多小学，有些孩子也在学满语。他们学满语的同时，还穿满族的服装。有时还做满族的体育运动，做剪纸等一些满族的文化。这些有的可行，有的是形式主义，一定要用心从基础学满语。虽说有的人认为现在满语已不能日常交流，但是我们教授满语，还是为了传承满语，了解满族文化。国家很多满文文化真迹都在国外，就像法国国家图书馆藏本《满汉合璧三国演义》，是姜小莉老师为我复印的。它们书法准确，用词也准确，我们学满文书面语造词、造句都能得到参考。

另外，现在为了输入、识读与看得方便，使用罗马字母表记，这是不准确的，会导致有的内容无法翻译。据悉很多年轻教师教授满语用罗马字母教，我认为还是用满文字母为宜。满文字母要严谨对待，不能有丝毫差错。

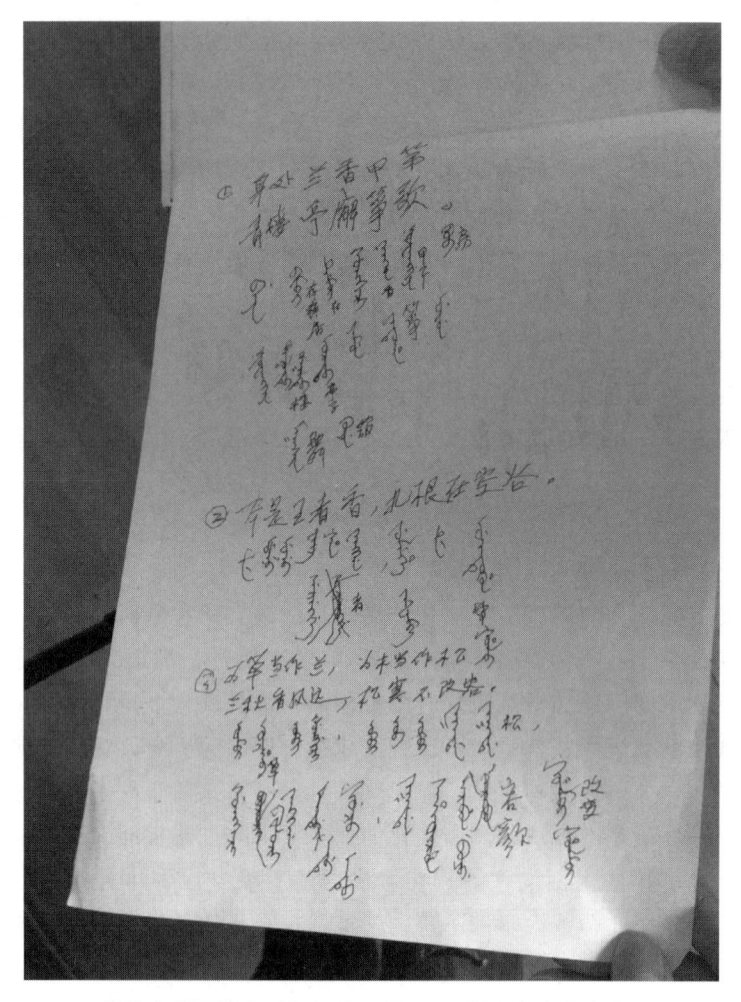

**富育光所写满文（2019年6月21日摄于富育光家中）**

**结语**

此次采取采访和调查问卷的方式，对吉林省中小学、大学、图书馆及档案馆、民间培训班学员、民间学者、满语专家进行采访，了解了当前吉林省满语文教育的现存状况。通过对吉林省满语文教育情况调研可知，吉林省满语文教育存在一定问题。就中小学满语文教育而言，满语师资力量薄弱，教师多为兼职且只经过短暂的社会培训就上岗工作，由于社会部分培训班不规范，致使教师需多次培训才能承担教学工作；满语教师编制问题未能得到有效解决，教师评职称时只能依靠原职去评审；部分小学满族教育和文化建设活动工作比较出色，但由于宣传力度不够，未能得到政府相应的资金支持；中小学教材和课程设置方面不尽合理，以致学生学习压力大；学生未能接受贯通的满语文教育，小学阶段开设满语文课程，但在中学阶段却未开设满语文课程，致使学生容易忘记小学阶段所学的满语文知识。

就大学满语文教育而言，书面满语教学与口语教学比例失调，教师过于重视书面满语教学，以致学生口语表达能力无法达到标准要求；加上大学满语教材并不统一规范，部分院校使用教师自己编写的讲义上课，这些教材、讲义未能得到教育部以及相关专家的认定；有学生因自身能力不足，本科阶段选择满语专业后却出现无法顺利毕业的情况；学生毕业后，因所学专业与社会需求不符，无法发挥自己的语言优势，以致影响学生就业。

就图书馆及档案馆现存满文档案而言，满文档案原件不能随意观看，且满文档案未全部数字化处理，读者查看满文档案会受到限制；因懂满语的职员数量少，致使大批满文档案不能及时整理以供相关研究者阅读，迟滞清史、满族史的研究步伐。

就民间满语培训班而言，教师重视书面满语，忽视口语教学，学员口语达不到标准要求。而且教师未能讲授满语教学方法，致使学员不能较好掌握满语教学，影响未来从事满语教师的工作。满语文培训市场混乱，教学质量不一，学员未能接受正规的满语文教育。

为抢救吉林省濒危的满语言，特提出以下建议。

（1）组织专家编制满语文课程标准、教材及满语文词典等工具书，建立满语文音像资料库，为满语文教师提供丰富准确的满语文教学资料。目前，吉林省大中小学校使用的满语教材不一，且有的满语教材专业性并非完全准确。建议在教育部、省教育厅的统一组织下，全省编写统一的满语教材，并邀请相关满语专家进行审核，确保教材在知识上无差错。此外，在教材配套材料方面还应加大建设力度。与其他学科学生拥有大量的辅助练习材料及课外读物相比，满语课程在这方面极为缺乏。建议相关专家统一编写与课程相适应的练习材料，并出版难度与课程类似或略高于课程难度、可供学生课后阅读或自学的满语读本。

（2）成立正规的、由教育部或省教育厅批准设立的满语文教学培训机构。这些机构可以由有培训资质的相关单位承办。在组织培训方面，可由政府部门组织，对既有的满语教师及希望从事满语文教学研究工作的人员进行专业化、规范化的培训。在培训课程设置方面，除了满文知识课程外，还应有民族理论、民族文化、民族文字、满语教学法等课程，使满语教学能够体系化。培训结束后，有关部门应为学员提供具有国家权威机构认证的满语水平证书，以促进提高满语教研的规范性。

（3）规范中小学满语文教师资格认证，由国家组成专业认证指导委员会制定权威的认证标准，组织开展全国统一考试，合格者颁发国家认可的满语文教师资格证书，同时建立考核制度，规范满语文教学技能。

（4）设立满语文抢救、保护、教学、培训专项资金，用以提高满语相关从业人员的待遇。各级政府应站在拯救满语言和传承满族文化的战略高度出发，统筹设立若干适于满语满文专业人才的专业岗位，同时加大对基层满语文教师的扶持力度，让他们能够有的放矢、有力可使。

（5）实行小、中、大学满语文教育一体化，结合本地实际情况，在中学开设满语文课程，使中小学满语文知识接轨。各高校应在本科招生时对具备较突出满语水平的考生给予适当的政策倾斜，同时加紧开设满语课程、增加满语文相关专业，让更多的大学生接触到满语文，成为满族文化的传承者。从课程环节上来说，学校应根据现有的教学情况，制定更为完善合理的教学大纲。各高校也应不断调整教学方式方法，在课程安排前，应针对全校学生对于满语学习做一次调查，根据学生的实际情况，结合学校师资力量等各方面的因素，制定切实可行的教学目标、教学内容，尽可能做到因材施教，可采取学生自主选课、教师指导选课、试学一月测试等方式最后层层选拔一定数额的学生，从而保证满语学习取得的效果，达到为吉林省的满语教师队伍注入新鲜血液、为国家储备民族教育与历史文化研究人才的目的。

（6）教师可对教学内容和教学方法进行调整，加强对学生的口语训练、制作一批由专家鉴定、确保发音准确性的多媒体课件以吸引学生学习的兴趣。在课下教师还可以借助互联网用于满语学习，每周定时录制满语单词或语句的音频，并辅以汉语注释，这样学生的口语水平会得到进一步的提升。另外，教师应考虑一些选课的少数民族学生的特殊学习基础，做好教学规划。

（7）相关事业单位与开设满语课程的高校展开合作，可实行联合培养方案，缓解图书馆、档案馆等事业单位满语文人才不足的情况，便于及时翻译、整理满文档案，同时帮助解决满语文专业学生的就业问题。

（8）政府充分利用地域优势，大力弘扬满族文化，加大满族文化建设力度。利用区域地理优势推动区域性满族文化产业建设，发展满族服饰、餐饮、旅游等第三产业。此外，还应将满族的民俗、节日等向社会推广介绍，让广大人民群众了解满族的文化，提升满语言的知名度。这不仅可使文化效益转化为经济效益，使满族文化成为经济发展的重要推动力，从而为振兴东北三省经济贡献力量，而且可以间接提升满语文的知名度，在一定程度上扩大满语文的使用范围。

# 黑龙江篇

一、调研的必要性和目的

满族是黑龙江地区的世居民族，具有大分散小聚居，与汉族杂居的特点。现有满族人口超过 100 万人（《中国统计年鉴——2021》），主要分布在哈尔滨、黑河、绥化、牡丹江地区。满族人口在万人以上的市县有哈尔滨、齐齐哈尔、牡丹江、鸡西、伊春、阿城、五常、双城、呼兰、龙江、讷河、宝清、桦南、勃利、富锦、依兰、宁安、海林、林口等 23 个。据统计，全省满族乡 25 个，满族联合乡 8 个，居住满族人口 299 825 人，占全省满族人口 28.9%，接近 1/3。[①]

黑龙江地区曾是满语使用较好的地区之一，也是研究满语、满族文化的重要基地，是目前活态满语的重要存续地区。满语使用和保存最好的地区主要是满族居民较多且聚居的村屯，最具代表性的是黑河地区和齐齐哈尔地区。20 世纪 60 年代中期以前，满语在这里仍有很大的使用范围，并作为部分满族村屯的交际语言而存在。在 60 年代中期至 80 年代中期，由于能熟练使用满语的老人自然减员，以及人口的变迁，满语使用群体遭到破坏。80 年代中期至现在，黑龙江地区满语处于快速濒危状态，迫切需要进行抢救性调研、搜集整理并进行音像数据库建设。

---

① 波·少布主编：《黑龙江满族》，哈尔滨出版社 2008 年版，第 88 页。

目前,黑龙江地区满语文存续状态具有示范性,是当代满语文学习和研究的范例。黑龙江地区满语文存续状态除母语形态外的满语教学形态持续稳定规范。随着中华优秀传统文化的弘扬,满族非物质文化遗产保护传承工作的深化,齐齐哈尔、阿城、双城等地民间自发地学习满语文的人逐年增加,并呈现出一定的发展趋势,如阿城满文馆,坚持满语教学12年,学员累计200余人;黑龙江大学满语言文化研究中心持续35年的满语文教学、人才培养事业为满文文献的开发研究培养了一批专业人才,也为满语、满学研究及满文文献研究与传承提供了师资力量。这种满语文存续状态是一种民族认同和民族文化认知以及学术研究的需要,不是语言的基本功能和属性,可称为继发式存续状态。

二、覆盖黑龙江满族主要聚居区的调研活动

课题组自2017年4月至2018年8月持续两年的时间先后对孙吴县四季屯、黑河地区红色边疆农场①母语形态满语文存续情况以及阿城、双城、牡丹江地区、哈尔滨市区内民间自发学习满语文的继发式存续状态、黑龙江大学满语言文化研究中心满语教学研究情况等进行了采录和口述史的采访工作。概述如下:

(1)2017年4月2日,课题组郝庆云、王永年、周赫奔赴孙吴县四季屯拜访黑龙江省满族语言传承人何世环。

2017年4月2日,对黑河地区红色边疆农场、大五家子等地满语文存续情况进行口语音像采录和口述史的采访工作。

黑河地区曾是满语使用较好的地区之一,也是研究满语、满族文化的重要基地。

(2)2017年6月,调研了富裕县三家子地区。

富裕县达满柯友谊乡三家子满族村是目前满语保存最好的村屯,但较之以往也已大大衰退,仅有少数满族老人能够较好地讲述满语。

(3)2017年8月17~18日,对孙吴县沿江满达乡四季屯的何世环、红色边疆农场大五家退休教师吴振群分别进行了满语口语音像录制和口述史的采访工作,录制了7个小时的满语口语音像和口述史。内容包括生产生活、节庆礼仪、萨满祭祀、婚姻生育、家庭历史等。对黑河地区爱辉古镇、四嘉子、乌斯力、蓝旗沟进行了走访。整理出口语条目1 500句,口述史文字12 000字。

(4)2018年4月,课题组组织阿城地区的那国学、关达夫、关志坤、赵文昌、王永年等满族老人在阿城区图书馆编写满语口语会话条目,共编写14个条目1 200句满语口语内容,包括:月份日期节气、育婴习俗、节庆礼仪、体育运动等。

课题组对那国学、关达夫、关志坤、赵野、关书凯进行口述史访谈,对满文学馆和南城小学、料甸小学校、拉林小学校特色满语文课程进行了采访,编写了21 000字口述史文稿。

(5)2018年7月,调研了黑龙江省牡丹江地区。

项目组采访了黑龙江省考古研究所的研究员赵哲夫,走访了依兰岗满族村村史馆和民间满文学习班,但学员只有4~5个人,老师只有1人。编写了6 700字的口述史文稿。

(6)2018年8月,项目组采访了黑龙江省满语研究所的创建者刘景宪先生和满语言文化研究中心赵阿平教授。

---

① 红色边疆农场位于黑龙江省黑河市和孙吴县境内,其前身是爱辉县于1949年建立的大五家子农场,1957年1月由黑龙江省国营农场管理厅接管,命名为红色边疆农场。

# 第十四章

# 哈尔滨市满语文的保护传承抢救

哈尔滨市区位于松花江两岸,这里的满族民众是近现代以来由各地迁徙而来,满语言早已失去了交际使用功能,只是一些老街区的名称还有满语言痕迹。黑龙江大学、哈尔滨师范大学等高校和科研机构进行满语教学,培养满语言方面的专业人才,哈尔滨市满族联谊会等民间组织会不定期地开展各种形式的满语学习活动。

## 第一节 老一辈满语文专家谈满语文保护传承

采访时间:2018 年 7 月 30 日

采访地点:刘景宪研究员家中

采访目的:请刘景宪先生口述满语文保护与传承的历史

采访者:郝庆云、周赫

被采访者:刘景宪

被采访者简介:刘景宪(1940—),男,满族,黑龙江大学满族语言文化研究中心专家。刘景宪老师从事满语研究和满语教学工作达 40 年之久,是 1961 年周恩来总理指示在中央民族学院(今中央民族大学)开设满文班专门培养的满文人才之一。他在民族语言研究领域中成绩突出,与他人合作出版的专著有《满语语法》(民族出版社 1986 年出版)、《满语研究通论》(黑龙江朝鲜民族出版社

1997 年出版)、《清史满语辞典》(上海古籍出版社 1990 年出版)。译著有《盛京刑部原档》、《崇德三年满文档案译编》、《清代中俄关系档案史料选编》第一编 (上、下册),共 78 万余字。自编《自学满语教材》,38 万余字。

**郝庆云:** 刘先生您好,请您谈谈您的满文学习经历。

**刘景宪:** 我是 1940 年 7 月出生于辽宁本溪三家子,满族老姓是刘佳哈拉。

我小的时候,家里不说满语。我考大学的时候,老师说你是满族,报中央民族学院满语班吧。我说好。这样,1961 年 9 月到了中央民族学院满语班,和刘厚生他们一个班。毕业后,在北京中央档案馆工作。

1975 年,周恩来总理指示由故宫明清档案部开设"满语班",我和关孝廉、屈六生等任满文老师,全封闭式学习,没有寒暑假。上课地点也非常特殊,选在故宫内阁大堂的西配殿举行,那可是清代大学士工作的地方。1976 年明清档案从故宫东华门搬到西华门时,我们这些教师和学生就参与了资料人力搬运。即便是"文革"时期,满语班也没有中断过学习。

**郝庆云:** 请刘老师谈一谈当年您和穆晔骏老师来黑龙江的情况。

**刘景宪:** 穆老师是当代满语专家。他是全国六届人大代表,黑龙江省政协常委,黑龙江省满语研究所首任所长、研究员。一生从事满语研究工作,撰写了《清代满语构成》《满语口语会话》《基础满语概论》。他提议成立满语研究所,黑龙江省委很快就批了。满语所缺少人,决定调我。这样我就来到黑龙江编《满语研究》杂志,写书。

**郝庆云:** 当时穆老师让您来时单位叫什么名字?就叫黑龙江省满语研究所吗?

**刘景宪:** 对,就叫黑龙江省满语研究所,是 1983 年成立的,当时归属在黑龙江省委党校,后来归属到黑龙江大学,那是 1990 年左右的事。1999 年改为黑龙江大学满族语言文化研究中心。

**郝庆云:** 您来黑龙江以后开展了哪些主要的满语教学与调研工作?

**刘景宪:** 在 20 世纪 60 年代以前,黑龙江部分满族村屯中满语还是作为交际语言而存在。我是 80 年代以后进行的调研工作,满语口语主要是富裕县三家子。时间是 20 世纪 80 年代中后期。周边的地方去过五常、幸福、拉林、料甸子等地。

**郝庆云:** 刘老师,您看三家子和黑河两处的满语有什么区别?

**刘景宪:** 没什么大区别。三家子满语和锡伯语差别不大。北京社会科学院的老师去新疆,五六分钟以后就学通了,彼此就能流利地交流了。

**郝庆云:** 满语培训班的情况您谈谈。

**刘景宪:** 80 年代,我为哈尔滨师范大学历史系邓中绵老师的两名硕士研究生和黑龙江省社科院的研究生讲授过满语课题。比较大规模的办班不是满语所办的,是哈尔滨市民族宗教局办的,办了有 5、6 期,1 期就是 2 个多月。1986 年到 1988 年黑龙江省满语研究所与哈尔滨市民族宗教局联合举办了初级与中级满语培训班，由我进行授课，学生主要来自各大高校、黑龙江省档案馆以及省社科院历史研究所的部分专业工作人员。开始时学生人数达到六七十人，最后实际毕业人数二十人左右。1987 年之后，满语研究所再次主办了一期初级满语培训班。关志坤就是这个班的，他学得好，我还送了他一本《满汉辞典》。关志坤为什么学得好呢，他肯努力，而且在省档案馆实习过，作为学员实习。去实习的还有李书，李书有 65 岁左右，车辆厂的工人，在满语班学得好，推荐到了档案馆。比关志坤还好的就是赵阿平。赵阿平后来就调到了我们所。

我这些年出了较多的满文词典，和商先生、徐凯编的《清史满语辞典》，商鸿逵先生给起的名。和郭成康一起出的《天聪朝刑部原档》（满文），这种档案一直都是保密的，北京市公安局青年出版社出的。中国第一历史档案馆的档案主要是清代的，第二档案馆保存的是民国以后的档案。

**郝庆云：** 孙吴县四季屯的何世环您见过吗？

**刘景宪：** 没有印象了。四季屯那地方人的满语不如三家子。三家子会写会说的只有季春生，他弟弟都不行。现在都不行了，满语濒临灭亡了。

**郝庆云：** 刘老师，满语班的同学后来都从事满语教学等相关工作吗？

**刘景宪：** 不是。大概也就七八个人。

**郝庆云：** 刘老师请您再谈谈对于满语未来发展的一些想法，或者建议。

**刘景宪：** 满语传承不了，没有工作对象，抢救是必要的，但怎么抢救，历史馆有很多档案，需要有人翻译。

**郝庆云：** 满文档案和文学作品，如《三国演义》《水浒传》，哪一种好翻译？

**刘景宪：** 档案更好翻译些，这是相对来说。

**郝庆云：** 满文的碑文好翻译吗？

**刘景宪：** 碑文要求对仗，这种在汉语来说要求合辙押韵，但是满文就比较通俗，用比较直白的话语来翻译，比如《聊斋》《岳阳楼记》，有满文的。比如满文的《岳阳楼记》，"越明年"用满语说就是"第二年"，"嘱余作文以记之"，满文就直接说成"让我写一篇文章记述这件事"。

## 第二节　满语文专家谈满语文教学与科研

采访时间：2018 年 8 月 20 日

采访地点：黑龙江大学满族语言文化研究中心

采访目的：请赵阿平老师口述她的满语教学与科研工作

**采访者**：郝庆云

**被采访者**：赵阿平

**被采访者简介**：赵阿平（1955—），女，满族，黑龙江大学满族语言文化研究中心专家。

**赵阿平**：在大学学习期间，我对清史格外感兴趣，邓中绵教授在明清史授课中提到要搞清史研究，一定要学好满语文，利用满文文献资料研究清史方能取得突破性学术成果。我了解到满语文献的重要史学价值，并渴望有机会学习。1986年得遇良机，我有幸师从黑龙江省满语研究所研究员刘景宪恩师学习满语文，边学习边调研，奠定了满语文基础。1988年，我被调入黑龙江省满语研究所专门从事科研工作，并担任《满语研究》编辑工作，这一所一刊是国内外唯一专门研究满语满文的科研机构与期刊。我于1990年始拜求请教学术大家王锺翰恩师，承蒙其多年悉心指导，开启拓展了满族语言与历史文化研究的探索之路。经过几年的请教与思考探讨，我在前人研究基础上，将满语研究与历史学、文化学、人类学、考古学等学科相结合，开创了该学科研究的新方向，拓宽了研究的道路，成为学科深入发展的重要标志。

丰厚的满族语言文化遗产是我国乃至世界文化遗产中的珍宝，满族语言文化保护调研与开发利用成为国际学术热点。满语是满族文化的载体，承载着深厚丰富的民族文化内涵。在清代268年历史中，汇集了浩如烟海的满文档案史料。全国现存满文档案史料约两百多万件（册），其中黑龙江省档案馆现藏黑龙江将军衙门满文档案约有两万余卷，有关边疆、民族资料数量繁多，内容丰富，涉及面广。另外，在俄、日、德、英、美、法等国博物馆、图书馆也藏有一定数量的满文文献史料。其内容涉及政治、历史、经济、文化、军事、外交、宗教、民俗、天文、地理等各个方面。如此浩瀚的珍贵史料，对于古今社会诸学科的研究，都具有极其重要的科学价值。目前满语作为一种濒危语言，仅有黑龙江省少数满族村屯的部分满族老人（不足百人）能以满语会话。在经济全球化大潮快速冲击下，保护满族语言文化遗产与历史文化综合研究显得更加紧迫，因此，保护调查现存满族语言文化珍贵资料，发掘研究大量满文档案史料成为专业工作人员承担的紧迫重任。

**郝庆云**：请您谈谈黑龙江满语所对满学的学科建设与研究工作。

**赵阿平**：满学学科是国内外学术界关注的重要学科，亦是我国居国际领先地位的学科，极具民族文化特色与国际学术交流优势。黑龙江省满语研究所于1999年整建制迁入黑龙江大学，并组建成立了满族语言文化研究中心，聘请全国有关著名专家学者55人为该中心特聘研究员及《满语研究》期刊编委会委员。于2000年设立中国少数民族语言文学（满语）硕士学位点，2005年设立满语文与历史文化本科生学位点；2007年设博士生培养方向并开始招生，2010年设立中国少数民族语言文学（满通古斯语族）博士学位点，为系统培养后备人才建立了教学基地。组织培养了一批骨干成员，知识结构、学历结构、年龄结构合理，具有较强的群体优势的学科队伍。该学科为黑龙江省高校重点学科；该中心已成为黑龙江省人文社科重点研究基地。

为抢救保存濒危的满通古斯语言文化，我们持续40年进行深入的田野调查研究，足迹遍布黑龙江、新疆、内蒙古、辽宁、吉林等地的满通古斯语族生活区域，获得了大量珍贵的第一手语言文化资料，为建立中国满通古斯语言语料数据库奠定了坚实基础，提供了大量真实可靠的语言现存活态资料。

我们非常重视后继人才的培养，以各种方式指导培养本学科及相关学科后继人才。培养了学术与编辑业务兼通的《满语研究》期刊编辑专业人才。为加大后备人才的培养力度，设立本科学位点、硕士学位点、博士学位点，面向国内外招生，为系统培养满族语言文化研究后备人才建立了教学基地。2001~2017年共培养博士生、硕士生65名，本科生300多名。

通过采访调研，发现哈尔滨地区的满语言存续状态呈现出断层状态。虽然市区内满族人口众多，但是相对分散，满语在日常生活中已经早已无人使用。满语的使用主要集中在高校和科研机构。早些年的有上千人同时学习满语的状况不在，开展满语教学的个人和单位也少之又少。黑龙江大学满语研究所等满语人才集中的地区怎样能和本省其他地区的满语学习者进行很好的对接，把高校和科研机构的优势发挥出来，是需进一步思考的问题。

# 第十五章

# 齐齐哈尔市满语保护与抢救

## 第一节　齐齐哈尔市富裕县三家子村满语保护抢救纪实

富裕县三家子村是目前世界上唯一保留完整满语口语的村落，是国内外专家学者瞩目的考查研究之地，被称为满语言的"活化石"。

**富裕县三家子村**

## 一、富裕县满族语言学会的调研访谈

采访时间：2019 年 2 月 24 日

采访地点：富裕县三家子村满族学校

采访目的：请赵金纯先生口述富裕县满语言文化的存续情况

采访者：黄志强、刘晨曦

被采访者：赵金纯

被采访者简介：赵金纯（1954—），男，出生于富裕县三家子村，满族。富裕县满族民族语言文化研究学会会长、原富裕县副县长。因为祖、父辈满语口语都非常好，在经常使用满语会话的生活环境中，他从小就打下了很好的满语口语基础。高中毕业回到三家子村，当了民办教师，参加满文学习，参与翻译清史档案资料。

**黄志强**：赵老师您好，非常高兴能认识您，您能介绍一下三家子村吗？

**赵金纯**：大约是清朝嘉庆年间，我家这一支搬到了现三家子村区域居住。那时三家子区域只住着 4～5 家，随着历史的发展，家族的繁衍，逐渐形成了满族人聚居的大村落。三家子村从 16 世纪 70 年代有满族人居住至 20 世纪 60 年代初期，居民的生活、会话一直使用满语。

也正是因为祖、父辈满语口语都非常好，在使用满语会话的环境中，我从小就打下了很好的满语口语基础。至今，三家子村一部分村民仍然用满语会话，这是世界上唯一保留完整的满语会话方式的村子。

**黄志强**：在来三家子村考察满语的外国学者中，日本的小泉宝教授是比较有代表性的人物。

**赵金纯**：这些年来，三家子村接待了德国、丹麦、韩国、俄罗斯等国家诸多学者来访。日本研究满语文化的专家学者更是多次到三家子考察。1986 年、1987 年，日本的小泉宝教授连续两年到三家子村进行语言、习俗、故事、歌曲等项目内容的考察，回国后用大篇幅报告说明中国还有精通满语言文字的人，这一研究成果引起很多研究机构的重视。

**黄志强**：您高中毕业后回到三家子村当民办教师，是什么原因让您参与了翻译清史档案资料的？

**赵金纯**：1973 年 7 月，我高中毕业回到了三家子村，在村小学当上了一名民办教师，参加满文学习，参与翻译清史档案资料。1984 年 4 月，黑龙江省满语研究所、省委党校为翻译省档案馆保存的清朝遗留下来的历史档案，到三家子村招收清史满文翻译班学员。由于我从小就生活在满语大环境里，会说满语，加之对满文有浓厚兴趣，就报考了清史满文翻译班并被录取。

1984年7月至1986年7月，我在清史满文翻译班学习，这个班有27名学员。

我在专业学习期间（1985年）就承担起省档案馆满文资料的翻译工作，这次翻译的经历为我后来毕业分配留到黑龙江省档案馆奠定了基础。

**黄志强：** 离开省档案馆回到三家子村小学后，您是怎样克服困难，开展满语教育教学的？成果如何？

**赵金纯：** 1987年10月，我回到三家子村小学继续教学。1988年，我担任三家子小学校长后，积极与县教委领导沟通，又向各级民委建议，把三家子村满族群众的意愿反映给县领导，呼吁有关部门在三家子村小学开设满语课，抢救满语文化。这一举措，逐渐引起了县委县政府以及各级民委的重视。教委领导专程来村里听满语课教学，并积极与主管县领导汇报，县里最后拍板在三家子村小学开设1~5年级的满文课程。开设满文课程激发了满族同胞的极大热情，学生们对学习满文的兴趣也被激发出来了。

三家子村小学满语教学是从1988年8月开始的，我在教学间隙把精力用在满语满文研究和满语传承上。没有满文教材，我在一年里就编写了一套。这5本教材大多出自生活的日常用语，完全可用在满语教学上，我坚持每周上三节课。经过几年的授课，很多学生都能用满语交流，会书写满文，可以翻译简单的满文语句。直到1993年3月，我调到友谊达斡尔族满族柯尔克孜族乡政府工作，满语教学才停课。我在三家子村小学从教近20年，先后带了11个毕业班，多次被省、市、县评为教学能手。

**黄志强：** 2004年，富裕县三家子村满语传承获得了新的发展契机，您介绍一下这方面的情况。

**赵金纯：** 2005年3月，三家子村满语学校正式成立，重新开设满语课程。选拔出两个满语教师石君广和赵莹莹，还为他们解决了事业编制。县里还在三家子村建起了满族博物馆。

**黄志强：** 从事满语教育教学这么多年，您认为未来满语教育要如何发展？

**赵金纯：** 今后传承满语口语和满文，尤其是口语的传承更为重要。

首先，要给满语口语传承人创造一个使用满语沟通、学习的良好环境。有活动场所才能把满语口语传承人集中起来。

其次，坚持经常，每周活动一天，在活动中大家用满语进行口语交流，不断增加单词量。

最后，要通过政府行为，激励满语口语传承人，发挥他们传承满语口语的积极性。有必要的话，我完全可以牺牲自己的时间，利用农闲，把有一定满语口语基础的人集中起来，教三个月，保证这些人都能用满语口语进行交流。我还有一个建议：政府应该在中学开设一个满语中级班，推动满语、满文传承向更高层次迈进。必要时，我可以任中学班老师，也可以代培一名满语中学教师。同时，让参加满文学习的学生懂得学习满文不仅是一种文化的传承，还能成为一种谋生的手段。拿我们省来说，清史档案资料中绝大部分还在沉睡着，省档案馆急需懂满语口语、满文的人来翻译。现在的年轻人如果学通满文，就业是不成问题的。这也许能对满语、满文传承起到推波助澜的作用。

**黄志强：**您对三家子村的满语传承有哪些新的设想和规划？

**赵金纯：**我计划将"萨满文化""请神祭祀文化""地名考""江名考""餐饮文化""满族习俗""满族民歌"等诸多接近濒危的满族文化，系统地进行挖掘、搜集、整理，然后翻译成册，现在正在筹集出刊，即将进行将7千多句满语单词联成交流语言、满语文字等编撰工作。

黄志强与赵金纯（左）等座谈（2018年7月19日）

以赵金纯为代表的活态满语传承人作为满通古斯语言的历史记忆者，是满族历史文化最重要的活态载体，是研究满族历史变迁、文化脉络、民俗习惯、宗教特征的"活化石"，他们是能够说满族语言、传承满族民族文化的传承群体。

## 二、三家子村满族学校访谈

**采访时间：**2017年8月12日

**采访地点：**齐齐哈尔市富裕县三家子村满族学校会议室

**采访目的：**齐齐哈尔市富裕县三家子村的教师石君广热忱于满语文的教学和满语的普及工作，对他的采访是为了记录他在满语教学和传播两个方面独特的方式方法及成绩

**采访者：**黄志强、刘晨曦、李德新等

**被采访者**：石君广

**被采访者简介**：石君广（1977—），男，满族，黑龙江齐齐哈尔人，小学满语教师。其祖母孟淑静是富裕县认定的 16 位满语口语传承人之一。

**黄志强**：您能回忆一下自己学习满语的过程吗？

**石君广**：我小时候村子里的很多老人都会说满语，可以说，我是在一个良好的满语氛围中长大的。我的奶奶是孟淑静，她老人家是富裕县认定的 16 位满语口语传承人之一，我从小就跟奶奶学习满语，但我一开始就会讲几句简单的口语对话。后来，我上小学的时候，1987 年吧，我们小学开设了满语课，当时教我们学习满语的就是赵金纯老师，我的满语启蒙就是在三家子村完成的。但后来上初中和高中以后，我就没系统地学习满语了，升学的压力使我与满语"绝缘"了。

1998 年高考失利后，我在家务农种地，很多同龄的伙伴大多去了外地打工，挣钱也比较多，但我选择了留下来，开始利用业余时间跟满族老人学满语。几年的勤学苦练使我打下了较为坚实的满语基础。

采访孟淑静老人（2008 年 5 月）

**黄志强**：您是在三家子村长大的，您对自己的家乡有什么样的认识？

**石君广**：我们富裕县友谊达斡尔族满族柯尔克孜族民族乡三家子村是坐落在黑龙江省齐齐哈尔市富裕县的一个小村庄。自清朝康熙年间建村，是有 300 多年历史的民族村，我们村的活态满语遗存吸引了世界的目光，被誉为"满语活化石基地""满语最后的精神家园"。在这个满语口语的原生态留存地，来自政府、学界和民间的力量一直在努力，在与时间赛跑，暂缓满语言消亡的速度，挽救满语言及其历史文化。

**黄志强**：三家子村小学与你的成长和后来的职业关系非常密切，请介绍一下这所小学的满语教学相关情况。

**石君广**：我们富裕县三家子村小学始建于1946年，距今有70多年的办学历史。早在1987年，富裕三家子村小学就开始设立满语教学班，以学校教育为载体，进行满族语言、历史、文化的教育传承。最初是由三家子小学的校长赵金纯担任满语课教师，在4~6年级开设满语课，每周6节，后来改为2年级开始上满语课。这也是国内最早在小学开设满语课程的教学尝试。虽然面临满语师资、办学经费、生源不足等诸多困难，但在校本教材的编撰、教学内容设定、小学满语教育开展、满族文化传承方面进行了积极的探索，积累了许多宝贵的经验。

在三家子村满语的语言环境不断恶化、满语言濒危的背景下，随着熟练说满语的老人的离世，言传身教、口耳相传的满语家庭教育难以为继的时候，满语社会教育基于地域、资金及师资等无法开展的时候，三家子村小学满语教育就成为传承满语言主要支撑点。这也是我们三家子村小学一直引起国内外关注的重要原因。

2005年以来，富裕县县委、县政府先后投资200余万元在三家子村建立了全国第一所满语小学，命名为：三家子村满族学校，继续设立满语课堂，传授满族文化。

富裕县在重视满族语言文化的保护，大力弘扬满族文化的同时，还通过遴选满语传承人，建立传承人档案，落实传承人经费补助，完善保护传承的机制体制，划定满族语言文化保护区，制定满语言保护的规划，设立传习所和研究会，进行三家子村基础设施建设等。集合全县各部门的资源，无偿捐款捐物，为三家子村小学配备电脑、购买语音等设备，并拨付专项资金送6名在职教师到黑龙江大学进修满语，使得满语教学水平和教师队伍素质得到大幅提升，为满语教育的开展创设了良好的育人环境。富裕县三家子村小学已经建设成为一所省级标准化小学。在三家子村满族学校校内，还建有三家子满族文化博物馆，这个博物馆实物与图片相结合，较为全面地介绍了三家子村的村落历史、民族习俗、生产生活、家谱源流、萨满文化等，内容较为丰富。

**黄志强**：用什么样的教材对孩子进行满语启蒙教育，你们进行了哪些探索和实践？据您所知，全国的满语教材编写状况怎么样？

**石君广**：三家子村小学最早使用的满语教材是由赵金纯编著的，该自编全套教材计划为五册，现已编出三册。经黑龙江省满语研究所刘景宪副研究员审校，认为此教材浅显易懂，图文并茂，适用于小学教学。在2005年，赵金纯又在原有教材基础上进行系统整理完善，编辑出 5 本自编教材。2006 年 2 月，富裕县县委聘用我和赵莹为满语教师，3 月 1 日正式开设满语文课程。我在教授满语课程的过程中，陆续编写了《满族知识读本》《小学满语教材（口语）》《小学满语教材（满文）》《满文字帖》等校本教材。

但从全国范围来看，在小学基础教育阶段，还没有权威的、公认的通行全国的满语教材。各地中小学满语课程所用的教材还没有统一规范起来，有些满语学校自编教材、校本教材的开发虽然在一些地区、一定的历史时期起到了重要的作用，但由于满语的特殊性，标准化管理有一定难度，教学规范化程度不强，所用教材多数为教师自己编写，满语课几乎都是校本课，授课时数少且无法保证，教学效果也受到很大影响。

**黄志强**：那据您所知，目前，咱们齐齐哈尔地区基础教育领域的满语师资情况怎么样？

**石君广**：总体上说，咱们齐齐哈尔地区基础教育领域满语师资力量还是很薄弱的，师资队伍建设压力较大，特别是满汉双语教学人才特别匮乏。实际上，我从事满语教学有十几个年头了，从整个齐齐哈尔地区乃至全国范围来看，满语基础教育的师资匮乏问题都比较严重。

## 三、三家子村满语传承人的访谈

### （一）对满语传承人陶青兰的访谈

**采访时间**：2019 年 1 月 24 日

**采访地点**：齐齐哈尔市富裕县三家子村

**采访目的**：请三家子村满语传承人陶青兰口述满语传承工作的现状

**采访者**：黄志强、刘晨曦

**被采访者**：陶青兰

**被采访者简介**：陶青兰（1944—），富裕县三家子村人，满族。2010 年，被认定为首批满语传承人之一。

**黄志强**：您作为富裕县确定的第一批满语传承人，您能谈一下富裕县三家子村满语传承人的认定工作情况吗？采取了哪些扶持的政策和措施？

**陶青兰**：我们富裕县政府在 2008 年，通过满语传承人认定标准，认定首批满语文化传承人 16 名：孟淑静、孟宪连、孟宪孝、孟宪义、孟淑凤、陶纯荣、陶玉华、陶云已、陶云庆、计金禄、计有才、吴贺云、关凤义、赵凤兰和赵金岭，我也荣幸地被确定为第一批满语传承人。现在我们富裕县三家子村共有县政府认定的满语传承人9名：关凤义、计金禄、孟宪连、孟宪孝、陶青兰、赵金玲、计福庆、富玉清、赵金芝。但这9位传承人有的年事已高，有的身体疾病缠身。这9位满语传承人除计福庆现居住在大庆之外，其余8位传承人都一直居住在我们三家子村。

我们富裕县县委县政府非常重视三家子村的满语保护和传承工作，采取了很多方法保护满语。不仅建立满语保护区，建立传承机制体制，而且还认定、扶持和奖励一批满语传承人。根据富裕县三家子村满语传承存续情况和传承人评定标准，县里给我们每个传承人每月200元的生活补助，发挥我们的作用，设立满族语言文化传习所，开展传帮带的传承活动。

**黄志强**：从濒危语言保护的角度，参考国内其他民族濒危语言保护的做法，对三家子满语保护有哪些经验借鉴？采取的具体举措是什么？

**陶青兰**：就我们富裕县三家子村的满语保护来说，建立三家子村满族语言文化保护区是一项长期系统的工程。一是制定三家子村满族语言文化保护区整体规划，出台相关政策措施，加强对满族语言文化的抢救保护与研究利用。二是对三家子村满族文化特色的民居进行挂牌保护，保留传统民居特色，为研究满族习俗提供实物参考。三是设置文化展厅，重点对满族语言文化和民族习俗等进行保护和展览。在三家子村满族学校，已经建立了博物馆，馆藏内容也在不断丰富。四是建设文化活动室，营造浓厚的满族语言文化氛围，为满语研究创造条件，推进抢救保护濒危满语的进程。

**黄志强与满语传承人陶淑琴、陶青兰在满族老屋前合影（2017年5月21日）**

## （二） 对满语传承人陶淑琴的访谈

**采访时间**：2018 年 10 月 27 日

**采访地点**：齐齐哈尔大学培训中心会议室

**采访目的**：请陶淑琴口述作为满语母语使用者传播满语的情况

**采访者**：黄志强、李德新、郝庆云等

**被采访者**：陶淑琴

**被采访者简介**：陶淑琴（1948—），笔名：敬修，满族，出生在黑龙江省富裕县友谊民族乡三家子满族村。富裕县满语研究会名誉副会长，齐齐哈尔市满联会常务理事。陶淑琴的母亲赵凤兰（正黄旗）是满语母语第一代传承人，受其母影响，陶淑琴自幼学习满语，2005 年开始自发带头传播满语，自费在全国多个省市地区参与过众多满语活动。

**黄志强**：陶老师，您作为满语母语会话者，您先介绍一下自己学习满语的情况？

**陶淑琴**：我是富裕县三家子村的陶淑琴，我的妈妈是满语口语传承人赵凤兰。我学的满族话，就是跟妈妈学，说妈妈的话，能够会说满语让我一直很自豪。

**黄志强**：陶老师，您作为知名的满语母语会话者，这些年接待了国内外许多高校和科研机构的专家学者，为他们进行三家子村满语田野调查提供了帮助。

**陶淑琴**：确实是这样，我接待了国内外许多来三家子村调查、走访、参观、寻根问祖、社会实践的高校教师、专家学者、媒体记者、大学生，以及外地满族联谊会的领导和族胞，我的家现在在齐齐哈尔市里住，一有专家学者要到三家子村考察，我都提前打车去三家子村，帮助老师们联系采访对象。

**黄志强**：您住在齐齐哈尔市，齐齐哈尔大学历史系介入满族文化研究比较晚，通过和刘厚生老师认识以后，您后来和齐齐哈尔大学历史系有工作上的接触吗？

**陶淑琴**：齐齐哈尔大学历史系的黄志强老师在刘厚生老师回长春后，与我联系，派学生给我送去了他们编写的满语文 3 000 句口语句子，说是征求我的意见，让我从母语会话者角度审阅这些句子，看这些句子是否合乎日常规范，是不是我们满族人日常交流中用到的语言，特别是他们撰写的风俗习惯部分有没有和三家子村满族的各种习俗、习惯不同或有出入的地方，想听听我的意见，他们好进行修改。我很认真地看了，也把修改意见给了黄老师，他很满意，让我联系三家子村人看看，这些句子合不合适。我后来特意去了几趟三家子村，找到孟宪孝、陶青兰、石君广等人，我把句子分给他们，他们都看了，也提出了修改意见。

**黄志强**：满语影音资料的录制工作对于保护满语口语，留存历史资料意义重大，您参与了哪些这方面的工作？

**陶淑琴**：近些年，我参与了很多地方的满语口语音像资料的录制，这个对于保护我们的民族语言，留下宝贵的影像资料，让我们的子孙后代都知道我们民族语言的重要性很有意义。2017年8月9日，东北师范大学刘厚生老师组织了一个采访团队，来到齐齐哈尔大学，有20多个人，参与录制工作。作为满语母语会话者，我负责了丧葬习俗、交通工具、家族源流、美术书法、姓氏家族等条目满语口语的录制。在这期间，北京的孟宪振、大庆的计福庆、富裕县的陶春民、齐齐哈尔市的计翠芝、三家子村的陶青兰、石君广都来了，在齐齐哈尔大学培训中心待了四天，录制了满语口语音像资料2 000多句。

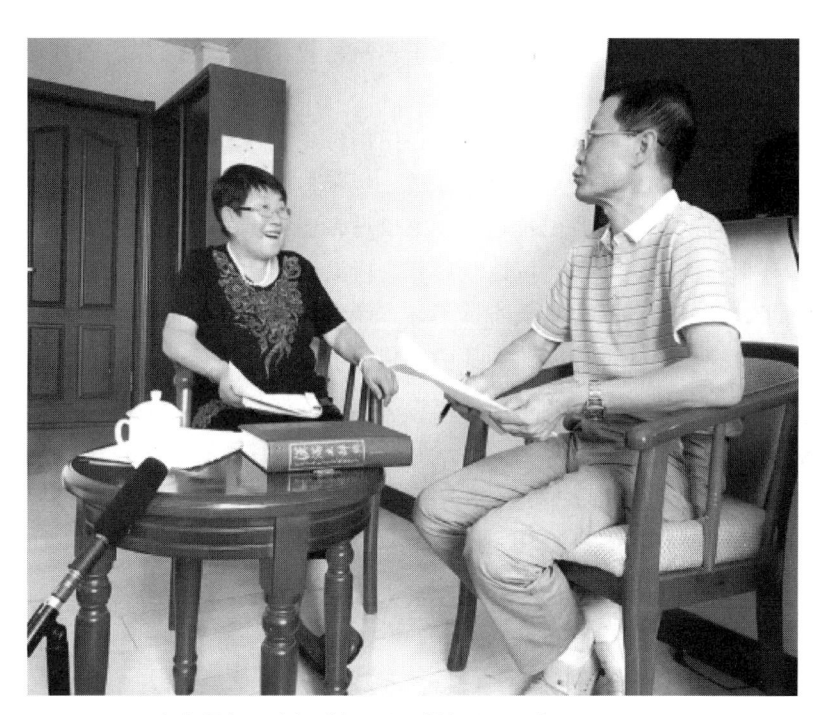

**陶淑琴与孟宪振满语口语对话（2017年8月10日）**

**黄志强**：现在有一些满族文化群、满语学习群、地域满族群，群里的交流很活跃，您有语言基础，有没有在一些专门的微信群里交流满语？

**陶淑琴**：我们三家子村就有满语传承骨干群，我们富裕县满族语言研究会的会长赵金纯，原来是我们三家子村小学的老师、校长，后来又到乡里工作，是我们富裕县的原副县长，从事满语教育教学、研究满语、说满语、保护传播满语很多年了。他退休后，把村里的会说满语、有一些满语基础，或者对满语感兴趣的村民组织到一起，我们定期开展活动，就像一家人一样。我们经常约在一起活动，定期进行学习交流，定期进行考核，以此营造满语口语的会话氛围。我自己的微信里就有好几个满族群，我们在群里经常交流满语，交流全国各地满语保护的大事小情。还有很多人在微信群里和我学满语，我也乐于在微信群里和大家交流，我相信，通过我们的努力，一定会有越来越多的人会说满语，把我们民族的语言传承下去。

**黄志强**：新闻媒体对您的事迹也比较关注，报道了您退休后，不辞辛苦，传承、保护满语的事迹。

**陶淑琴**：我这几年经常全国各地跑，参加我们满族的一些民族活动，像哈尔滨的满族颁金节，富裕县三家子村的满族颁金节，富裕县三家子村的"全球满族人说满语启动仪式"，还有全国满族联谊会会长论坛等活动。说实话，我年纪也大了，这样来回跑真的很辛苦，可是为了传承抢救我们极度濒危的满族语言，我受点苦、受点累也是值得的。

**黄志强**：满族历史和满语文化曾经在中国历史上具有重要地位，而三家子村满语又名扬海内外，您认为应该怎样保护三家子村满语？

**陶淑琴**：目前，只有我们富裕县三家子村，还有黑河市大五家子等地有的满族村屯中还保留着满语口语，可以较熟练进行满语会话的人数越来越少，而且年纪都很大了，还有的满语传承人身体不好，经常打针吃药。但是满族文化是我们民族优秀文化遗产的一部分，比如我们的传统节日颁金节、莫勒真大会、我们的满绣，都非常有价值，有意义，所以，要下大力气保护和发展。还有我建议在招生方面，要对学习满语的学生进行奖励，适当降低录取分数线，让他们能上大学，特别是针对有少数民族语言基础的学生。最后，我相信通过全社会的努力，一定会将我们满语发扬光大，让会说、会写满语、满文的人越来越多。

## （三）对关利的访谈

**采访时间**：2018 年 5 月 29 日

**采访地点**：齐齐哈尔市长青家园小区

**采访目的**：对齐齐哈尔市满语母语会话积极实践者的活动进行口述史记录

**采访者**：黄志强、李德新、李雪、刘政等

**被采访者**：关利

**被采访者简介**：关利（1958—）男，满族，齐齐哈尔市龙沙区人，齐齐哈尔市满族文化研究会副会长，著有《现代满语口语1200句》。关老师自幼在说满语的家庭长大，有较好的满语基础，对推动保护满语文和发掘满族历史文化极为热心，与满语传承人和热心传播满族历史文化的人保持着密切的接触。

黄志强教授与关利（左）交流（2019年7月22日）

**黄志强**：关老师，富裕县三家子村的满语遗存被誉为"活化石"，是我们齐齐哈尔的靓丽文化名片，您和三家子村的村民感情很深，您对三家子村满语传承有哪些看法？

**关利**：我的祖先是镶黄旗瓜尔佳氏，祖居长白山三道沟。康熙年间，为了抵抗沙俄的入侵，从宁古塔迁移到富裕县塔哈镇周三村落户。我的外祖父、外祖母、祖母、母亲都是三家子村满族人，她们从小就说满语，给我很大影响。我们满族是黑龙江省10个世居少数民族中人口最多的民族。满族是优秀的民族，语言是民族的灵魂，满语就是满族的灵魂。学习传承满族口语，应该得到族人的重视，把满语"活化石"传承下去，靠族人一起努力，我们应该珍惜自己民族拥有的语言文字。

但现在会满语懂满文的却没有多少。即使从全国范围来看，情况也很不乐观，会说满语者不足百人，懂满文者不过20人左右。保护满族语言文化，是我们满族人的民族责任。

**黄志强**：您和富裕县三家子村的满语传承人联系很多，和其中的一些老人还有亲属关系，您对富裕县三家子村的满语传承人的保护问题怎么看？

**关利**：我们齐齐哈尔市富裕县认定的三家子村满语口语传承人有16位。但近些年有一些满语传承人去世了，县里又增补了几位，目前还有孟宪连、计金路、孟宪孝、关凤义、陶青兰、赵金岭、赵金芝、富玉清、计福庆等9位满语传承人。这9位满语传承人除了我舅舅计福庆现居住在大庆之外，其余8位传承人都一直居住在富裕县三家子村。刚才说到我的舅舅计福庆，他现在大庆居住，生活条件也很好,但他就是舍不得三家子村,在村里还有房子,有时间就回三家子村住一段时间。计福庆舅舅是富裕县三家子村的满语传承人,他非常热心满族文化保护传承的工作,经常被邀请去外地交流,参加齐齐哈尔市满族文化研究会的活动,接待全国各地的来访者都非常热心、积极。

**黄志强:**齐齐哈尔地区的满族文化遗存非常丰富,您对齐齐哈尔各地的满族文化资源保护利用的现状了解关注吗?

**关利:**我是齐齐哈尔市满族文化研究会的副会长。我们研究会非常关注本地区的满族历史文化资源,经常性地开展考察调研活动,掌握各地满族群众聚居区的文化发展诉求,参与整理文献和咨询报告,为政府部门献计献策。我和研究会、高校、民宗局有关人员先后多次去水师营满族镇、富裕县三家子满族村、富裕县周三满族村、理建村、铁锋区扎龙满族村进行实地调研,取得了非常好的效果,也取得了非常好的成绩,并对各地满族村镇的文化建设提出了我们的想法和建议,也得到村里、镇里和县里领导的肯定。

2018年6月3日,我和齐齐哈尔市满族文化研究会的部分成员,特别邀请到了齐齐哈尔大学文学与历史文化学院常乐博士、齐齐哈尔大学研究生院办公室佟有才主任,深入到铁锋区扎龙乡扎龙满族村,考察"中国第一位环保烈士"徐秀娟故居,挖掘满族家谱文化遗存,探讨满族民俗风情旅游村特色品牌打造。我们去扎龙村调研徐秀娟烈士家属现状,向有关部门提出了一些建议,得到有关部门的重视,帮助烈士家属改善了居住环境。对于清代爱国将领塔尔岱的一些情况,向水师营满族镇提出了我们的想法,得到了他们的重视。并把周三满族村的困难情况向富裕县民宗局反映,提出了一些合理化的建议,得到了富裕县民宗局的大力支持,为周三村提供资金改善了村容村貌。

**黄志强:**富裕县三家子村满语传承人的保护问题是学会重点关注的工作,您对满语传承人的保护有哪些想法和建议?

**关利:**富裕县政府在2008年,通过满语传承人认定标准,所遴选认定的16位传承人让国内外的满语学界研究者认识了他们、熟悉了他们。这些满语传承人为满语传承做出了积极的贡献。但随着时间的推移,有7位满语传承人去世了,传承人的队伍在缩小。这就提出一个现实的急需解决的问题,如何尽快出台相关奖励、鼓励政策、采取切实可行的积极举措,认定新的满语口语传承人,调动母语会话者参与传承活动的积极性,进一步推动满语言的传承和保护工作。我觉得这是当前我们要积极推动的重点工作。

**黄志强:**您编写的《现代满语口语1200句》在网络上很出名,很多满族学者和族胞都购买了这本书,学习自己的民族语言,社会反响很好。请您介绍一下这本书的情况。

关利：《现代满语口语 1200 句》是我、黑龙江省社会科学院文献研究中心黎刚和我的女儿瓜尔佳·塔娜共同撰写的著作。这本书 2014 年由黑龙江教育出版社出版。这本书凝结着我们的心血，也凝结着我对满语的热爱。在这本书中，我也算对本民族的语言尽了一点微薄之力。这本书采用国际音标、罗马注音、汉语拼音、汉字谐音编写，通俗易懂，一看就会。还附有光碟，便于口语的学习与推广，被评为优秀图书。

黄志强：您在写这本书的时候，非常艰难，听说您的女儿给了您很大的支持和帮助？

关利：不仅仅是我的女儿，我的家里人都非常支持我。这本书能写完、能输入电脑，能排版、能出版，没有他们，我是完不成的。我身体不好，手指不灵活，对书稿的文字进行电脑录入的时候非常困难，家人们非常支持我。我的弟弟有时间的时候就帮我打字，家里有大事小情我内弟都准时出场。这么多年，对我特别关心照顾。我的妻子对我不离不弃，无微不至地照顾我。我的女儿帮助我校对和设计。她毕业于哈尔滨师范大学美术教育学专业，对我们满族文化非常热爱。孩子非常孝顺，为了帮助我完成写书的心愿，为了让我少遭点儿罪，就毅然当起了我的助手，负责校对书稿，进行装帧设计，并配上她创作的满族剪纸插图，为这本书增光添彩。

黄志强：听说您的第二本书正在写作中，您介绍一下这方面的情况。

关利：我的第二本口语书《满语口语·满汉会话》已经脱稿，2019 年末即将由辽宁民族出版社出版，这是我写的第二本满语口语专著，从构思到完成用了三年多的时间。写这本书很辛苦，很艰难，我患有严重的类风湿病，手都已经变形，起居都需要爱人照顾。这是我以清代《清文启蒙·兼汉满洲套话》为蓝本，以三家子村满语口语翻译而成的一部书。这本书与《现代满语口语 1200 句》最大的区别在于增加了名词、动词、形容词等词性的新内容，更有实用性和普及性。我的设想是把《满语口语会话》做成古为今用的著作，把清代满语与现代满语做对比研究，进行一些创新，能够更好地把满语口语传承下去。《满语口语会话》分为"常用单词""口语会话""附录"等部分，还有光盘配套发行，用于满语口语爱好者自学口语会话及交流。

黄志强：齐齐哈尔市昂昂溪区水师营满族镇水师小学满语班正式开课对您来说，这是一个特殊的日子，意义特别重大。

关利：2017 年 3 月 9 日，我非常有幸参加了水师营满族镇在水师小学举行的满语班开课仪式，在水师营满族镇政府和齐齐哈尔市满族文化研究会的工作协调下，决定聘请我担任水师营满族小学的满语教师，能够把我所学的满语教给孩子们，这是对我最大的肯定。在活动现场，我为水师小学六年级的近百名同学上了第一堂满语课，我讲解了《现代满语口语 1200 句》及满语故事、满族民俗等，还教同学们唱满语歌曲和用满语问候,在传播满族文化的同时进一步增加了他们学习满语的兴趣。

**黄志强**:这几年,新闻媒体也特别关注您,可以说您的顽强拼搏的精神感动了很多人,所以有那么多的人拜访您,与您交流。

**关利**:2017年3月11日《齐齐哈尔日报》发表文章《让满族文化在产业项目中绽放绚丽之花》特别介绍了水师营满族镇水师小学开办满语班,传承满族民族文化遗产,创造浓厚的满族文化氛围,激发满族文化及满语在民俗特色旅游项目发展中的作用,对我克服困难,为满语班上课讲授满语给了较好的评价。昂昂溪区政府网也对我在水师营满族小学教满语给予了报道和表扬。2018年4月份,齐齐哈尔新闻网《关利:拯救世界濒危的满语瑰宝》也对我学习满语、传承民族文化、为水师小学上课、编写《现代满语口语1 200句》、参与教育部哲学社会科学重大课题攻关子课题、利用微信群教满语等情况进行了报道。我实际上非常非常普通,身体也不好,满语是我的精神力量,我会把后半生的全部精力都用在满语口语传承上,特别是三家子村满语应该得到传承,民族文化事业应该得到更好的发展与壮大。

**李德新**:您提到参与东北师范大学满语专家、博士生导师刘厚生教授率领的科研团队,承担教育部哲学社会科学重大攻关课题子课题的情况,您介绍一下您具体做了哪些工作?

**关利**:我和刘厚生老师是老朋友了,很多年以前就认识,这么多年,我们一直有联系。刘老师到齐齐哈尔考察、交流,多次到我家里看望我、鼓励我,和我一起交流满语保护和传承的事儿。我参加了刘老师的教育部哲学社会科学重大课题攻关项目,其中的一个子课题《齐齐哈尔地区满语遗存情况调查及富裕县三家子村活态满语音像资料库建构》由齐齐哈尔大学历史系主任黄志强老师担任负责人。我参与了这个项目的工作,黄老师他们领着齐大的老师编撰完3 000句满语口语句子后,征求我的意见。我把我的两个舅舅——三家子满语传承人计福庆和母语会话者陶春民请到我家,我们一起看这些句子是不是日常用语,用满语口语能不能翻过来。我还把这些句子发给三家子村的孟宪孝、陶青兰、石君广、计金路等满语口语传承人,也征求了他们的意见。经过了将近一个月的修改,我还把其中一千一百多句口语标注满语发音,让我的母亲陶青云、老姨陶清波都参与进来,一起参加项目工作,一起传承满语。

**黄志强**:现在微信应用得越来越广泛,满族文化群、族胞交流群、地区满语学习群很多,您的朋友圈里有几个满语群?您在群里活不活跃,经常参加和主导群里的交流活动吗?

**关利**:2010年,我在病床上义务为族人传授三家子满语。一开始在QQ上说，近几年在微信上讲满语。虽然很辛苦，但感到很欣慰，也是一件开心的事儿。在我的学生中，已经有五个人分别在各自的微信群里讲满语口语了，终于看到我没有白付出，满语口语的传承有了后来人。2017年3月9日，我坐着轮椅为水师营满族镇小学生讲满语，让更多的孩子也学习到满语了，我很高兴。我还把自己在微信中看到的关于我们满族、满语的好文章，好故事，都转发在我的朋友圈，让我的朋友们和我一起关注我们的民族和我们的文化。同时，我还利用微信，与东北师范大学、齐齐哈尔大学等高校研究、关注满语的老师经常交流传承人保护、满族文化遗存调查的问题。

黄志强：这几年，您经常去水师营满族镇参加授课和其他的活动吗？除了授课，还参加其他活动吗？

关利：这几年，我坚持去水师营满族镇小学给孩子们上课。昂昂溪区水师营满族镇是我们齐齐哈尔市唯一的满族镇，这里满族的民俗很丰富，满族的文化遗址遗存很厚重。我在水师营小学授课，讲满语文，也是为了加大满族文化的传播力度，增强满族文化的影响力。除了在水师营小学上课，我还参与其他的一些活动，比如为满族文化遗产保护方面的调查工作。

黄志强：您身体不好，饱受病痛折磨，为什么还这么愿意去齐齐哈尔各地参加各种满族文化传承活动？

关利：满语全称满洲语，属阿尔泰语系，在清朝的历史上是"国语"。由于历史原因，满语不断衰落，联合国教科文组织把满语确定为极度濒危语种。面对这即将消失的宝贵民族文化，我觉得我有责任去做点什么，我把学习和传承满语作为我的责任和义务。我认为满语是一种优美的语言，说起来非常好听，写起来又非常好看。我是一个普普通通的人，我也没有很高的学历，我写书也好，教别人学习满语也好，没有什么别的目的，就是想尽我所能，将民族语言传承弘扬，这既是对我们满族先人的敬畏，也是对我们的后代负责，所以我尽管能力有限，但我一定克服困难，去多做一些和满语保护、满族文化传承有关的事儿，把我们的满语传承好、发扬好。

关利老师体弱多病，但是为了满语保护、满族文化传承这个神圣的使命，他克服常人难以想象的痛苦和艰难，努力身体力行传承弘扬满族历史语言文化，不愧是"坐在轮椅上的文化斗士"，其杰出的贡献堪可嘉颂。

## 第二节　齐齐哈尔市地方高校对满语文的抢救

近些年，齐齐哈尔地区的少数民族聚居区地方政府、社会科学界联合会、满族文化研究会、地方高校重视满语文的保护和传承工作,积极发挥高校文化引领、地域文化传承方面的作用,以黑龙江省社科联"黑龙江省少数民族文化学术交流基地"为学术媒介和平台,开展区域文化和民族文化的研究。

## 一、地方高校学者介绍满语文保护、研究情况

**采访时间:** 2017 年 8 月 12 日

**采访地点:** 齐齐哈尔市政府 1 号楼齐齐哈尔社科联 1815 办公室

**采访目的:** 请张守生先生口述对三家子村满语存续状况的调研

**采访者:** 黄志强、刘晨曦、范传南等

**被采访者:** 张守生

**被采访者简介:** 张守生(1968—),男,汉族。齐齐哈尔市社会科学界联合会调研员,黑龙江省达斡尔族研究会副会长,齐齐哈尔大学历史系客座教授,《齐齐哈尔文史资料》主编。

**黄志强:** 张老师,您是学历史出身,是齐齐哈尔大学历史系的客座教授,您一直从事的都是与齐齐哈尔地方文史有关的工作,您在齐齐哈尔地方史研究中,对齐齐哈尔地区的满族历史文化遗存情况也非常关注,富裕县三家子村的满族语言遗存很有特色,您的研究中关注这一内容了吗?

**张守生:** 我对三家子村满语还是比较关注的。富裕县三家子村自 20 世纪 60 年代起,就已经进入国内外满语研究者及满语爱好者研究和关注的视野。作为阿尔泰语系一种古老语言的遗存地,三家子村满语因其语言的原生态性而驰名中外。三家子村现在俨然成为中外语言学者田野调查和研究样本采集的"乐土"。在满学研究领域,三家子村满语研究占有极为重要的地位。

**黄志强:** 国内开展三家子村满语研究也将近 60 年的时间了,研究的状况您了解吗?

**张守生:** 关于三家子村满语研究的现状,我还真查阅过,三家子村活态满语的研究成果可以说是较为显著。

**黄志强:** 在富裕县三家子村满语研究中,金启孮先生是具有首倡之功的,您对金先生的著作研读过吗?

**张守生:** 关于三家子村的语言和历史问题,实际上早在 20 世纪 60 年代就有人开始作了研究,其中内蒙古大学在 1961 年由清格尔泰、金启孮等人带领一部分学生到三家子村进行为期一个月的考察,收集了大量第一手资料,金启孮教授对三家子村满洲老屋的结构,生产、生活和祭祀用具、地理位置、历史现状、经济生活、风俗习惯、满文满语、传说故事、族谱资料等满语存续状况、满族特征

遗存情况进行系统调查研究，根据调查结果撰述完成的《满族的历史与生活——三家子屯调查报告》一书。

这是第一部关于三家子满语及其历史文化综合研究的专著。该书1981年出版，在1984年翻译成德文出版，在世界满学研究领域产生了巨大的国际影响。这本有关满族历史与生活的调查报告，内容翔实、涵盖面广，所彰显出的学术价值和国际影响力，堪称是三家子满语研究的奠基之作。该书出版发行后，三家子村的满语"活化石"地位得到国内外广泛的、长时段的密切关注。

**黄志强**：国内学者都有哪些代表性的著作，这些著作都是从哪个方面对三家子满语进行研究的？

**张守生**：20世纪60年代以来，学界出版了多部三家子满语研究的学术论著。例如，季永海、赵志忠、白立元所著的《现代满语八百句》；季永海所著的《从辉煌走向濒危——季永海满学论文自选集》；戴光宇所著的《三家子满语语音研究》；恩和巴图所著《满语口语研究》；赵阿平所著的《濒危语言——满语、赫哲语共时研究》《满族语言与历史文化》；刘景宪、赵阿平、赵金纯所著的《满语研究通论》；赵阿平、朝克所著的《黑龙江现代满语研究》；关利、黎刚所著的《现代满语口语1200句》。此外，富裕县政府先后编撰了《满语通论》《三家子满族风情录》《富裕县民歌集成》《富裕县民间舞蹈集成》《富裕县民间文学三集成》等一批以三家子满语研究为主或研究内容涉及三家子满语的学术著作。在富裕县政府的支持下，赵金纯等人编写了《小学满语口语教材》《满语字母字帖》《满族知识手册》《小学满文教材》等多种自编教材。

**黄志强**：自20世纪90年代以来，濒危语言研究成果日益丰硕，水平逐年提高，三家子满语的论文成果怎么样？都有哪些代表性的文章？

**张守生**：相对专著而言，三家子满语研究论文的成果较为丰富。联合国教科文组织对世界范围内的濒危语言给予了极大的关注。很多学者从少数民族濒危语言的角度，从满语作为濒危语言的濒危界定、濒危表现、濒危过程、濒危原因、不同民族语言的濒危比较、满汉语言接触与融合、濒危状态下满语存续现状等方面对三家子满语进行了深入调查和研究。相继有《濒危的三家子满语》《黑龙江满语濒危过程探析》《三家子满汉语言文化接触与融合浅析》《中国濒危少数民族语言调查研究——满语现存情况调查报告》《满语、赫哲语濒危原因对比探析》《满—通古斯语族语言文化抢救调查——富裕县三家子满族语言文化调查报告》《三家子村濒危满语调查分析》等多篇调查报告和学术文章论述了三家子满语的濒危情况。

上述文章以翔实的调查数据为基础，并以不同时期的调查结果进行比较研究，运用翔实的数据和例证从语言环境变化、交际功能衰退、语言本体变化等方面呈现满语的衰退和变化，着重分析了三家子满语汉化，以及对汉族移民迁入、满汉文化接触、政治运动、满汉通婚、外界接触、电视普及使用、学校汉语教学、民族自我认同意识滞后等导致满语濒危的原因、濒危的过程轨迹进行分析。此外，满语教育传承、抢救性保护、民族语言、民俗谚语、族谱史料等领域都有多篇文章进行深入研究。不同时期、不同角度的满语现状调查报告及论文，为三家子满语的变迁、演变研究提供了翔实数据和资料。

**黄志强**：满语的濒危状况比较严重，您能谈谈这方面的认识吗？

**张守生**：在富裕县三家子村，20世纪60年代，金启琮先生当时进行社会调查的时候，三家子满语的存续状态还比较好，村里的满族文化遗存非常丰富，人们的日常用语就是满语，平时相互之间都是用满语交流的。随着历史发展，外来汉族移民的迁入，语言环境的变迁，能够用满语熟练讲话交流的老人越来越少。学者们通过比对发现满语的濒危趋势能否逆转、满语的语言会话环境能否再造，满语言能否继续传承，抢救性保护成为一个必要的选项。各地的学者们从各自的角度，进行了田野调查、数字化录音、录像。

**黄志强**：三家子满语还引起了国外学者的注意，近些年到三家子调查的外国学者也很多。您认为外国学者的调查和研究，对三家子满语传承有哪些好处？

**张守生**：三家子满语蜚声海内外，在满语学界的国内外影响力，引起了教科文组织和国际社会的关注和重视，来自美国、日本、韩国、俄罗斯、丹麦、德国、加拿大等国家的学者到访，进行学术考察、资料收录等活动，为三家子满语的国外传播、资料保存都有积极意义。但实际上我们对这样一个庞大的人群研究考察情况缺乏明确、清晰的记录和记载；对这些学者的到访情况也缺乏系统的梳理和音像资料的留存，而且对这些外国学者的三家子满语研究情况，研究成果的发表、国际影响、录音录像资料、拍摄的照片等情况还缺乏有效的跟踪和反馈。

**黄志强**：通过您的分析和整理，近些年对齐齐哈尔地区的三家子满语的研究呈现出哪些新的特点，这些新的特点对三家子满语研究会产生什么样的影响？

**张守生**：近些年，对齐齐哈尔地区的三家子满语的研究继续深入，呈现出一些新的特点，学者们的研究视野更为广阔，采用的研究手段更为先进，研究的切入点也较为新颖。参与走访调查的人群来源更为广泛，参与的机构日益增多，调查走访的频次日益增加。调查的深度更为深入、广度更为拓展，内容更为具体细化；对三家子村满语研究视角更加多元化。涉及三家子村满语濒危问题、传承人现状、生产、生活、祭祀习俗、萨满信仰、家谱史料、经济模式、村落历史甚至体貌特征等多个方面；采用的手段和设备更为先进，由早期的耳听手记、手写笔录的状态，发展到运用录音机、录音笔、录像机、手机等新的声音、影像数字记录手段，并以此收集、整理、保存了大量的影音资料和素材；在综合运用学界对三家子满语研究成果及不同角度的田野调查基础上，利用新的数据分析与原来调研数据进行对比。

**黄志强**：您觉得目前三家子满语研究中存在的主要问题有哪些？为推进三家子满语研究，您认为目前我们最应该做的事情有哪些？

**张守生**：我认为三家子满语研究的论著和论文成果虽然较为丰硕，但是对三家子满语的研究与国内其他满族聚居区相比还是有一定差距的。例如，现有研究成果缺乏对三家子满语口语成果资料的系统调查和统计分析，特别是三家子满语60年学术史梳理工作还没有系统开展。

**黄志强**：您认为开展三家子满语研究学术价值和应用价值体现在哪里？

**张守生**：我认为，三家子满语虽然是濒危语言，但是从富裕县三家子村活态满语60年的研究积累及研究进程、特点等角度探讨活态满语区文化生态及语言衰亡进程具有重要的理论意义和现实意义。通过系统梳理三家子满语研究的历史进程，对满语口语成果资料进行搜集整理，深入挖掘三家子满语研究的特点，拓宽满语研究思路，对三家子满语进行60年学术史梳理，从而找到保护和传承的途径和方法。同时，开展黑龙江省富裕县三家子村满语口语成果资料的搜集、整理和研究，对三家子满语研究的主要机构、学者群、学术成果、音像资料、图片资料、研究特点、社会影响、国际关注等进行分类、整理、考察和总结，可以为满语保护研究提供一个基本沿革、不断深入的知识谱系。可以为三家子满语口语研究提供一定的参考依据，从而加大对三家子满语口语内涵、外延和学术理路等问题的探索和研究。

**黄志强**：您觉得接下来开展三家子满语研究，应该从哪些方面着重着手？

**张守生**：黑龙江省齐齐哈尔市富裕县三家子村之所以能够蜚声海内外，在于其保留了最原生态的满语口语。开展三家子满语研究，我觉得应以60年的学术积淀为基础，对20世纪60年代以来的三家子满语口语研究成果资料中的著述、论文、调研报告、音像资料、图片资料、提案、新闻报道、学者及贡献、传承人及母语会话者的对外交流活动等进行搜集、分类和整理。涵盖满语研究机构、科研院所、地方高校、国外及港澳台地区的学者对三家子满语的调研情况、研究成果、学术观点、学术贡献等，以此为基础，对富裕县三家子村满语口语60年的学术史进行总结和回顾，探析其国际地位、学术群体、研究特点、研究成绩、存在的不足、保护传承的途径等。

**黄志强**：您刚才提到的研究方向非常有价值和启发意义，您觉得具体从哪些方面进行三家子满语60年学术史梳理？

**张守生**：我觉得要进行三家子满语60年学术史梳理，首先应该对富裕县三家子满族村落的历史与发展沿革、满语传承情况、满族文化遗存、三家子村的发展现状与规划等情况摸实摸透。

其次要对 20 世纪 60 年代以来国内外学术界对三家子村满语口语的调查研究进行系统梳理，例如，金启孮与三家子满语口语调查；满学研究机构三家子满语口语调查的梳理；高校科研院所对三家子满语口语调查的梳理；代表性学者的三家子满语口语的田野调查与研究；国外及港澳台地区学者对三家子村的到访调查及统计等。

最后就是对富裕县三家子村满语口语成果资料进行整理与研究，特别要对三家子满语音像资料分布、保存情况的调查与统计；有关三家子满语新闻报道资料的搜集整理；有关三家子满语调研报告的搜集与研究；三家子村村史村民档案资料及老照片的搜集与整理；传承人及母语会话者的民间交流活动的调查与整理等开展扎实的工作。

**黄志强**：那您觉得对富裕县三家子村满语口语 60 年学术史研究回顾，我们应该重点关注什么？

**张守生**：我觉得应该系统梳理三家子满语 60 年学术研究成果。对三家子满语研究在国内外满学研究中的地位；三家子满语研究的学术特点分析；三家子满语研究学者群的学术观点及学术贡献；富裕县三家子村满语研究与其他地区满语研究的宏观比较；三家子满语研究需要深入研究的领域等问题开展深入研究和探索。

**课题组与张守生（左）交流（2017 年 8 月 14 日）**

## 二、高校教师谈满语的数字化保护

**采访时间**：2018 年 10 月 14 日
**采访地点**：齐齐哈尔大学文学与历史文化学院历史系 416 主任室
**采访目的**：李德新老师口述对满语文保护抢救的认识
**采访者**：黄志强、刘晨曦、范传南等
**被采访者**：李德新
**被采访者简介**：李德新（1973—），男，汉族，齐齐哈尔大学文学与历史文化学院副教授，国家社会科学基金一般项目《清代的流人与基层社会研究》主持人。

**黄志强**：李老师，您参加了东北师范大学刘厚生老师主持的教育部哲学社会科学重大课题攻关项目《中国满语文保护抢救口述史与满语音像资料库建构》，作为课题组成员，你对齐齐哈尔地区的满语遗存情况怎么看？

**李德新**：作为一名青年教师，能参与满语研究资深专家刘厚生老师的科研项目，我非常荣幸，而且我们齐齐哈尔大学地处齐齐哈尔市，齐齐哈尔地区是目前我国满语言遗存最为完备、最为典型的地区。以富裕县三家子村为代表，那里的满语言遗存处在极度濒危的状态。基于满语言的文化样本作用及其濒危状态，国内外研究机构、高校、新闻媒体持续跟进研究和报道，历史研究者、语言文化研究者更是以科研项目研究、口语书面语比对、田野调查信息采集为依托，进行了深入的理论研究，研究成果也颇为丰硕。但就目前齐齐哈尔满语文存续状态来说，因为历史上受到政治因素、社会经济文化因素、地理因素、移民迁入、观念变化以及现实中语言环境的缺失等诸多因素的影响，齐齐哈尔地区满语传承状况令人担忧，满语言的濒危程度越来越严重，保护工作更是任重而道远。

**黄志强**：近些年来，无论是科学研究的力度，还是媒体舆论的热度，对三家子满语的关注都热力不减，您觉得三家子满语言传承面临的主要问题是什么？

**李德新**：近些年，无论是学术界，还是新闻媒体，确实对三家子满语给予极大关注。但在传承与保护中，出现了各界对富裕县三家子村活态满语关注的热度与现实保护力度的反差，外在的高度重视与自我传承乏力的对比，开放的交际交流环境与相对的封闭闭塞的村落生态的现实。这些现实问题都在制约着满族语言文化的传承和发展，是新的历史时期需要关注和破解的核心问题。我认为，在这种情况下，需要运用新的手段和技术进行持续性的保护，特别是在数字化保护等问题上还有待于深入的探索和研究。

**黄志强**：您刚才提到富裕县三家子活态满语的数字化保护问题，针对三家子满语传承，齐齐哈尔地区的政府和高校及民间力量做了这方面的探索工作吗？

**李德新**：少数民族语言濒危问题不仅仅是民族问题、地区现象，而是随着历史进程的演进、经济社会发展和城镇化进程的加速，少数民族语言的濒危、衰退、消亡成为一种世界现象。所以，就黑龙江省齐齐哈尔市富裕县三家子村的满语口语遗存来说，传承和保护工作任重道远。齐齐哈尔市政府和富裕县政府出台了一系列政策推动满语文的传承和保护。齐齐哈尔地方学者、满语文研究者、满语文教育工作者、满语文传承人及满语母语会话者做了大量工作，积极推进满语文的研究、记录和传播，取得了一系列工作成效。对富裕县三家子村活态满语进行数字化保护，通过保护理念的创新、保护方式的探索、数字化保护的运用，推进保护工作进程，开展相关研究，是当前及今后一个时期，满语遗存情况调查及活态满语传承工作中需要重点思考的问题。

**黄志强**：根据您的研究及科研实践，您认为对濒危语言进行数字化保护的现实意义有哪些？

**李德新**：利用数字化技术对濒危语言进行保护，通过录音、录像，保留原生态的语音和音像资料，为研究者提供最原始的资料素材，建立濒危语言口语语料库或活态语言音像资料库或濒危语言数据库，成为国内语言研究和历史研究中采用的重要途径和方法。就齐齐哈尔市富裕县三家子村的活态满语遗存来说，国内外学者对其的认识和评价较高，认为这是"满语活化石""即将失去的天书""满语活化石的最后圣地"。所以，对富裕县三家子村的满语遗存进行数字化保护意义重大。

**黄志强**：您认为对齐齐哈尔地区满语数字化保护需要涵盖哪些地域？或者说这些地域有哪些满语文化遗存？

**李德新**：对齐齐哈尔地区的满语遗存进行数字化保护，可以涵盖的区域，不仅有国内外学者广泛关注的富裕县三家子村、齐齐哈尔市泰来县大兴镇依布气村、昂昂溪区水师营满族镇等地，还要涵盖分散于整个齐齐哈尔地区各城镇的三家子满语母语会话者，把这些聚居和分散的掌握满语口语的传承人和母语会话者数据信息统计起来，着手进行满语口述历史信息的采集和整理工作。采集范围以富裕县三家子村为中心，扩展到全市。

**黄志强**：您认为对齐齐哈尔地区的活态满语遗存进行满语数字化保护需要关注哪些内容？满语传承人的口述信息采集、录像是各高校和科研院所目前数字化保护的主要手段，就我们齐齐哈尔地区来说，我们应该从哪些方面着手？

**李德新**：从数字化保护角度进行研究是当前中国国内学界对濒危语言保护的主要手段之一。选取数字化保护的全新视角，使得数字化保护不仅关注满语文及满语口语的本身,还能关注到满语言产生、传承、使用的历史性的原生态语境和环境,以及现实变迁变化的状况,未来持续健康发展的可行性等。所以,我认为对富裕县三家子村满语遗存进行数字化保护需要重点关注村落历史的变迁问题,比如说对富裕县三家子村村落进行整体拍摄,通过航拍保留其现在的村落图景和状态。

对满语传承人和满语母语会话者进行口述历史信息采集,编撰满语口语句子,并进行录音录像确实是目前各高校和科研院所对濒危语言进行数字化保护的主要手段。我觉得这一工作应该涵盖满语口语句子、单词、民间故事、民间习俗、生活习惯以及老人们对自己父辈祖辈的回忆。这些谈话、访谈话题的设计要多元化和生活化。

我觉得对满语研究者进行访谈也是应该涵盖的一个重点内容。中国的一批满语研究者集毕生精力,从事满语文研究,国内外很多专家学者的研究涉及齐齐哈尔市富裕县三家子村,他们对富裕县三家子村的活态满语遗存情况进行了多年的调查和研究。他们的研究涉及三家子村小学满语教学情况调查、教学内容概况、濒危的过程梳理、传承人现状调查、村落发展变迁、语言文化抢救、满语谚语的收集整理、满语中反映的生活习俗、满汉语言文化的接触与融合、家族史料解读分析等方面,对这些研究要进行数字化信息的采集和保护。

在濒危语言的数字化保护中,我觉得有一个群体应该引起重视,就是对富裕县三家子村自新中国成立以来的历任村长、村支书和其他村干部的个人信息进行档案整理和信息采集,对这些管理并亲历村庄沿革发展的见证者进行口述历史信息采集。对富裕县委县政府、富裕县文广新局等部门的保护举措、保护设想、存在的急需破解的难题等进行数字化信息采集。通过多层面的访谈交流、录音录像,把各个层面的满语历史记忆挖掘出来,从而为后人能够留下宝贵的文化财富、语言样本和口述资料。

## 第三节 齐齐哈尔市满族文化研究会活动情况访谈

齐齐哈尔市满族文化研究会非常关注本地区的满族历史文化资源,经常开展考察调研活动,掌握各地满族聚居区群众的文化发展诉求、整理文献和咨询报告,研究会有关人员先后多次去齐齐哈尔市水师营满族镇、富裕县三家子满族村、富裕县周三满族村、铁锋区扎龙满族村等地进行实地调研,开展满语文保护、宣传活动,并对各地满族村镇的文化建设提出了宝贵的建议,积极开展满语文的保护和传承工作。

**采访时间**：2018 年 11 月 29 日

**采访地点**：齐齐哈尔市民族中学会议室

**采访目的**：通过对齐齐哈尔市满族文化研究会会长关铁奇等的访谈，记录齐齐哈尔市满族文化研究会在推动满族联谊、对满族文化的传承与保护方面做的工作

**采访者**：黄志强、佟有才、刘厚生等

**被采访者**：关铁奇

**被采访者简介**：关铁奇（1956—），男，满族，黑龙江省齐齐哈尔市人，齐齐哈尔市满族文化研究会会长。

**黄志强**：关老师，非常高兴见到您，请您先介绍一下满族历史文化研究会成立的初衷是什么，学会的基本构成情况是怎样的？

**关铁奇**：我们学会的前身是齐齐哈尔市满族联谊会，在齐齐哈尔市社会科学联合会指导下开展工作。联谊会成立的初衷就是聚合齐齐哈尔地区的社会力量，推动满族文化的保护和传播。后为强化对满族文化的研究，聚合齐齐哈尔地区满族同胞及社会各界对满族文化研究感兴趣的人员。经学会理事会研究决定，并向齐齐哈尔市社科联和齐齐哈尔市民政局申请，把齐齐哈尔市满族联谊会改名为齐齐哈尔市满族文化研究会。2016 年 11 月 12 日，齐齐哈尔市满族文化研究会成立及庆祝颁金节 381 周年庆祝大会在齐齐哈尔医学院北面的鹤鸣湖酒店举行。齐齐哈尔市满族文化研究会成立后，以党的十九大精神为指导，坚持中国特色社会主义文化发展道路，发挥民间文化团体的作用，为政府开展公共文化建设和民族特色风情旅游开发建言献策，促进民族团结，加强民族民间文化保护、传承与交流。学会现有会员 100 余人。

**黄志强**：齐齐哈尔地区有着丰富的满族历史文化遗存，研究会的工作中对满族文化的传承与保护重点做了哪些工作，成效怎么样？

**关铁奇**：齐齐哈尔市富裕县三家子村是现存满语母语原生态保护最好的地区之一，是满语爱好者、研究者向往的圣地。齐齐哈尔市满族文化研究会自成立一直积极推广满语口语，我们研究会对满族文化的传承和保护主要集中在满语言的保护和抢救上。2017 年经齐齐哈尔市民族宗教事务局批准，在昂昂溪区政府宣传、教育、文化等部门的大力支持下，齐齐哈尔市满族文化研究会全力协助，齐齐哈尔市昂昂溪区水师营满族镇镇委镇政府决定在水师小学开办满语班。

2017 年 3 月 9 日，齐齐哈尔市昂昂溪区水师营满族镇水师小学满语班正式开班。满语文课程的开设不仅将有力地推动齐齐哈尔地区满语、满族文化传承、保护、开发，还将提高公民素质，尤其是青少年文化素质，为其以后从事民族工作打下坚实基础。

**黄志强**：对齐齐哈尔市富裕县三家子村的满语遗存情况，从研究会工作的角度采取了哪些举措？

**关铁奇**：我们研究会非常重视满语口语现状调研工作。每一年都根据工作实际，开展相关的田野调查工作，富裕县三家子村作为全国唯一保留较为完整满语口语的村落，人们日常生活还会使用满语，歌唱满语民歌。一方面通过调研，丰富对齐齐哈尔地区满语存续情况的掌握，另一方面作为研究会的重点工作，三家子村的调查能够使更多的人、更多的力量参与到满语的传承和保护工作中。

在 2017 年 11 月 4 日，黑龙江省政协委员、齐齐哈尔市满族文化研究会副会长启金生等一行 6 人到具有"世界满语活化石"之誉的富裕三家子村进行满语口语现状调研。

在调研回来后，启金生副会长以省政协委员的名义向全国政协报送了《黑土地遗落的满族村落》调研报告。

**黄志强**：齐齐哈尔地区的满族历史文化资源丰富，研究会在区域文化传承，助力地方经济建设方面，近年来开展哪些方面的重点工作？

**关铁奇**：助力区域满族特色文化建设，可以说是我们齐齐哈尔市满族文化研究会的重点工作。为了传承齐齐哈尔市爱国主义精神，普及文史知识，我们研究会积极参加了齐齐哈尔市社会科学联合会开展的金秋科普月活动。

此外，协助齐齐哈尔市昂昂溪区水师营满族镇衙门村打造满族特色村寨也是学会助力地方经济，传承满族文化的重点工作。我们研究会正在协助衙门村进行社区办公楼满族化改造和满族文化广场布置，为水师营满族镇加快推进沿街民居院墙改造、仿古牌坊建设和美化绿化建言献策，力争将衙门村打造成满族特色村寨。

**黄志强**：颁金节是满族的重要节日，全国各地满族联谊会及满族文化研究会都非常重视这个节日，开展了形式多样、特色鲜明的纪念、庆祝活动，咱们研究会也开展这方面的工作了吗？

**关铁奇**：颁金节是满族"族庆"之日，源起于 1635 年农历 10 月 13 日，皇太极发布谕旨，正式将族名由"女真"定为"满洲"；1989 年 10 月 9 日，在丹东举行的全国首届满族文化研讨会上，又正式把每年农历 10 月 13 日确定为颁金节。

举行满族"颁金节"庆祝活动，也是齐齐哈尔市满族文化研究会的重点工作，旨在发挥民族团结教育基地的窗口和载体作用，突出文化特色、弘扬满族文化，积极推动民族团结进步的各项创建活动不断开展，以此促进齐齐哈尔市各民族交往交流交融，在挖掘、传承、保护满族文化和促进民族团结进步的同时，共同为经济繁荣发展作出应有贡献。所以，一方面，在条件许可的情况下，我们研究会组织人员积极参加各地的颁金节活动；另一方面，也在齐齐哈尔市举办颁金节庆祝活动。活动的地点要突出地域文化特色。

**刘厚生教授与关铁奇会长（右）交流（2017年8月13日）**

  齐齐哈尔地区是满族历史文化的遗存地，有着丰厚多元的满族历史文化资源，成立于2016年的齐齐哈尔市满族文化研究会，致力于满族文化的保护和传承工作。满族文化研究会在关铁奇会长的带领下，积极努力，弘扬满族优秀文化，进行满族历史文化遗址保护与调查，注重市县满族文化研究会的互动交流，推动各民族之间的团结交流，推进满族文化旅游资源开发。在齐齐哈尔地区满族"非遗"文化保留、挖掘、传承上做了很多工作，取得了较为显著的成绩。

# 第十六章

# 黑龙江部分地区满语文的保护抢救情况简述

黑河地区位于黑龙江省北部，黑龙江中上游右岸，行政隶属于黑河市、孙吴县、逊克县、北安市、德都县，主要居住着满族、达斡尔族、鄂温克族、鄂伦春族。黑河市爱辉镇、大五家子满族乡、四嘉子满族乡、孙吴县沿江乡西屯、四季屯等地曾是黑龙江省乃至全国满语使用较好的地区之一，目前已处于消失状态。孙吴县四季屯的何世环是黑龙江省满语言非物质文化遗产传承人，现年90岁，是目前唯一能用满语流利地讲述满族故事、说唱满族民歌、萨满小调的人。据课题组统计，目前，四季屯能说出5句以上满语生活用语的人士有22人，汉语汉文已是唯一的交际语言，满语文成为了历史文化遗存。

## 第一节 黑河地区满语文的传承情况座谈

### 一、孙吴县四季屯满语"活化石"的访谈

采访时间：2017年8月17日
采访地点：黑龙江省孙吴县四季屯
采访目的：请能说标准满语的高龄老人何世环进行口述

**采访者**：郝庆云、刘厚生、姜小莉、周赫

**被采访者**：何世环

**被采访者简介**：何世环（1928—），女，满族，黑龙江省瑷珲县人，被誉为会说纯正满语的"活化石"。她读过私塾，阅历丰富，热心助人。

**姜小莉**：何奶奶好！请您简单说一下家世。

**何世环**：我今年 90 岁，属龙（1928 年出生）。17 岁时从瑷珲县嫁到四季屯，出身地主家庭，家境较好。老家是在黑龙江对岸江东六十四屯，我们家没有老坟，我太爷落在那边了。我爷爷和我奶奶及大爷爷、我姑姑带着孩子过来的。

我现在住的四季屯原来叫四家屯，用满语说 duin hala tokso。过去，富察姓、张姓、关姓、闫姓（fuca hala, jang hala, guwan hala, dokson hala）这四个姓，Ere duin fali hala 就住这里，所以叫四家屯。现在改成了四季屯，是满族屯。

**姜小莉**：您的满语是跟谁学的？

**何世环**：小时候，我爷爷都说满语，家里人平时也都说满语，所以满语都说得很好。但我们不会看满文，不认识字，到现在我也不认识满文。

**姜小莉**：您汉语说得也很好啊，是谁教的？

**何世环**：我汉语说得好，因为我爸爸是教学的，我从小就跟着我爸爸上学，我们家兄弟 3 个，姐妹 15 个都上过学。我家三十来口人都在一起住，平时大家也都说汉语，汉字我也能看得懂，所以现在汉语比满语还好。

**姜小莉**：您讲讲满族的民俗吧。

**何世环**：那时男女都说满族话，我们念书时也说汉话。只不过我岁数大，记着的多一点，因为我在家我是长孙女，我嫁来他们家，我是大儿媳妇，我姑姑做婆，我满族话记得比别人多。我结婚那时候，满汉行通婚了，兄弟媳妇要是汉族人，我婆婆要跟我说话，俺俩说满族话。我说一段满语给你们听：haha i banjici, orho tantambi, sarganjui banjici, biodo de fatambi. Haha be banjici, coka jafambi. sarganjui banjici, buda be arambi.

"养活儿子，打羊草，养活闺女，摘豆角，养活小子，编织匠，养活姑娘，锅台转。"

何世环老人虽年事已高，但记忆清楚，叙事明白，多次接受采访，对于家族往事均能娓娓道来，满语发音标准、词汇丰富、故事完整，其跨越近百年的口述史的价值弥足珍贵不可替代。

调研组在孙吴县四季屯何世环家中（2017 年 8 月 16 日）

## 二、红色边疆农场访谈

**采访时间**：2017 年 8 月 17 日
**采访地点**：黑龙江省红色边疆农场
**采访目的**：请吴振群老师口述红色边疆农场地区满语言的使用情况
**采访者**：郝庆云、周赫等
**被采访者**：吴振群
**被采访者简介**：吴振群（1952—），男，满族，黑龙江省爱辉县人，教师。

**郝庆云**：请您谈谈您和家族成员满语的使用情况。

**吴振群**：自幼受父母及本屯村民满语言影响熏陶，熟悉满语言表达的意思，当时社会上讲满语普遍，老人、年轻人满语交流广泛。上小学时期，满族同学也能用简单满语进行交流，在家里能和父母进行语言交流。

自 2000 年后，满族文化逐渐受到重视和认可，地域内不断有外来人征集和询问满族文化情况，挖掘满文化开始盛行，语言得到了敢说敢用的扩展，自己也开始和家里兄弟姐妹进行一般的语言交流，特别是和母亲学习和交流使满语水平提高了一大步，满文化工作者几次来搞调查、咨询、录音、收集满文化素材，母亲毫无保留地奉献了满族生活、语言、歌曲、区域内的风俗等。但是，我只会一些简单的生活用语，不会写。

**郝庆云**：您一直热心于满语的传承工作，请问您具体都做了哪些工作？

**吴振群**：我于 2010 年参加了红色边疆农场恢复满族文化，传承满族原生态语言的工作，成为红色边疆农场满族文化的传承者和领路人。近十年来，多次在红色边疆农场组织满文化的各项活动，多次外出到吉林长春、阿城、双城参加各项满族活动，配合红色边疆农场领导组建满族风俗展馆，满族一条街及各类活动，起到了积极作用。

在平时生活中，和本地及外地的满语传承人、满文化爱好者利用面对面、电话、网络进行满文化交流，探讨满文化的挖掘方法，并利用自己具备的能力搞艺术创作，利用绘画、剪纸、歌曲、书法和书面材料等形式，促进了本地区民族文化的健康发展。

最熟悉的满族句子和词汇是原生态生活用语，能完整地用满语表达各类物品名称，并包括自然情况、人的思想变化、情感需求、风土人情等多方位的满族用语。

**郝庆云**：在满语和满族文化的传承中最大的困难是什么？您有什么建议？

**吴振群**：在本地区满语的传承和发展的最大困难是学习和交流满语的人太少，少数人能听懂但表达困难，如交流也只能讲一些简单的生活用语。严重缺乏人力、财力。建议上级领导给予重视和财力支持，如成立本地区满文化促进会，在本地学校成立满语辅导班，培养满语人才，使满语得到健康发展。

郝庆云在红色边疆农场满族达斡族博物馆内采访吴振群（右）（2017 年 8 月 17 日）

## 第二节 阿城地区满语文的传承情况介绍

阿城位于哈尔滨市中心城区东南 23 公里，是哈尔滨市的一个市辖区，清代称阿勒楚喀，近代以来简称阿城。据《哈尔滨统计年鉴》数据，截至 2021 年末，阿城区总人口为 53.32 万，由汉、满、朝鲜、回、蒙、侗、白、苗等多个民族构成，满族人口有 94 842 人，满族人口居第二位，有料甸满族乡、杨树满族乡、蜚克图镇 3 个满族乡，烈火等 24 个满族村。在阿勒楚喀副都统衙门前期，满族曾是这里的主要人口，而且至今仍是黑龙江省各县区中满族人数最多的地区之一。因此，阿城地区有满文学馆、满族联谊会、满族非物质文化保护协会等与满语历史文化习俗相关的民间组织经常举办一些满族特色的活动，如莫勒真大会。

### 一、阿城区满文学馆开设情况

**采访时间**：2017 年 4 月 9 日

**采访地点**：哈尔滨阿城区图书馆

**采访目的**：请那国学、关达夫介绍阿城区满文学馆开设情况

**采访者**：郝庆云、周赫

**被采访者**：那国学、关达夫

**被采访者简介**：那国学（1949—）男，满族，出生于阿城市料甸子满族自治乡，是该乡成立满族自治乡时的首任乡长，原阿城市水务局党委书记兼局长，长期热心于满语言和文化的学习和传承。

关达夫（1946—），男，满族，哈尔滨市阿城区人，高级政工师，原哈尔滨市 151 中学校长，原哈尔滨市香坊区教委校外教育办公室主任。

**郝庆云**：请您谈谈阿城满文学馆的情况

**那国学**：1990 年 6 月 28 日，我任阿城市水务局党委书记兼局长。2001 年 5 月，由我牵头成立了阿城满族联谊会。

我作为阿城满族联谊会的常务副会长兼秘书长，主持满族联谊会的日常工作。2004 年 6 月，关达夫老先生和我讲，他是在黑龙江大学满语研究中心学习了 2 年多满语文，现在已经结业了，想要在阿城开办满语文补习班，把濒危消亡的满族语言文学抢救并传承下去。我听了后很兴奋，高兴地表示"太好了！我支持！"我又让关老先生谈了具体构想。然后我和关伯阳会长沟通后，召开了满族

联谊会的理事会议,听取了关老师的办班方案,与会人员经过讨论,一致赞成办班并形成了决议,请示阿城市民族宗教局主办,阿城满族联谊会承办,定名为"阿城满文学馆",由关达夫任馆长兼教师。会议当场就有6人报名入学学习满语文知识。

教材以黑大满语中心编制的《满语研究通论》为基础,编制初级普及式的《满语入门课本》。

现在已经有5期班40多名学员结业,其中有4名学员分别在南城小学、料甸小学、莫力街小学、满文学馆等学校教满语文。我是在阿城满文学馆5期连续学习的学员。

我上完满语课回到家里,一有空就教我孙女满语,我孙女很感兴趣,一进房去说十多句满语,还在她的本上写上她的满语名字。

**关达夫:** 阿城满文学馆于2006年3月5日由阿城满联会发起,经阿城民族宗教局批准成立,系以满语言文字扫盲为目标的义务教育场所,是当代阿城唯一的传习满—通古斯语言文化的私塾。

阿城满文学馆特聘金源文化本土专家郭长海先生作学监,由我任教习。阿城满文学馆先后招收三期近60名学员,成立了科研学生会,实行民主管理,完成了"自发地学习,自觉地学习,学习的自觉"的历史性转变。

据不完全统计,学员专论、文稿入编、入选国家、省、市、区级纸介传媒多达50余篇。

**郝庆云:** 再请您谈谈学馆的现状、问题。

**关达夫:** 办馆方向初定,模式需进一步拓展,办学成果有待社会进一步认可。私塾式教习作为正规办学的补充亟待解决后续经费投入问题。馆舍亦应由政府主管部门帮助解决。

今后发展思路是整合力量、科学规划、深化拓展,调整模式、加强教学,突出成果。

学馆正在办三期班,是从2009年开课至今,虽不到20人,但其中竟有自2006年至今从不缺课者。

**郝庆云:** 能不能谈谈这些年取得的一些成绩。

**关达夫:** 阿城满联会在申遗工作中成绩不错。其中,仅第二批19项中,满文学馆就有4项。包括金都龙绣、阿勒楚喀满语方言、满族象棋、醉墨指书。

学馆请奚景春先生(阿城音协主席)将馆铭谱曲成馆歌,坚持组织学员传唱。蔡铁志先生(一、二、三期学员)在学习满族语言文字基础上,对满族歌曲情有独钟,从多渠道收集满语歌曲30余首,学习演唱技巧,刻录满族歌曲光盘,热心在族胞中广泛传播。

关达夫老师在讲授满语课（2016 年）

学馆积极组织学员参加社会服务，先后为省内外一些单位或社团题写牌匾、刻制印章、制作条幅，提供满族文字转写、改写、译写多达 30 余次。为满族同胞寻根溯源、搜集谱牒过程中所遇到的满语文史料翻译 30 余次。

此间，曾为莫力小学特设满语课，由徐萌女士（一期学员）义务送教，同时，开展了田野调查。赵野先生（二期学员）应东北师大刘厚生教授之邀，先后赴吉林、辽宁部分满族自治县，传习满语言初级知识，并参与了岫岩满文教程《满族历史文化与语言文字》的编写、试讲。

## 二、以满语文教学为校本教学特色的小学

采访时间：2017 年 4 月 9 日

采访地点：哈尔滨阿城区图书馆

采访目的：请关志坤老师谈小学满语教学特别是满族传统体育项目的教学情况

采访者：郝庆云

被采访者：关志坤

被采访者简介：关志坤（1966—），男，满族，阿城区料甸子满族乡中心学校教师。

郝庆云：请您说说个人学习、传承满语的情况。

关志坤：我出生在黑龙江省哈尔滨市阿城区料甸满族乡。我从小在料甸乡长大，小时候的玩伴多半是满族孩子，因此很多儿时的游戏活动都带有满族传统。1988 年在省满语研究所开设的第一期满语学习班我学习毕业，被满语研究

所推荐到省档案馆，在二处从事满文档案的翻译工作，实现了我的梦想。主要翻译的是同治朝的文书档案，有时令节气、春种秋收的各阶段的生长情况等，按月和季进行奏报。经过这段时间的工作，使我所学的满语水平得到了较大的提高，记忆得更加扎实。

1989年，我回到料甸满族乡从事民族宗教工作。在领导的支持下，5月份开设了料甸第一个满语培训班，共招收了18名学员。开学时乡里的主要领导都到场表示祝贺，我的恩师刘景宪亲自讲解满语的历史知识。经过3个月的紧张学习，使学员基本掌握了基本音节的发音和书写，会一些日常用语和对话。在旗风乐队教唱了几首满语歌曲。

2008年在阿城市开设了第一个满语学习班，共计招收了20多人，年龄最大的70多岁，最小的16岁，有满族、回族、汉族。经过两年的学习，使一部分人完全地掌握了满语知识，达到能说能写的水平，能够翻译资料和档案。

2017年我又在料甸中心小学四年级开设了满语课，自编了满语教材，经过半学期的学习，让孩子们了解满族的历史和文化，学会了基本的发音和书写，使得满语进一步得到了传承。

**郝庆云：** 您在传承满族体育运动方面有很多贡献，请您谈谈这方面的情况。

**关志坤：** 比如我知道的珍珠球比赛。珍珠球又称"尼楚赫"，是由日常劳动"采珍珠"演变而成的竞技项目；双飞舞跑又称"二人三足赛跑"，源于清朝的花样滑冰；参加"雪地走"项目的女运动员需身着旗袍、脚穿高底旗鞋竞走，因着高底鞋走路如踏雪而行得名。

珍珠球是满族传统的体育项目，原名"采珍珠"，满语"尼楚赫"，又被称为"采核""扔核"。清代普及性较高，包括运球、拍球、传球、争球、投球等动作。这项活动源于满族先民到江河中去采捕蛤蚌，取出里面珍珠的渔猎活动，是极具满族特色的传统文化遗存，承载着满族先民生活的历史记忆。我本人是该项目的省级传承人。我也在黑龙江哈尔滨市阿城区料甸中学教授传统体育项目珍珠球并参加了相应比赛。

这项运动已有400多年历史了。珍珠球的打法介于篮球和手球之间，场地与篮球场地大小相当，富有对抗性、技巧性、组织性和趣味性，学生们都很喜欢。

在清代康乾时期，珍珠球活动开展得相当广泛。"渐觉春来喜气浮，丰年里巷遍歌讴。暂从客里停征辔，闲向村边看打球。一击横过飞鸟背，再抛高出短墙头。儿童奔走浑忘倦，拄杖田翁笑喘牛。"这首诗描写的就是当时满族村民玩珍珠球的热闹场景。

阿城在1986年举行的首届满族"莫勒真"大会上，就将珍珠球正式列为比赛项目。此后的每届"莫勒真"大会，均将其列为主要竞赛项目。2004年阿城率先开展珍珠球运动进校园，料甸满族乡第一中学被黑龙江省民委确定为"少数民族体育基点校"，并且在全市运动会上列为竞技项目。

哈尔滨阿城珍珠球代表队（队员均为满族）

通过采访深切感受到，阿城地区是黑龙江省各县区中满族人数最多的地区之一，也是满语教学和满族文化活动开展最活跃的地区之一。此地区不仅有小学、满文学馆、满族联谊会、满族非物质文化保护协会等与满语历史文化习俗相关的民间组织，还有大批热心人士十分活跃，经常举办一些满族特色的活动。此地区热心满语教学和传承满族文化的人士众多，满语课程的讲授水平也比较高。如何进一步调动这些人士的积极性，使该地区的满语教学和满族文化传承工作进一步提高层次，保持可持续发展的状态是待进一步研究的课题。

**结语**

通过采访活动，发现哈尔滨地区的满语言存续状态呈现出断层状态。虽然市区内满族人口众多，但是相对分散，满语在日常生活中已经早已无人使用。满语的使用主要集中在高校和科研机构。早些年的有上千人同时学习满语的状况不再，从事满语教学的个人和单位也少之又少。如黑龙江大学满语研究所等满语人才集中的地区怎样能和本省其他地区的满语学习者进行很好地对接，把高校和科研机构的优势发挥出来，是需进一步思考的问题。

黑龙江地区是我国仅有的 4 个满族人口超百万地区之一，也是我国乃至全世界以满语为母语形态存续的唯一地区，但经过 2 年来的调查获悉目前仅有富裕县三家子和孙吴县四季屯约 10 位年长者能较流利地说一些日常用语且不会书写，日常生活中也不再使用，满语处于"极度濒危"状况。哈尔滨阿城区满文学馆等民间自发学习满语文人数有限且不规范不能持续，也没有使用环境和固定教学场地和经费,规范系统的满语文人才培养机构仅限于黑龙江大学满语言文化研究中心,作为学术语言传承,这两种形式的满语存续属于继发式满语形态。另外,各种承载满族文化元素的民间文体联谊活动很多,参加者十分踊跃。

问题与诉求:

(1)缺乏能够准确掌握满语文的师资。无论是民间自发满语教学,还是高等学校的满语教学,均面临一个问题,就是合格师资的严重短缺。担任满语课程的教师多是短期进修加自学,授课效果难以保证。

(2)缺乏科学严谨、准确规范教材。目前,各地满语教学使用的教材多由授课教师或相关教学机构编写,各地或学校所用教材形式和内容差别很大,种类繁多,但都没有经过教材审核程序,错误漏洞多。

(3)缺乏满语文使用环境和生活情境。黑龙江地区虽然是满族主要聚居区,但能讲满语的人几近枯竭。在课堂上学到的语言无法在日常生活中实践,没有用满语进行沟通和交流的环境,给满语文学习与传承造成极大困难。

(4)缺乏满语文弘扬传承经费。黑龙江地区满语教学基本上没有政府投入,属于公益活动,不同程度地存在经费不足的困境。

(5)对于"活化石"级别的满语传承人的资助和保护处于粗放式管理阶段。如何世环老人,已92岁高龄,居住在条件很艰苦的四季屯农村。由于家境贫苦,一方面,冬季舍不得烧柴,取暖成为大问题,另一方面,食物也较为匮乏,身体状况堪忧。三家子村的孟淑静老人就是由于冬季室内寒冷,得了肺炎,于2018年去世了。何世环是在世的唯一能说纯正满语的人,由于身体原因不可能一次录太多的音。对于她的资助和保护迫在眉睫。2017年,黑龙江省提出,要以贯彻落实《非物质文化遗产法》和《黑龙江省非物质文化遗产保护条例》为契机,深入细化对非遗项目及传承人资助的内容,急需采取具体的保护措施,如定期体检、送药上门、提供取暖设备、指导饮食和饮水等生活服务。

(6)建立激励机制,培养新的满语传承人。如何世环老人的幼子关万里也能说一些满语,他有就近向其母亲学说满语的有利条件,但由于忙于生计,每天和母亲的交流时间有限。如能给予一定的激励措施,如设备提供、生活补贴等,可以为满语的活态存续增加一个传承人。可以让他把日常中和母亲的满语对话、和母亲学说满语和学讲满语故事、学唱满族歌曲等内容用手机录下来。

(7)对于热心满语教育教学的人给予经费支持和督查。很多从事满语教学的人,很大程度上是出于对满语的热爱、对于传承满族语言文化的理想追求。但是由于收入微薄,大大影响了他们的工作质量。需采取适当的扶持措施,以鼓励他们继续从事这项工作。

# 新疆篇

　　锡伯语与满语同属阿尔泰语系、满—通古斯语族、满语支，锡伯语与满语有着密切的联系。有清一代，锡伯族就讲满语、写满文，乾隆二十九年（1764），清政府从辽沈地区抽调锡伯族官兵及其眷属约 4 000 余人迁往新疆伊犁地区屯垦戍边[1]，此后这些西迁的锡伯族及其后代一直生活在相对封闭的边疆地区，使其民族的传统文化和语言文字得以较好地保存。1947 年，锡伯族知识分子对满文进行改进，并将改进后的文字称为锡伯文[2]。锡伯文在文字结构、书写形体和正字规则等方面，仍保留了满文的主要特征。因此，多数学者认为锡伯语文是满语文的继续和发展。[3] 目前从全国范围来看，除黑龙江个别村屯中的少数老人，满语已不再应用于日常。在新疆的察布查尔锡伯族自治县，锡伯语却仍较好地延续与使用，这为满语研究提供了珍稀的语言环境和资源。

　　此前，我们曾于 2006 年和 2013 年赴新疆伊犁察布查尔锡伯族自治县，共计进行了为期五个月的实践调研。课题组成立后，又于 2018 年 8 月，在刘厚生教授带领下再赴察布查尔县，对锡伯

---

　　[1]《锡伯族简史》编写组：《锡伯族简史》，民族出版社 2008 年版，第 1 页。

　　[2][3]《锡伯族简史》编写组：《锡伯族简史》，民族出版社 2008 年版，第 137 页。

语近年来的存续情况进行调查，重点采访了著名锡伯文书法家格吐肯，锡伯族老人李德、吴文清、伊林，察布查尔县瑟公锡满文化传播中心的孟荣禄、刘飞熊、佟世誉，新疆语委会奇车山老师，伊犁师范学院贺元秀教授。由孟荣禄录制了与三家子村的陶春民满语对话相对应的锡伯语口语对话300句，另有锡伯语采访录音、录像十余个小时，搜集了丰富的锡伯语语言资料。对重点调查对象进行了口述史采录。经过多次深入的田野调查，对锡伯语的传承与存续现状有了清晰的认知。

# 第十七章

# 锡伯语对满语传承的意义

## 第一节 锡伯族源流

锡伯族历史源远流长。"锡伯"为锡伯族自称。口语称"siwe",书面语称"sibe"。在汉文典籍中,"锡伯"这一族称在不同的历史时期有不同的称谓。在西汉末年称"须卜";东汉以后称"鲜卑、西卑、犀纰、胥纰、私比、师比"等;北魏、隋、唐、宋时期称"室韦、失韦";元朝时期称"失必、失比尔";明清以后又写成"实伯、斜婆、洗白、史伯、西伯、西北、西棘、席百、席北、席伯、锡北、锡卜、锡伯"等 20 余种。一个民族的族称之所以出现如此多种写法,是由于书写少数民族名称时所用汉字没有规范。

"锡伯"之称,至明末清初才定型,最早见于史籍,是明万历二十一年(1593)"九国之战"的一段记载。《满洲实录》载:"叶赫国主布斋、纳林布禄,哈达国主蒙格布禄,乌拉国布占泰,辉发国主拜音达哩,嫩河蒙古科尔沁国主翁阿岱莽古明安,锡伯部、卦勒察部,朱舍哩路主裕楞额,讷殷路主搜稳塞克什,九国兵马会聚一处,分三路而来。"① 此九国中,锡伯部即为其中之一。清代以后,在汉文记载的史书以及清代档案资料中,则多用"锡伯"二

---

① 《满洲实录》,中华书局影印本 1986 年版,第 87~88 页。

字,也有用"席百、西棘、席北"等字的。自辛亥革命以后,开始普遍使用现在的"锡伯"二字,1949 年中华人民共和国成立后,"锡伯"二字便成为正式的族称。

学界一说认为,锡伯族源于古代鲜卑。张伯英《黑龙江志稿》载:"锡伯,打牲部落,本鲜卑遗种,属科尔沁。献之,编入八旗,分驻齐齐哈尔、伯都讷两城。乾隆年间,迁入呼兰,分居邵家各窝堡。本氏无考,汉姓有关、富、何三姓,言语、衣服与达呼尔同。"①《锡伯族简史》认为:"锡伯是鲜卑遗民,鲜卑是一个民族称号,最早居于塞北,属东胡族系,其族派繁衍,部落极多,不是一个单纯的民族……在我国的历史文献中,他们以须卜、鲜卑、室韦、锡伯这样的称谓演变过来。在漫长的历史岁月里,即使在中原发生大变化,涌起大的民族融合潮流的时候,他们的一部分也保持了自己民族固有的特色和完整性;即使在清朝统治的 300 余年里,他们也保持了民族的社会文化和民族的心理特点。尤其是新疆的锡伯族,从东北迁到伊犁已 240 余年了,仍然一直完好地保存着自己祖先的遗风遗俗。"②

公元 386 年,拓跋鲜卑的大部分进入中原,建立北魏封建政权并逐渐融合于汉民族之中;而另一部分狩猎部落则进入大兴安岭中段,以狩猎为业,到北魏初年已经在嫩江左岸的绰尔河、洮尔河等河流流域活动,被称为"室韦"。女真兴起后,统一了东北大部分地区,锡伯族部落被置于女真统治之下。金代的锡伯部落已南迁至嫩江流域,或渔猎或从事农业。公元 13 世纪初,蒙古族逐渐强大,金朝灭亡,嫩江流域的锡伯部落始受蒙古科尔沁部统辖。至康熙三十年间,因对沙俄作战,兵员短缺,蒙古科尔沁部主动将锡伯部悉数"进献"给清政府,锡伯军民摆脱蒙古的役使后被编入满洲八旗,驻防于盛京一带。

乾隆二十九年(1764),清政府为了加强新疆伊犁地区的防务,从盛京将军所属的盛京、开原、辽阳、义州、金州、兴京、牛庄、抚顺等 15 处,抽调锡伯官兵 1 020 名,连同家眷四千余名迁移到新疆伊犁一带屯垦戍边。③ 西迁队伍分为两队,第一队于 1764 年 4 月初从盛京启程,第二队于同年 4 月 19 日启程。两队人马经过千难万险,跋涉 1 万多公里路程于 1765 年 7 月底到达伊犁霍城县境内。到伊犁后经查,跟随而来的和途中降生者增加 700 余人。④ 1766 年 1 月,伊犁将军决定将锡伯族军民迁到伊犁河岸今察布查尔地区安置。

---

① 张伯英:《黑龙江志稿》卷 11,黑龙江人民出版社 1992 年版,第 514 页。
②《锡伯族简史》,民族出版社 2008 年版,第 28 页。
③④ 佟克力:《中国新疆民族民俗知识丛书——锡伯族》,新疆美术摄影出版社 1996 年版,第 7 页。

## 第二节　锡伯语与满语比较

锡伯语与满语同属于阿尔泰语系、满—通古斯语族、满语支。据史料记载，康熙年间自科尔沁部编入满洲八旗时，锡伯人能够同时使用满语和蒙古语。有清一代，锡伯族讲满语、写满文。1764 年，部分锡伯族由东北迁至新疆伊犁，使满语在锡伯族中被继承和保存了下来。经二百余年时间，新疆锡伯族使用的语言一直比较纯粹，无论是口语还是书面语，受周边其他民族的影响都不大，尤其是书面语始终保持着满文的传统。1947 年，锡伯族知识分子将满文进一步改进而成锡伯文，但其文字结构、书写形体和特点诸方面都保留了满文的完整性，沿用至今。

在文字方面，锡伯文在书写和语音系统上与满文、满语有如下关联：

第一，锡伯文书写规则与满文相同，是自上而下，从左到右。基本笔画由字头、字尾、字牙、圈、点组成，各种不同的撇和连接字母的竖线。

第二，满文有 a、e、i、o、u、ū 六个元音字母，锡伯文废除了第六元音 ū，以及第六元音 ū 同十二个辅音 n、b、p、s、x、l、m、c、j、y、r、f 相拼组成的音节，仅在 kū、gū、hū 中保留了 ū 元音。

第三，满文中辅音 f 与 a、e 相拼时出头，与 i、o、u 相拼时不出头，锡伯文中 f 与五个元音相拼均出头。

第四，满文中只有音节 wa、we，但没有音节 wi、wo、wu，锡伯文中增加了这 3 个音节，以解决锡伯语里"有音无字"的情况。

第五，在满文中，辅音 k 作为促音出现在词中、词末的形体是两个字牙，左边两个点。锡伯文将 k 写为一个字牙、左边两个点。此外，对辅音字母"k"与元音"a、e"构成音节时的两种书写形体只取用其中的一种书写形体，并对"i、ng"等字母的形体做了改进。

第六，满文辅音字母 j 在词首与词中的写法不同，锡伯文统一两种写法，均采用词首的写法。

第七，继续保留满文固有的十个特定字及音节形式。锡伯文总计有 5 个元音字母、24 个辅音字母、拼写外来语的 10 个特定字，相拼构成 121 个"阿字头"音节。

在语音方面，由于锡伯语在现代生活中仍然使用，存在书面语和口语的区别，锡伯语的书面语受口语影响较大，一些口语中"约定俗成"的词汇逐渐书面语化，进而改变了锡伯语的语音。锡伯语的口语流速较快，说话时出现元音弱化、音节脱落和辅音腭化等现象。据学者研究，"在锡伯语中出现了增加或减少某些（个）语音（或音节）或某些语音异变书写的现象。"① 仅举几例：

例1　灯：满语 dengjan，锡伯语 dengjen

宝贝：满语 baobai，锡伯语 baobei

例2　长辈：满语 ungga，锡伯语 unggan

低：满语 fangkala，锡伯语 fangkalan

例3　不行、不可以：满语 ojorakū，锡伯语 ojorku

不去：满语 generakū，锡伯语 generku②

在例1中，满语 dengjan、boobai 两词的 a 在锡伯语中异变为 e，写成 dengjen 和 boobei，属于元音音位走低现象。

例2中，满语 ungga、fangkala 两词，在锡伯语中词末均增加了 n 音，书写为 unggan 和 fangkalan，属于鼻尾音增衍现象。

例3中，满语 ojorakū、generakū 是动词否定式，分别是 ombi 和 genembi 的否定式，在动词词根加 rakū 变为否定式。这一结构在满语中比较稳定，但在锡伯语中，均去掉了中间的 a 音，直接写为 ojorku 和 generku，即 rakū 变为 rku，属于元音脱落现象。

在词汇方面，锡伯文的绝大部分固定词汇同满语同源，可以说来源于满文词汇，大量的常用词汇在两种语言当中都表达同一种语义。比如 alin（山）、niyalma（人）、bithe（书）、mahala（帽）等，构成锡伯文主体的词汇基本上和满文的词汇相同。但是，语言词汇的变化是与时俱进的，往往随着社会的发展而演进，随着人们的应用而不断丰富。满语自清中期开始衰落，清朝灭亡后，满语处于停滞状态，没有增加新的词汇。然而，现代锡伯语在秉承满语固有词汇的基础上，进入20世纪以后取得了很大发展，随着察布查尔锡伯族人民视野的不断拓宽，与外来文化、现代文化的接触交融，现代锡伯语的新词术语也在日益增加和丰富。例如：

（1）控股工业 guse be jafaha weilen hethe

（2）国债投资项目 gurun bekdun jiha maktara hacin

（3）民间投资 irgen sideni dosibure ulin

（4）西部大开发 dergi babe ambarame neilere

（5）西气东输工程 dergi ergi tiyan ran ci be wasi gamara weilen

（6）小城镇建设 ajige hoton jen I iliburan

---

①② 佟加·庆夫：《锡伯语和满语共有词书写差异》，载于《满语研究》1998年第2期，第67页。

（7）大气污染 kumdustun nantuhuurambi

（8）豆腐渣工程 yaha moo weilen

（9）全民健身活动 gubci irgen beyebe urebure ash'shan

（10）全球经济一体化 gubci mumuhui jingji emu dursungge

在语法方面，锡伯语与满语基本相同，名词、代词、名物化的实词有格的范畴，有属格、宾格、与 - 位格、从 - 比格等。动词有时、式、态等多种形态变化。形容词有原级、比较级、最高级。连词不发达，但动词有发达的形动词、副动词和动名词形式。锡伯文句子的基本成分有主、谓、宾、定、状、补语等六种，句子的基本语序是主—宾—谓。另外，满文只使用两种标点符号，〜相当于逗号，≈相当于句号，但多作语顿标识，而锡伯文则使用国际通用标点符号，等等。

可见，现代锡伯语和满语虽不完全相同，但有着很深的亲缘关系。满文在清代经过多次细致而严密的规范，曾经广泛传播，形成了大量的语言工具书流传于世，浩如烟海的满文典籍被锡伯族人民欣赏和流传，这是锡伯文的主要来源，从而使满文在锡伯文中得以保存。然而，满文现已成为文献语言，而锡伯文和锡伯语一样，仍为察布查尔县锡伯族人民所运用，并随着社会的变化、新事物的不断出现而得到丰富和发展。

## 第三节　锡伯语文的教育状况

锡伯族是我国五十六个民族大家庭中的一员。因为人口少，居住分散，经常同汉、满、蒙古等民族相互来往，以及社会政治、经济、文化等方面的因素，使得锡伯族除熟通本民族的语言外，尚需通晓其他有关民族的语言文字。因此在锡伯族的教育史上构成了锡伯族教育必须要坚持"双语教学"，这一特点延续至今。但由于学校教育皆以汉语教学为主，升学考试中外语等要求较高，使得传统的双语教学趋势明显减弱，从某种意义上可算名存实亡。

新中国成立以后，在党的民族政策下，锡伯语言文字获得了法定地位，在20世纪50年代出现了繁荣发展的景象。锡伯族小学增至12所，实行以锡伯语文为主、兼学汉语文的教学体制，学制6年，低年级集中学习锡伯语文，从三年级开设汉语文[①]。初中讲授自然、物理、化学等课程时，配备有锡伯语文的翻译，

---

① 《中国锡伯族双语研究》编委会：《中国锡伯族双语研究》，新疆科学技术出版社2004年版，第63页。

进行课堂讲解①，并逐年加大汉语文学习比重，高中全部学习汉语文，课堂教学以汉语文为主。

20世纪60年代初，锡伯族学校实行的是以锡伯语文为主，兼学汉语文的双语教学体制。教学形式上，以母语起步，三年级加授汉语文。在汉语教学中，教师对汉字的生字、单词皆用锡伯文注音释义，采用双语教学。

20世纪80~90年代中期，伴随全国拨乱反正，锡伯语文进入了恢复与发展阶段。察布查尔县、霍城县等12所锡伯族小学相继恢复了锡伯语文教学。大部分学校一年级同开锡伯、汉语文课，部分学校（县镇小学及汉族人口较多的乡村小学）一年级先开汉语文课，从二、三年级开设锡伯语文课。这一时期锡伯族小学除学习锡伯语文外，其他各类课程都采用汉语课本，执行全国统一的教学计划和教学大纲。课堂教学中使用锡汉两种语言授课，低年级较多地使用锡伯语，随着年级升高，汉语比重逐渐加大。初中以上不再设锡伯语课程。②

1984年，根据重新修订的《锡伯语文教学大纲》，察布查尔县政府下发了《关于锡伯族小学继续深化锡伯语文教学的意见》，并在该县教师进修学校开办一期双语师资班，招收了40名学生，培养了一批锡伯语文师资。1990年，伊犁地区教研中心在察布查尔县选择堆齐牛录和纳达齐牛录2所中心校的2个锡伯族学生班，从小学一年级至六年级开展锡汉双语实验教学，取得显著成绩，实验班学生锡汉双语学习水平明显高于对比班，尤其锡伯语文能力明显高于对比班。③

20世纪90年代后期至今，由于升学压力的增大，教育环境发生了相应变化，锡伯语文教学呈现衰落趋势。1997年前后，锡伯文的学习时间由原来的六年、七年缩短至三年，即从一年级学到三年级。其中，一年级每周4节锡文课，共128课时；二年级每周4节，共128课时；三年级每周2节，共64课时。教学要求：一年级基本掌握锡伯文第一字头的121个音节字及头、中、尾位置变化规律、拼写规律，课文中出现的锡文单词要译成汉语，掌握300个单词。二年级基本掌握锡伯文切音及切音规律及"十二"字头和27个外来字，还有各种变化规律。课文中出现的锡伯文单词要译成汉语，掌握书写规则，掌握300个单词。三年级初步掌握整字规律，加强阅读能力，能够听写课文，会写简单应用文，掌握400个单词。通过这三年的教学，共掌握1 000个左右单词。适应此种教学要求的三年制锡伯语教材在2005年出版，并免费发放给学生。由于锡伯语教学时间

---

① 佟加·庆夫：《建国以来的锡伯语言文字工作概述》，载于《伊犁师范学院学报》2012年第1期，第63页。

② 《中国锡伯族双语研究》编委会：《中国锡伯族双语研究》，新疆科学技术出版社2004年版，第64页。

③ 《中国锡伯族双语研究》编委会：《中国锡伯族双语研究》，新疆科学技术出版社2004年版，第57页。

缩短，绝大多数学生无法掌握锡伯语的书面语和语法规则，几乎不可能使用锡伯文来写作①。

课题组此次调查得知，2017年前后，新疆的锡伯语教学基本处于停滞状态，锡伯语未来的发展境况堪忧。

值得一提的是，在锡伯语文的高等教育中，伊犁师范大学（前身为伊犁师范学院）一直坚守阵地，培养了一批锡伯语人才。该校最早于1986年招收了一个以锡伯族学生为主的汉语言文学专业班，除了学习本专业课程外，还系统地开设了锡伯语文课。2005年，正式开办中国少数民族语言文学（锡伯语言文学）本科专业，2014年该专业列为免费师范生专业，并于2015年起招收该方向的硕士研究生。该专业作为全国唯一的锡伯语言文学特色专业，由于特殊的地域优势和文化资源优势，在教学科研方面已经形成一定的学术积累和学科特色，为锡伯语的未来发展积蓄了力量。②

---

① 课题组根据调查资料整理。
② 《伊犁师范学院人文学院中国少数民族语言文学（锡伯语言文学）》，载于《语言与翻译》2014年第1期。

# 第十八章

# 锡伯语存续情况调查访谈

课题组于 2018 年夏专程去新疆乌鲁木齐市采访了满文书法家格吐肯先生，他不但是书法家，而且是教育家。多年来，他培养了诸多研究锡伯语文的学者，成就斐然，受到国内外学术界的赞誉。另外，课题组还采访了一位从新疆考入吉林师范大学的锡伯族研究生。

## 第一节　走访锡伯文书法艺术家

采访时间：2018 年 8 月 7 日
采访地点：乌鲁木齐市昌乐园小区
采访目的：请书法家格吐肯讲述自身练习锡伯文、满文书法的经历
采访者：刘厚生、姜小莉、梁芳、胥乃丹
被采访者：格吐肯
被采访者简介：格吐肯，男，1944 年出生于察布查尔县堆齐牛录。现为中国书法家协会会员、新疆书法家协会副主席、新疆作家协会会员、锡伯文书法研究协会会长。国家级非物质文化遗产满文、锡伯文书法传承人。他将本民族传统文化的精髓融入笔墨之中，提升至书法美学高度，又将汉文中的点画特点融入锡伯文的创作之中，创造了锡伯文的"松魂体""烟云体""松烟体"，根据满文 32 种篆字和汉文隶书的特点创造了"虎劲字""清风隶""绝壁隶"等 8 种锡伯

文隶书字，总称为"格隶体"。

刘厚生：您是国家级非遗的传承人，书法造诣很高啊！

格吐肯：我根本没想到国家级非遗，最后国务院还批下来了，我当时根本没想到，我真是感谢政府。

刘厚生：您是从小开始学习锡伯文吧？

格吐肯：我是从小就学的锡伯文，我们从小就是双语教育，我是小学一年级就开始双语教育，一直学到高中。我们小学的时候就会用锡伯文写文章，小学三年级时我就会写信了。现在的年轻人是不行的，我教了一些学生，主要是书法，但是书法必须要会语言才行啊。不懂锡伯文，学锡伯文书法是很难的。

姜小莉：您学习锡伯文的时候应该是新中国成立之初吧？

格吐肯：对，我们学的时候还是满文，不叫锡伯文，实际已经是锡伯文了。现在我们使用的锡伯文就是1947年那个时间真正形成的。我在博物馆去看了一下，光绪十五年的时候，我们锡伯族人写的三国演义、西游记，那个已经绝大部分是我们锡伯文的写法了。

姜小莉：您那一代人的锡伯语都相当不错。

格吐肯：是的。我哥哥的锡伯文也很好。他用锡伯文整理民间古诗，维语也精通，语言文字都可以，但是他跟我说过，那时候我在出版社，他说有些东西整理不出来，口头上讲故事可以，但译文上一整理就不行了。

刘厚生：现在新疆锡伯族年轻人的语言怎么样？

格吐肯：现在的年轻人学锡伯语，好像学外语一样。我的孙女都不愿意学，一教就说我不知道，她现在三岁了，平常都说汉语，她虽然感兴趣，但没有时间跟我接触。我本来在察布查尔办一个学习班，我和老伴从2004年开始，给他们还成立了一个锡伯文书法研究会。为了这个锡伯文书法能发扬光大，我就义务为他们教学，每一年都不收一分钱，这样教了他们还不行，太困难了，这是我亲身经历的。

刘厚生：现在满语只能以书面语为主。

格吐肯：是，一些据说是满语、锡伯语的专家，但是跟我们不能对话。原来美国的华盛顿大学的一个老师，他也不能对话。就是那个意大利教授斯达里还可以，日本有几个还可以。

姜小莉：要写锡伯文书法是不是得锡伯语水平很精通才可以？

格吐肯：那当然。现在年轻人连语言都不太会，这个书法怎么学呢？文字和语言是一体的，只有精通了语言文字才能在书法道路上走下去。

刘厚生：您也得培养继承人啊。

格吐肯：我很想真正培养一个，尤其是锡伯族的年轻人。目前有一个汉语还可以，另一个汉文书法不会，写锡伯文还可以。我好好教他们两个，作为传承人。

**梁芳：** 锡伯文书法和汉文书法有什么不同吗？

**格吐肯：** 现在锡伯文的楷书什么来路？是根据汉文的楷书的点画特点，借用到满文和锡伯文，在这个基础上创作的楷书，不管是笔法、墨法、章法、指法，全都是汉文借用的东西，不是自己随随便便写的。行书也是那样，借用的都是汉文行书的笔画、笔法、墨法、章法、指法，这样弄过来的东西，草书也是这样的，篆字也同样是在清代借用汉字的篆字写法形成的。

**刘厚生：** 您的百龙百虎图是最著名的。

**格吐肯：** 对，这是我的百龙百虎图，满文锡伯文一百种。有楷书、行书、草书、狂草，各种书体。楷书是基础，要踏踏实实，楷书学不好不行，年轻人学我，要学我的精神，我早起学习从年轻时一直坚持到现在，几十年一直这样，不要着急。

左起梁芳、格吐肯夫妇、刘厚生、姜小莉（2018 年 8 月）

作为书法家，格吐肯在书法界享有很高声望，也一直在为传承锡伯族的文化艺术而奔波。2005 年，格吐肯在察布查尔县开办了第一期锡伯文书法培训班，此后每年都会赶回家乡开班执教，前后有 100 多名锡伯族书法爱好者接受过格吐肯的专门辅导，目前有八成以上的学员已经熟练地掌握了锡伯文书法的基本要领和书写方法，其中有 15 名优秀学员成为新疆书法协会会员。

## 第二节 与锡伯族青年座谈锡伯语的未来

课题组采访了一位从新疆考入吉林师范大学的锡伯族研究生,他成长在察布查尔锡伯自治县,对当地的历史文化比较熟悉,我们请他谈一谈学习锡伯族语言文字的经历及相关情况。

**采访时间**:2019年7月3日

**采访地点**:吉林师范大学第十一教学楼

**采访目的**:了解锡伯族青年人的语言学习经历,以及对本民族文化的了解情况

**采访者**:姜小莉

**被采访者**:坚强

**被采访者简介**:坚强,男,姓永,永图录哈拉,锡伯语为"yongtur hala"。1979年出生于察布查尔县爱新舍里镇乌朱牛录,从小在锡伯语环境中长大,大学就读于新疆师范大学维吾尔语专业,毕业后工作一段时间后,2018年考入吉林师范大学历史文化学院满族历史文化方向研究生。访谈中,坚强介绍了个人辗转求学的经历、锡伯语学校教育的变化、锡伯族的生产方式变化、节庆习俗以及萨满文化的相关情况。

**姜小莉**:先谈一下自己的情况吧。

**坚强**:我父母都是锡伯族,从小是在锡伯语的环境里长大的。从小在爷爷奶奶跟前长大,所以我的锡伯语还是比较纯正的。

**姜小莉**:你小时候在家里就是说锡伯语吧?

**坚强**:我小时候,在家说锡伯语,到学校里也说,因为我们班里如果有三十个学生,汉族学生两三个,最多五个,我们交流的语言就是锡伯语。汉族的学生回家说汉语,但在学校里面我们的共同语言是锡伯语。我们课程有锡伯文的课程,汉族学生的锡伯文可能比我们考得还要好。

**姜小莉**:你小时候是在哪个小学读书?

**坚强**:我小学就是乌朱牛录小学,现在因为学生少,就合并到依拉齐牛录小学了。乌朱牛录小学以前也叫海军希望小学,后来合并了。

**姜小莉**:上小学的时候都有哪些科目?

**坚强**:就是语文、数学和锡伯文这三种。这三门课的比重是一样的,小学升初中的时候,这三门课都要计分,总分就是三百分,所以锡伯文成绩好,比较拉

分。不过，到六年级的时候，锡伯文的课时不如语文、数学多。我们以后的学生，他们锡伯语就只上到小学三年级或者四年级左右，小学升初中，这门课就不计分了，慢慢就不重视了。

**姜小莉**：大约从什么时间开始不重视的？

**坚强**：我是1991年上的初中，我两个妹妹一个比我小三岁，一个比我小五岁，她们小学大致就是读到三年级，她们的锡伯文文字水平就比我差一些，不会写，看文字也差一些。包括我也是，我上到初中以后，锡伯文就再也没有接触过。

**姜小莉**：小学的时候学习锡伯语是怎样的状态呢？比如教材的深浅程度、老师的教学状态。

**坚强**：当时，有专门的小学一年级到六年级的锡伯文教材，一般是上学期一本、下学期一本，我记得总共是十二本，到六年级的时候，这些教材基本都讲完了，当时老师的水平都很高。语文和数学课，我们的老师也都是用锡伯语来讲的，因为他们都是锡伯族人，他们的汉语水平也比较低，读语文书的时候发音也不是特别标准。特别是小学低年级的时候，当讲一些比较抽象的东西的时候，就会用锡伯语来讲生活中的一些例子，或者课文中的这句话，用锡伯文怎么翻译，会给我们翻译过来，让我们先知道这是什么意思，然后再告诉我们汉语的说法。甚至数学的公式换算，全部都是用锡伯语讲授的。

**姜小莉**：那也就相当于完全生活在锡伯语的环境当中。

**坚强**：对。哪怕是课间、课外、回家，都是在说锡伯语。所以我的普通话都是到了大学一年级才慢慢改正了发音。我到大学的时候，链子和帘子分不清楚，烟和盐分不清楚。我知道那个东西是什么，但是我的发音联系不上。

**姜小莉**：那么你的普通话是进入小学以后才接触的？

**坚强**：课本是与其他汉族学校一样，只是教学的方法和水平比他们要差一些。上学之前汉语和汉字都没有接触过。都是在小学一年级以后学习语文课，才开始接触到汉语，从部首、天、地，这些字开始学起。我当时语文写作文、答试卷没有问题，能达到80多分、90多分，但是如果让我把这篇课文用非常标准的普通话读下来是不可能的，因为我的老师念得都不标准。当然，初中、高中老师的汉语水平就比较高了，绝对不会用锡伯语来教课，因为学校也有规定。

**姜小莉**：初中是在哪里读的？

**坚强**：在爱新舍里镇中学，高中也是在那里。

**姜小莉**：大学你考到了哪里？

**坚强**：新疆师范大学维吾尔语专业。

**姜小莉**：上了大学以后你的主要语言开始转变了吗？

**坚强**：是，到大学之后，95%以上全部用汉语。

**姜小莉**：维吾尔语你在上大学以前接触过吗？

**坚强**：没有，都是上大学以后，从字母开始学起，现在文字上和口语上都可以。维吾尔语的语法特点跟锡伯语、满语是一样的，先后顺序一样，动词全部在后面，而且都是黏着语，就是把动词的现在时、将来时在词尾上变化一下。所以只要你懂了这个词怎么说，语法怎么变，把这些直接套在那个句式上直接说出来就可以了。

**姜小莉**：你原来是学习维吾尔语，现在来吉林师范大学主要为了学习满语还是学习清史？

**坚强**：主要为了学习清史。满语只是一个工具。因为我们锡伯族的命运在清代整体历史当中也是不断变化，一方面是有民族情结，另一方面也是对清史有情结，还有就是国家情结。

**姜小莉**：硕士论文打算做什么方向呢？

**坚强**：我是打算写塔尔巴哈台驻防，我是从新疆出来的，比较熟悉，做田野、查资料，比较方便。

**姜小莉**：现在回到家乡，锡伯语是一种什么使用状态呢？

**坚强**：我跟父母还是用锡伯语，包括兄弟姐妹也是用锡伯语。跟小孩说话，就是一半汉语、一半锡伯语。我姐姐的大女儿是十六岁，二儿子是八岁，但我姐夫是汉族，这些孩子也会锡伯语，但不经常说，汉语用得多，锡伯语也能听懂。

**姜小莉**：你的同龄人彼此之间都用锡伯语还是汉语？

**坚强**：用锡伯语。但是有一种现象，不管是五六十岁的老年人还是中年人，或者是我们这个年龄的人，他们的汉语借词是越来越多了，我的锡伯语是比较好的，因为我是在老人身边长大的，所以我就可以感觉到。他们说话就有很多汉语借词，时不时就蹦出来汉语。但他们的汉语是带着锡伯语调的那种汉语。我自己感觉，这是一个变化。

以前像我父亲那一辈，比如我的大姑姑当时是高中生，她的锡伯语、满语比较好，就是富和春老师那一辈，他们的汉语和锡伯语，各方面的素质也比较好。因为学校教育和国家的教育政策在支撑它。后来一九六几年到一九七几年这段时间，就整个下降了。所以，人们的锡伯语水平是和教育环境和政策支持有非常紧密联系的。

那时候，人们的书面语和口语都非常好，后来书面语慢慢就退化了，懂得文字的人就比较少。像我口语也还算可以，但我的许多同学书面语就比较弱，看文字就慢。人们的口语也在退化，像我的下一辈，我的外甥他们与同学交流就都用汉语了，就别说书面语了，口语都退化了。

**姜小莉：** 假设现在在爱新舍里镇的商店里，大家交流用锡伯语多一些，还是汉语多一些？

**坚强：** 用锡伯语多一些。包括当地的维吾尔族，他们的锡伯语都非常好。当然，如果这个店铺是汉族同胞开的话，比如我妈妈去买东西，她就用非常不地道的汉语与店主交流。或者看这个店家在爱新舍里镇的时间长短，如果刚从外边来的，他可能一句话都听不懂，有些人简单知道一些单词，茶叶、盐怎么说，比如说盐 dabsun，他就可以给你拿出来。但是有些汉族，我认识的一个姐姐，她从小就在我们那里长大的，直接跟她说锡伯语，流利的对话，没有问题。

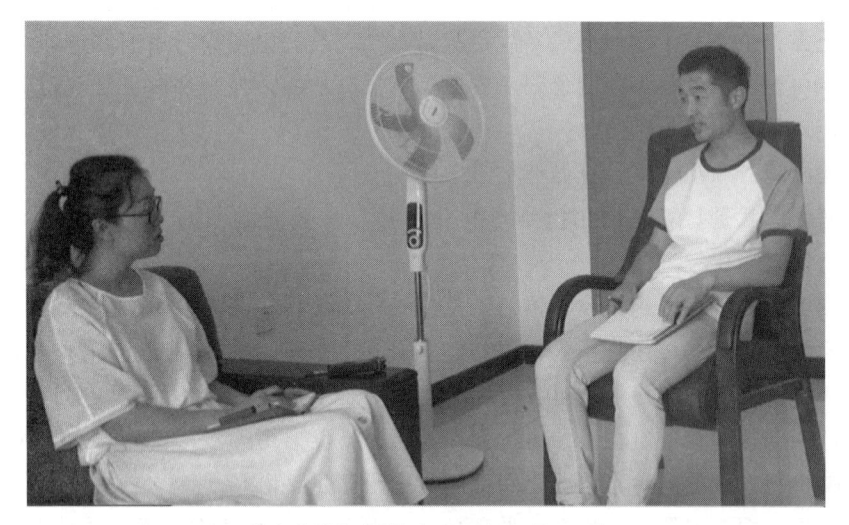

姜小莉访问坚强（2019 年 7 月 3 日）

坚强作为青年一代，经历了察布查尔县锡伯语教育的改革过程，精通锡伯语、汉语、满语和维吾尔语，是名副其实的"多语"人才。2022 年 9 月，他将进入复旦大学继续攻读博士学位。

# 第十九章

# 锡伯族民俗、民歌等的传承与抢救

## 第一节 对锡伯族民俗与民间故事讲述者的访谈

采访时间：2018 年 8 月 10 日

采访地点：爱新舍里镇乌朱牛录

采访目的：以锡伯族的民俗与民间故事为话题，请熟识锡伯族民间文化的李德与孟荣禄用锡、汉双语讲述

采访者：刘厚生、姜小莉、梁芳、胥乃丹、刘飞熊

被采访者：李德、孟荣禄

被采访者简介：李德（1950—），68 岁，佟佳氏，擅长用锡伯语和汉语讲锡伯族的传统故事。

孟荣禄（1978—），40 岁，察布查尔县人，"瑟公锡满文化传播中心"负责人，多年专注于锡伯语和满语的传承工作，熟识本民族文化。

**姜小莉**：咱们锡伯族过年都有哪些讲究？

**孟荣禄**：以前的时候，过年从二十三就开始，送灶奶奶（jun mama）。

大年三十那天，先到坟地上去扫雪，供上供品。要提前准备一下年货，准备"萨斯肯"①。二十九就开始准备了，肉啊这些都准备好了以后，大年三十可以

---

① 萨斯肯，锡伯族传统菜肴，以猪排和干豆角、土豆等炖制。

用。血白肉、萨斯肯,大年三十都是一家大团圆嘛。吃完以后,老人开始包饺子。三十晚上,每家每户,都不关门,把灯都点得亮亮的,小娃娃带着有口袋的衣服就开始拜年。那时候,拜个年,磕个头,给几块糖。如果到哪家家里没人,就给布尔堪①拜年,布尔堪知道就行了。

**姜小莉**:初一有什么活动啊?

**孟荣禄**:初一吃饺子,初二早晨把剩下的面和肉,做成面条吃。

到正月十六是抹黑节,kuduru inenggi。据说,一年的收成比较好,天上的神如果看到地上老百姓过得太好了,来年就该降灾了,麦子有黑丹病。人们就把脸上抹黑黑的,让天上的神仙看到人间过得不好,收成不好,麦子有黑病,又有病虫害,明年就会给老百姓好一点收成。先是晚辈到长辈跟前,跪着给长辈脸上抹一下,然后在同辈之间相互抹,之后再到大街上随便抹。

**李德**:用铁勺把锅底灰刮下来,里面再倒上一些清油,和一下,再抹起来。早上一起来就开始抹,一上午就结束了。十六那天,五谷粮食不生"黑丹病",有这种说法。

**孟荣禄**:我们锡伯族过年过一整月,以前交通不便利的时候,锡伯族有的人住在塔城、霍城、伊车嘎善,他们如果过来拜年路上需要很长时间,所以给他们留出时间。一个月都是在过年。

**李德**:说起这个吃饺子,我们锡伯族有一种传说。就是康熙年间,皇帝想跟咱们全国老百姓吃一顿饭,下边的大臣们给他出了个主意,四更起床吃饭,五更上朝,就下令让老百姓四更天都起来吃一顿饺子。因此,四更天的时候,皇帝也吃饺子,老百姓也吃饺子,就是一块吃了一顿饺子的传说。我们老人叫小娃娃的时候,都说:"赶紧起来,你们如果不起来,就不能跟皇帝一块吃饭了,赶紧起来。"因此,初一早晨都叫我们早早起来。

**孟荣禄**:清明节,上坟,烧纸钱,供饭,也要过一个月。

**李德**:五月五,sunja biya ice sunja,是泼水节。

**孟荣禄**:有一个艾蒿,要把它挂在窗子上,家里孩子如果身体不好的话,可以扎小人,放到水沟里。泼水也是把病泼走的意思。到大街上互相泼,以前我小时候过这个节,现在都不过了。我们大学的时候,泼水节都成了我们班的节日。

**李德**:有一个节日最重要,就是五月二十三的磨刀节。就是咱们锡伯族供关羽,会宰牛、宰羊,在庙的大院子里开始磨刀,那就是一个节日。在关老爷跟前,供香,献肉。

**姜小莉**:锡伯族人除了会锡伯语还会其他民族的语言吗?

---

① 布尔堪,锡伯族西墙上方供奉的神位。

**李德**：我们生活在多民族地区嘛，像我们这样的人都会说哈萨克语、汉语、锡伯语，还有那些湖北人、河南人的话。咱们这个满语、锡伯语，我认为是全世界的语言里最好的一种语言。咱们锡伯语说起外语的名字，直接就可以写。学了锡伯语，学习其他语言就很快。现在慢慢不行了，咱们锡伯语就和混沌刚开的时候一样了，之后往哪里走就不知道了。世界教科文组织如果能保护就好了。

刘厚生与李德（右）（2018年8月10日）

李德是一位朴实的锡伯族农民，虽受学校教育不多，但锡伯语与锡伯文水平很高，此次采访他以锡汉双语讲述了锡伯族的民俗和民间故事，调研组全程录音录像，留下了珍贵的研究资料。

## 第二节 采访锡伯族民间歌手

采访时间：2018年8月10日
采访地点：爱新舍里镇依拉齐牛录
采访目的：以锡伯族传统民间文艺——朱伦念说和民歌为话题，请伊林老人用锡伯语和汉语讲述和演唱

**采访者**：刘厚生、姜小莉、孟荣禄、胥乃丹、梁芳、刘飞熊

**被采访者**：伊林

**被采访者简介**：伊林，永图录哈拉。1945 年出生，今年 73 岁，尤其擅长锡伯族民歌。

伊林先生唱民歌（2018 年 8 月 10 日）

**刘飞熊**：您小时候有"朱伦呼拉"①吗？

**伊林**：有。出现了电视以后，"朱伦呼拉"就没有了。那时都在家里，他们都是爱好，有时间就在家里唱"朱伦呼拉"，有三国演义、瓦岗寨、水浒这些。

**刘飞熊**：唱"朱伦呼拉"的人要收东西吗？

**伊林**：不用，他自己爱"朱伦呼拉"，别人都到他房子里去。那个爱念朱伦的人嘛，人越多他越高兴。冬天的时候，天天晚上都讲，一开春就没有了。现在没有会讲成套朱伦的人了，我也不会。

**姜小莉**：您小时候，过年的时候老人都会唱一些锡伯族歌吧？

**伊林**：除夕的时候唱，过年过节的时候唱歌，跳贝伦舞，不过我不会跳，孙子会跳。

**姜小莉**：您是喜欢唱歌，对吧？

**伊林**：是，从小经常听，我父亲喜欢唱歌，我母亲也喜欢。我在小学时在歌唱队里，爱唱歌。从初中毕业回来以后，在地里也经常唱歌。那时候，唱民歌的人也多。这些调都是锡伯族的老调，2014 年的时候，有一帮人来了说是要拍电视剧

---

① 朱伦呼拉：又称朱伦念说。锡伯族的一种民间曲艺形式，以一定的音调唱诵长篇小说或故事。

收集一些民间歌曲，我给他们唱了，他们说收获不少，已经二十多个曲子了。

**姜小莉**：您做过 okdoro ama① 吗？都做点什么呀？

**伊林**：我做过。去了以后，给他们活跃一下，唱个歌、跳个舞。在结婚之前头一天过去，再送亲，马车上装了羊、肉、菜这些，要送到女方家。okdoro ama 和 okdoro eniye 就是男方带去的人。去了以后，把这些交给他们。女方如果满意的话，就没有事了，如果不满意的话，拿去的太少了，酒够不够，羊少了，肉少了，出了这些事情，okdoro ama 和 okdoro eniye 就有调节作用。还有些时候，酒不够的话，再加一点，问女方父母是否满意。这天晚上，大家就高兴一下，喝点酒，需要唱歌就唱一下，就是让对方高兴。唱的歌都是结婚时的歌。

**孟荣禄**：有时候，女方也会叫一些唱歌厉害的人来，跟男方来的人对歌，对歌的时候是现编词，歌词里面是有含义的，他用歌问，这边要能答上来，答完以后还要反问他，他再用歌词来回。对答的时候要会押韵，用词还要巧妙。这个很难，水平相当高。

**伊林**：我给你们唱几首，一个是喜宴歌，sarin ucun。

---

fulgiyan šun tucime jihe, je
红太阳出来了
abkai fejergibe eldembuhe, je
照耀天下
fujurungga unggata jifi, je
庄重的长辈们来了
funtuhun boobe eldembuhe, je
蓬荜生辉
sain inenggi be tuwaha, je
看了好日子
sarin i dorobe dagilaha, je
设下喜宴
sadun unggatasai keside seci, je
亲家长辈的恩情
sain holbon be šanggabuha, je
成就好姻缘

---

① okdoro ama，锡伯族迎亲队伍中有老年男女各一人，作为迎亲长辈，他们必须能歌善舞，称为 okdoro ama 和 okdoro eniye。

**伊林：** 还有一首叫《定亲之歌》，urun hejere ucun——

jalan dorode baitangga，
辈分礼
jala oci bairengge，
请求媒人
jakūn derede fujurulaci，
问八字
ja i baharakūngge jalungge.
容易　不得的　满
Tukta mudan genembi，
第一次去
Tutala dambaku tebumbi，
装烟
Torgibume horgibume gisurehei，
婉转着说
Tondokon jonome deribumbi.
开始直接提起
Saikan gisuni yarumbi，
行好话
Sadulaki seme jonombi，
提亲
Sashvdame sirkedehei，
连续不断
Sain hesebe bahambi.
求得好允诺
Jai mudan genere doro，
第二次去的礼节
Jala yeye musei doro，
媒人交待咱们的礼节
Juru fulgiyan sucede seci，
一对红瓶子
Jalu tebuhengge urgun nure.
装满喜酒

**伊林**：还有一首——

Wenjehun sarin

热闹的喜宴

Urgun ninggude urgun

喜上之喜

Sebjen ninggude sebjen,

乐上之乐

Ice niyalma i sarinde seci,

新人喜宴上

uculerengge urgun ucun.

唱着喜庆之歌

Ice etukube gaju,

拿来新衣

Sarin dorobe yabubu.

行宴会之礼

Ice niyalmabe sabuhade,

看那新人

Juru hvntahabe gaiki.

拿着双杯

Ice niyalmabe sabuhade,

看那新人

Juru hvntahabe gaiki.

拿着双杯

**姜小莉**：歌词中说举双杯，为什么是双杯呢？

**孟荣禄**：给客人敬酒要敬双杯，一对，客人能喝要把两个都喝干，如果不能喝就这个抿一口，那个抿一口。

## 结语

锡伯族与满族有着密切联系，二者的语言与文化高度相近。鉴于锡伯族语言文字传承日渐式微的状况，我们建议：

（1）调整国家政策导向，继续推进双语教育。国家应继续推进双语教育政策，加强少数民族语言的传承。

在具体执行中，可吸取以往的教学经验，在符合条件的学前班和小学锡伯语文教学，创造"沉浸式"的母语教学环境，在教材编排、教学的内容、课时安排、师资队伍等方面都应有具体规定，从而使学生学而有获。

学校方面，除了应有的锡语教学外，更要多开展些课外活动，以此鼓励锡伯语的使用，例如定期开展锡语演讲比赛，用锡语举办联欢晚会，用锡语进行辩论赛、知识竞赛等。在以锡伯族学生为主的学校，在课间也可播放锡语广播，使学生在课余时间能够有一个良好的接触、学习、使用锡语的机会。

（2）贯彻国家非物质文化遗产保护政策，对锡伯族传统文化进行挖掘与保护。锡伯族历史悠久，民族文化丰富。目前已有锡伯族刺绣、西迁节、清明节、抹黑节等列入国家和自治区非遗名录。除此以外，锡伯族还有许多优秀民族文化资源有待开发，如锡伯文古籍、家谱、锡伯语朱伦等。

民族古籍方面，锡伯族在清代西迁新疆时，就带去了很多满文古籍，比较著名的有《三国演义》《水浒传》《聊斋志异》等，收藏于民间，很多都是珍贵的手抄本，具有一定的书法价值。

家谱方面，锡伯族一直保持着修家谱的习惯，各家族保留着纸质或布制的家谱，年代可追溯至乾隆年间，极其珍贵。但随着时代的发展，年轻一代对此并不重视，保护现状堪忧。一些锡伯族学者曾进行过初步的搜集和整理，但限于力量，大量的家谱仍散落民间，关注者较少，应对此加以重视，进行广泛征集与集中收藏，并组织专家进行整理与研究。

朱伦念说是锡伯族传统说唱艺术，以一定的曲调讲诵《三国演义》《七侠五义》等长篇故事或传说，在娱乐活动不丰富的年代，人们在农闲时节，聚到念说人的家中，消磨一段时光，应努力将此项民间文化传承下去。

（3）开拓锡伯语文在网络空间的应用。当前，随着高新技术的快速发展，网络空间的语言生活，已经成为我国各民族语言文化现代化发展的一项重要内容。同我国其他民族语文一样，锡伯语文也面临着面向现代化、信息化发展的机遇。善于利用信息化的手段和成果，可以极大地促进锡伯语文的保护与发展工作。

建议建立锡伯语（满语）语料库，汉语、锡伯语名词术语数据库，集成锡伯语的语言资源，实现语言资料共享；为锡伯文信息处理、语言文字规范标准制定、社会语言生活的监测引导、应用语言学研究等打下坚实的基础，面向社会提供应用。

建议建立锡伯语传播公众号，录制喜闻乐见的锡伯语小视频，吸引锡伯族民众在业余时间进行学习。这方面的工作仍处于起步阶段，有待更多的有识之士投入其中，扩大影响。

综合以上调研内容，我们认为察布查尔锡伯自治县作为锡伯自治县，保存有相当丰富且有价值的物质和文化内容。作为中华文化不可或缺的重要组成部分，除了当地政府和百姓提高认识对其加以保护外，国家也应该投入必要的政策鼓励和资金支持，使锡伯族文化得以保存和传承。

# 参考文献

[1] 姜相顺：《辽滨塔满族家祭》，辽宁人民出版社1991年版。

[2] 刘景宪、赵阿平、赵金纯：《满语研究通论》，朝鲜民族出版社1997年版。

[3] 佟永功：《功在史册：满语满文及文献》，辽海出版社1997年版。

[4] 张佳生：《满族文化史》，辽宁民族出版社1999年版。

[5] 赵志忠：《清代满语文学史略》，辽宁民族出版社2002年版。

[6] 关嘉禄、佟永功：《简明满文文法》，辽宁民族出版社2002年版。

[7] 李燕光、关捷：《满族通史》，辽宁民族出版社2003年版。

[8] 戴庆厦：《社会语言学概论》，商务印书馆2004年版。

[9] 赵阿平：《满族语言与历史文化》，民族出版社2006年版。

[10] 佟永功：《满语文与满文档案研究》，辽宁民族出版社2009年版。

[11] 关嘉禄：《清史满学暨京剧艺术研究》，社会科学文献出版社2012年版。

[12] 波·少布主编：《黑龙江满族》，哈尔滨出版社2008年版。

[13] 中国科学院近代史研究所编：《沙俄侵华史》（一~三卷），人民出版社1976年版。

[14] 国家民委《民族问题五种丛书》编写组：《满族简史》，民族出版社2009年版。

[15] 赵展：《满族文化与宗教研究》，辽宁民族出版社1997年版。

[16] 关纪新：《中国满族》（画册），中央民族学院出版社1993年版。

[17] 曾武、杨丰陌主编：《满族民俗万象》，辽宁民族出版社2008年版。

[18] 黑龙江省地方志编纂委员会：《黑龙江省志·民族志》，黑龙江人民出版社1998年版。

[19] 干志耿、孙秀仁：《黑龙江古代民族史纲》，黑龙江人民出版社1987年版。

[20] 艾书琴、曲伟主编：《黑龙江通史》，社会科学文献出版社2019年版。

[21] 战继发主编：《国外黑龙江史料提要》，社会科学文献出版社2018年版。

[22] 《满洲实录》，中华书局影印本，1986年。

[23] 张伯英：《黑龙江志稿》，黑龙江人民出版社1992年版。

[24] 中国第一历史档案馆编译：《锡伯族档案史料》，辽宁民族出版社1989年版。

[25] 《锡伯族简史》编写组：《锡伯族简史》，民族出版社1986年版。

[26] 贺灵、佟克力：《锡伯族史》，新疆人民出版社1993年版。

[27] 佟克力：《中国新疆民族民俗知识丛书——锡伯族》，新疆美术摄影出版社1996年版。

[28] 李树兰、仲谦：《锡伯语简志》，民族出版社1986年版。

[29] 李树兰、仲谦、王庆丰：《锡伯语口语研究》，民族出版社1984年版。

[30] 贺灵、佟克力：《锡伯族风俗志》，中央民族大学出版社1994年版。

[31] 《中国锡伯族双语研究》，新疆科学技术出版社2004年版。

[32] 何荣伟：《满语365句》，辽宁民族出版社2009年版。

[33] 姜小莉、刘厚生：《伊尔根觉罗赵氏家族》，吉林文史出版社2016年版。

[34] 胡旺林：《明清档案事业九十年》，人民出版社2016年版。

[35] 刘厚生：《满语文教程》，吉林文史出版社2008年版。

[36] 刘厚生、李乐营：《汉满词典》，民族出版社2004年版。

[37] 刘厚生、关克笑、沈微、牛建强：《简明满汉词典》，河南大学出版社1988年版。

[38] 刘厚生：《中国长白山文化》，吉林出版集团有限责任公司2014年版。

[39] 张晓琼、何晓芳：《满族：辽宁新宾县腰站村调查》，云南大学出版社2004年版。

[40] 郭淑云：《原始活态文化：萨满教透视》，上海人民出版社2001年版。

[41] [英] 爱德华·泰勒著、连树声译：《原始文化：神话、哲学、宗教、语言、艺术和习俗发展之研究》，广西师范大学出版社2005年版。

[42] 孟慧英：《寻找神秘的萨满世界》，西苑出版社2004年版。

[43] 于鹏翔：《满语词法学 感知·传播·研究》，吉林文史出版社2008年版。

[44] 高名凯、石安石：《语言学概论》，中华书局1963年版。

[45] 富育光、孟慧英：《满族萨满教研究》，北京大学出版社1991年版。

[46] 富育光：《萨满教与神话》，辽宁大学出版社1990年版。

[47] 李治廷：《爱新觉罗家族全书》，吉林人民出版社1997年版。

[48] 郑天挺：《探微集》，中华书局1980年版。

［49］王钟瀚:《清史补考》,辽宁大学出版社2004年版。
［50］闫崇年:《满学研究》,民族出版社2002年版。
［51］吕萍:《中国满学》,吉林文史出版社2009年版。
［52］傅波:《满族佟佳氏研究》,辽宁民族出版社2003年版。
［53］爱新觉罗·瀛生:《老北京与满族》,学苑出版社2005年版。

# 后　记

2016年我们荣幸获得教育部哲学社会科学研究重大课题攻关项目（16JZD033）《中国满语文保护抢救口述史与满语音像资料库建构》。我们用了三年的时间对东北三省、京津冀、新疆等地作了大量的调研和考查，组织了六个课题组，成员近百人，受访者（包括问卷调查对象）逾千人，重点采访了167人，累计视频资料约300G，满语口语3 000句，口述史文字资料百余万言。本书中的照片除几张老照片外，均为课题组成员拍摄。对全国满语言文化的历史和现状进行了深入的普查，对今后如何保护和抢救满语文提出一些思考和建议，从而让更多的人了解和关心满语文，使其得到保护、传承及应用，这是出版本书的宗旨。

清朝末年，满语文已经丧失了作为语言交际的工具退出了历史舞台。然而清代三百余年遗存的满文历史档案和文字资料堪称浩如烟海，达数百万件之多。民国之初，清代档案开始为世人所知，然而能够看懂满文档案之人为数寥寥。20世纪二三十年代，出现了首倡学习满语文的汉人学子李德启、张毓全、于道泉等，他们是整理和翻译满文档案之先行者，筚路蓝缕之功令人敬佩。

新中国成立之后，国家便着手对清代档案的整理工作。20世纪50年代初，开始培养满文人才；60年代初，周总理亲自指示中央民族学院开办满文班；70年代初又在中国第一历史档案馆举办满文专修班，反映了国家一直在重视对满语文的保护、抢救及应用。

改革开放以来，满语文不再是少数人掌握的"冷门绝学"。随着东北师范大学、中央民族大学等高校开设满语文课程，带动了社会学习满语文的热潮。满语文走进了中小学课堂，各种社会举办的学习班、进修班如雨后春笋，令人振奋，濒危的满语文有望得到抢救、传承和利用。大量的满文人才茁壮成长，许多人参加了满语文的全国普查和口述史的编纂，满学事业后继有人，清代的文化遗产有望得以深度开发和利用。总结百年来满语文得到保护、抢救、传承、应用的历程，很有学术价值和社会意义。

联合国《岳麓宣言》指出:"保护和促进语言多样性应当与科技发展相结合,通过人工智能、信息通讯等技术推动语言文化的创造性转化、创新性发展和有效传播,积极研发语言数据采集分析工具……。"我们应该践行这个宣言,展现我们的文化自信,牢牢掌握话语权。满语文的抢救、传承和利用工作任重道远!

许多人为本书的编撰付出了辛苦,受访的诸多单位领导和个人给予我们极大的热情和支持,在此一并表示感谢!

最后,我们要特别感谢教育部社科司、东北师范大学社科处以及经济科学出版社,在他们的支持下,这部书才得以付梓。

由于参与人数众多,涉及面广,本书所研究内容难免挂一漏万,请读者谅解并提出宝贵意见,以便我们作进一步修改。

刘厚生

2022 年 3 月 8 日

# 教育部哲学社会科学研究重大课题攻关项目成果出版列表

| 序号 | 书　名 | 首席专家 |
|---|---|---|
| 1 | 《马克思主义基础理论若干重大问题研究》 | 陈先达 |
| 2 | 《马克思主义理论学科体系建构与建设研究》 | 张雷声 |
| 3 | 《马克思主义整体性研究》 | 逄锦聚 |
| 4 | 《改革开放以来马克思主义在中国的发展》 | 顾钰民 |
| 5 | 《新时期　新探索　新征程——当代资本主义国家共产党的理论与实践研究》 | 聂运麟 |
| 6 | 《坚持马克思主义在意识形态领域指导地位研究》 | 陈先达 |
| 7 | 《当代资本主义新变化的批判性解读》 | 唐正东 |
| 8 | 《当代中国人精神生活研究》 | 童世骏 |
| 9 | 《弘扬与培育民族精神研究》 | 杨叔子 |
| 10 | 《当代科学哲学的发展趋势》 | 郭贵春 |
| 11 | 《服务型政府建设规律研究》 | 朱光磊 |
| 12 | 《地方政府改革与深化行政管理体制改革研究》 | 沈荣华 |
| 13 | 《面向知识表示与推理的自然语言逻辑》 | 鞠实儿 |
| 14 | 《当代宗教冲突与对话研究》 | 张志刚 |
| 15 | 《马克思主义文艺理论中国化研究》 | 朱立元 |
| 16 | 《历史题材文学创作重大问题研究》 | 童庆炳 |
| 17 | 《现代中西高校公共艺术教育比较研究》 | 曾繁仁 |
| 18 | 《西方文论中国化与中国文论建设》 | 王一川 |
| 19 | 《中华民族音乐文化的国际传播与推广》 | 王耀华 |
| 20 | 《楚地出土戰國簡册［十四種］》 | 陈　伟 |
| 21 | 《近代中国的知识与制度转型》 | 桑　兵 |
| 22 | 《中国抗战在世界反法西斯战争中的历史地位》 | 胡德坤 |
| 23 | 《近代以来日本对华认识及其行动选择研究》 | 杨栋梁 |
| 24 | 《京津冀都市圈的崛起与中国经济发展》 | 周立群 |
| 25 | 《金融市场全球化下的中国监管体系研究》 | 曹凤岐 |
| 26 | 《中国市场经济发展研究》 | 刘　伟 |
| 27 | 《全球经济调整中的中国经济增长与宏观调控体系研究》 | 黄　达 |
| 28 | 《中国特大都市圈与世界制造业中心研究》 | 李廉水 |

| 序号 | 书名 | 首席专家 |
| --- | --- | --- |
| 29 | 《中国产业竞争力研究》 | 赵彦云 |
| 30 | 《东北老工业基地资源型城市发展可持续产业问题研究》 | 宋冬林 |
| 31 | 《转型时期消费需求升级与产业发展研究》 | 臧旭恒 |
| 32 | 《中国金融国际化中的风险防范与金融安全研究》 | 刘锡良 |
| 33 | 《全球新型金融危机与中国的外汇储备战略》 | 陈雨露 |
| 34 | 《全球金融危机与新常态下的中国产业发展》 | 段文斌 |
| 35 | 《中国民营经济制度创新与发展》 | 李维安 |
| 36 | 《中国现代服务经济理论与发展战略研究》 | 陈 宪 |
| 37 | 《中国转型期的社会风险及公共危机管理研究》 | 丁烈云 |
| 38 | 《人文社会科学研究成果评价体系研究》 | 刘大椿 |
| 39 | 《中国工业化、城镇化进程中的农村土地问题研究》 | 曲福田 |
| 40 | 《中国农村社区建设研究》 | 项继权 |
| 41 | 《东北老工业基地改造与振兴研究》 | 程 伟 |
| 42 | 《全面建设小康社会进程中的我国就业发展战略研究》 | 曾湘泉 |
| 43 | 《自主创新战略与国际竞争力研究》 | 吴贵生 |
| 44 | 《转轨经济中的反行政性垄断与促进竞争政策研究》 | 于良春 |
| 45 | 《面向公共服务的电子政务管理体系研究》 | 孙宝文 |
| 46 | 《产权理论比较与中国产权制度变革》 | 黄少安 |
| 47 | 《中国企业集团成长与重组研究》 | 蓝海林 |
| 48 | 《我国资源、环境、人口与经济承载能力研究》 | 邱 东 |
| 49 | 《"病有所医"——目标、路径与战略选择》 | 高建民 |
| 50 | 《税收对国民收入分配调控作用研究》 | 郭庆旺 |
| 51 | 《多党合作与中国共产党执政能力建设研究》 | 周淑真 |
| 52 | 《规范收入分配秩序研究》 | 杨灿明 |
| 53 | 《中国社会转型中的政府治理模式研究》 | 娄成武 |
| 54 | 《中国加入区域经济一体化研究》 | 黄卫平 |
| 55 | 《金融体制改革和货币问题研究》 | 王广谦 |
| 56 | 《人民币均衡汇率问题研究》 | 姜波克 |
| 57 | 《我国土地制度与社会经济协调发展研究》 | 黄祖辉 |
| 58 | 《南水北调工程与中部地区经济社会可持续发展研究》 | 杨云彦 |
| 59 | 《产业集聚与区域经济协调发展研究》 | 王 珺 |

| 序号 | 书　名 | 首席专家 |
|---|---|---|
| 60 | 《我国货币政策体系与传导机制研究》 | 刘　伟 |
| 61 | 《我国民法典体系问题研究》 | 王利明 |
| 62 | 《中国司法制度的基础理论问题研究》 | 陈光中 |
| 63 | 《多元化纠纷解决机制与和谐社会的构建》 | 范　愉 |
| 64 | 《中国和平发展的重大前沿国际法律问题研究》 | 曾令良 |
| 65 | 《中国法制现代化的理论与实践》 | 徐显明 |
| 66 | 《农村土地问题立法研究》 | 陈小君 |
| 67 | 《知识产权制度变革与发展研究》 | 吴汉东 |
| 68 | 《中国能源安全若干法律与政策问题研究》 | 黄　进 |
| 69 | 《城乡统筹视角下我国城乡双向商贸流通体系研究》 | 任保平 |
| 70 | 《产权强度、土地流转与农民权益保护》 | 罗必良 |
| 71 | 《我国建设用地总量控制与差别化管理政策研究》 | 欧名豪 |
| 72 | 《矿产资源有偿使用制度与生态补偿机制》 | 李国平 |
| 73 | 《巨灾风险管理制度创新研究》 | 卓　志 |
| 74 | 《国有资产法律保护机制研究》 | 李曙光 |
| 75 | 《中国与全球油气资源重点区域合作研究》 | 王　震 |
| 76 | 《可持续发展的中国新型农村社会养老保险制度研究》 | 邓大松 |
| 77 | 《农民工权益保护理论与实践研究》 | 刘林平 |
| 78 | 《大学生就业创业教育研究》 | 杨晓慧 |
| 79 | 《新能源与可再生能源法律与政策研究》 | 李艳芳 |
| 80 | 《中国海外投资的风险防范与管控体系研究》 | 陈菲琼 |
| 81 | 《生活质量的指标构建与现状评价》 | 周长城 |
| 82 | 《中国公民人文素质研究》 | 石亚军 |
| 83 | 《城市化进程中的重大社会问题及其对策研究》 | 李　强 |
| 84 | 《中国农村与农民问题前沿研究》 | 徐　勇 |
| 85 | 《西部开发中的人口流动与族际交往研究》 | 马　戎 |
| 86 | 《现代农业发展战略研究》 | 周应恒 |
| 87 | 《综合交通运输体系研究——认知与建构》 | 荣朝和 |
| 88 | 《中国独生子女问题研究》 | 风笑天 |
| 89 | 《我国粮食安全保障体系研究》 | 胡小平 |
| 90 | 《我国食品安全风险防控研究》 | 王　硕 |

| 序号 | 书　名 | 首席专家 |
|---|---|---|
| 91 | 《城市新移民问题及其对策研究》 | 周大鸣 |
| 92 | 《新农村建设与城镇化推进中农村教育布局调整研究》 | 史宁中 |
| 93 | 《农村公共产品供给与农村和谐社会建设》 | 王国华 |
| 94 | 《中国大城市户籍制度改革研究》 | 彭希哲 |
| 95 | 《国家惠农政策的成效评价与完善研究》 | 邓大才 |
| 96 | 《以民主促进和谐——和谐社会构建中的基层民主政治建设研究》 | 徐　勇 |
| 97 | 《城市文化与国家治理——当代中国城市建设理论内涵与发展模式建构》 | 皇甫晓涛 |
| 98 | 《中国边疆治理研究》 | 周　平 |
| 99 | 《边疆多民族地区构建社会主义和谐社会研究》 | 张先亮 |
| 100 | 《新疆民族文化、民族心理与社会长治久安》 | 高静文 |
| 101 | 《中国大众媒介的传播效果与公信力研究》 | 喻国明 |
| 102 | 《媒介素养：理念、认知、参与》 | 陆　晔 |
| 103 | 《创新型国家的知识信息服务体系研究》 | 胡昌平 |
| 104 | 《数字信息资源规划、管理与利用研究》 | 马费成 |
| 105 | 《新闻传媒发展与建构和谐社会关系研究》 | 罗以澄 |
| 106 | 《数字传播技术与媒体产业发展研究》 | 黄升民 |
| 107 | 《互联网等新媒体对社会舆论影响与利用研究》 | 谢新洲 |
| 108 | 《网络舆论监测与安全研究》 | 黄永林 |
| 109 | 《中国文化产业发展战略论》 | 胡惠林 |
| 110 | 《20世纪中国古代文化经典在域外的传播与影响研究》 | 张西平 |
| 111 | 《国际传播的理论、现状和发展趋势研究》 | 吴　飞 |
| 112 | 《教育投入、资源配置与人力资本收益》 | 闵维方 |
| 113 | 《创新人才与教育创新研究》 | 林崇德 |
| 114 | 《中国农村教育发展指标体系研究》 | 袁桂林 |
| 115 | 《高校思想政治理论课程建设研究》 | 顾海良 |
| 116 | 《网络思想政治教育研究》 | 张再兴 |
| 117 | 《高校招生考试制度改革研究》 | 刘海峰 |
| 118 | 《基础教育改革与中国教育学理论重建研究》 | 叶　澜 |
| 119 | 《我国研究生教育结构调整问题研究》 | 袁本涛<br>王传毅 |
| 120 | 《公共财政框架下公共教育财政制度研究》 | 王善迈 |

| 序号 | 书　名 | 首席专家 |
|---|---|---|
| 121 | 《农民工子女问题研究》 | 袁振国 |
| 122 | 《当代大学生诚信制度建设及加强大学生思想政治工作研究》 | 黄蓉生 |
| 123 | 《从失衡走向平衡：素质教育课程评价体系研究》 | 钟启泉<br>崔允漷 |
| 124 | 《构建城乡一体化的教育体制机制研究》 | 李　玲 |
| 125 | 《高校思想政治理论课教育教学质量监测体系研究》 | 张耀灿 |
| 126 | 《处境不利儿童的心理发展现状与教育对策研究》 | 申继亮 |
| 127 | 《学习过程与机制研究》 | 莫　雷 |
| 128 | 《青少年心理健康素质调查研究》 | 沈德立 |
| 129 | 《灾后中小学生心理疏导研究》 | 林崇德 |
| 130 | 《民族地区教育优先发展研究》 | 张诗亚 |
| 131 | 《WTO主要成员贸易政策体系与对策研究》 | 张汉林 |
| 132 | 《中国和平发展的国际环境分析》 | 叶自成 |
| 133 | 《冷战时期美国重大外交政策案例研究》 | 沈志华 |
| 134 | 《新时期中非合作关系研究》 | 刘鸿武 |
| 135 | 《我国的地缘政治及其战略研究》 | 倪世雄 |
| 136 | 《中国海洋发展战略研究》 | 徐祥民 |
| 137 | 《深化医药卫生体制改革研究》 | 孟庆跃 |
| 138 | 《华侨华人在中国软实力建设中的作用研究》 | 黄　平 |
| 139 | 《我国地方法制建设理论与实践研究》 | 葛洪义 |
| 140 | 《城市化理论重构与城市化战略研究》 | 张鸿雁 |
| 141 | 《境外宗教渗透论》 | 段德智 |
| 142 | 《中部崛起过程中的新型工业化研究》 | 陈晓红 |
| 143 | 《农村社会保障制度研究》 | 赵　曼 |
| 144 | 《中国艺术学学科体系建设研究》 | 黄会林 |
| 145 | 《人工耳蜗术后儿童康复教育的原理与方法》 | 黄昭鸣 |
| 146 | 《我国少数民族音乐资源的保护与开发研究》 | 樊祖荫 |
| 147 | 《中国道德文化的传统理念与现代践行研究》 | 李建华 |
| 148 | 《低碳经济转型下的中国排放权交易体系》 | 齐绍洲 |
| 149 | 《中国东北亚战略与政策研究》 | 刘清才 |
| 150 | 《促进经济发展方式转变的地方财税体制改革研究》 | 钟晓敏 |
| 151 | 《中国—东盟区域经济一体化》 | 范祚军 |

| 序号 | 书　名 | 首席专家 |
|---|---|---|
| 152 | 《非传统安全合作与中俄关系》 | 冯绍雷 |
| 153 | 《外资并购与我国产业安全研究》 | 李善民 |
| 154 | 《近代汉字术语的生成演变与中西日文化互动研究》 | 冯天瑜 |
| 155 | 《新时期加强社会组织建设研究》 | 李友梅 |
| 156 | 《民办学校分类管理政策研究》 | 周海涛 |
| 157 | 《我国城市住房制度改革研究》 | 高　波 |
| 158 | 《新媒体环境下的危机传播及舆论引导研究》 | 喻国明 |
| 159 | 《法治国家建设中的司法判例制度研究》 | 何家弘 |
| 160 | 《中国女性高层次人才发展规律及发展对策研究》 | 佟　新 |
| 161 | 《国际金融中心法制环境研究》 | 周仲飞 |
| 162 | 《居民收入占国民收入比重统计指标体系研究》 | 刘　扬 |
| 163 | 《中国历代边疆治理研究》 | 程妮娜 |
| 164 | 《性别视角下的中国文学与文化》 | 乔以钢 |
| 165 | 《我国公共财政风险评估及其防范对策研究》 | 吴俊培 |
| 166 | 《中国历代民歌史论》 | 陈书录 |
| 167 | 《大学生村官成长成才机制研究》 | 马抗美 |
| 168 | 《完善学校突发事件应急管理机制研究》 | 马怀德 |
| 169 | 《秦简牍整理与研究》 | 陈　伟 |
| 170 | 《出土简帛与古史再建》 | 李学勤 |
| 171 | 《民间借贷与非法集资风险防范的法律机制研究》 | 岳彩申 |
| 172 | 《新时期社会治安防控体系建设研究》 | 宫志刚 |
| 173 | 《加快发展我国生产服务业研究》 | 李江帆 |
| 174 | 《基本公共服务均等化研究》 | 张贤明 |
| 175 | 《职业教育质量评价体系研究》 | 周志刚 |
| 176 | 《中国大学校长管理专业化研究》 | 宣　勇 |
| 177 | 《"两型社会"建设标准及指标体系研究》 | 陈晓红 |
| 178 | 《中国与中亚地区国家关系研究》 | 潘志平 |
| 179 | 《保障我国海上通道安全研究》 | 吕　靖 |
| 180 | 《世界主要国家安全体制机制研究》 | 刘胜湘 |
| 181 | 《中国流动人口的城市逐梦》 | 杨菊华 |
| 182 | 《建设人口均衡型社会研究》 | 刘渝琳 |
| 183 | 《农产品流通体系建设的机制创新与政策体系研究》 | 夏春玉 |

| 序号 | 书名 | 首席专家 |
|---|---|---|
| 184 | 《区域经济一体化中府际合作的法律问题研究》 | 石佑启 |
| 185 | 《城乡劳动力平等就业研究》 | 姚先国 |
| 186 | 《20世纪朱子学研究精华集成——从学术思想史的视角》 | 乐爱国 |
| 187 | 《拔尖创新人才成长规律与培养模式研究》 | 林崇德 |
| 188 | 《生态文明制度建设研究》 | 陈晓红 |
| 189 | 《我国城镇住房保障体系及运行机制研究》 | 虞晓芬 |
| 190 | 《中国战略性新兴产业国际化战略研究》 | 汪涛 |
| 191 | 《证据科学论纲》 | 张保生 |
| 192 | 《要素成本上升背景下我国外贸中长期发展趋势研究》 | 黄建忠 |
| 193 | 《中国历代长城研究》 | 段清波 |
| 194 | 《当代技术哲学的发展趋势研究》 | 吴国林 |
| 195 | 《20世纪中国社会思潮研究》 | 高瑞泉 |
| 196 | 《中国社会保障制度整合与体系完善重大问题研究》 | 丁建定 |
| 197 | 《民族地区特殊类型贫困与反贫困研究》 | 李俊杰 |
| 198 | 《扩大消费需求的长效机制研究》 | 臧旭恒 |
| 199 | 《我国土地出让制度改革及收益共享机制研究》 | 石晓平 |
| 200 | 《高等学校分类体系及其设置标准研究》 | 史秋衡 |
| 201 | 《全面加强学校德育体系建设研究》 | 杜时忠 |
| 202 | 《生态环境公益诉讼机制研究》 | 颜运秋 |
| 203 | 《科学研究与高等教育深度融合的知识创新体系建设研究》 | 杜德斌 |
| 204 | 《女性高层次人才成长规律与发展对策研究》 | 罗瑾琏 |
| 205 | 《岳麓秦简与秦代法律制度研究》 | 陈松长 |
| 206 | 《民办教育分类管理政策实施跟踪与评估研究》 | 周海涛 |
| 207 | 《建立城乡统一的建设用地市场研究》 | 张安录 |
| 208 | 《迈向高质量发展的经济结构转变研究》 | 郭熙保 |
| 209 | 《中国社会福利理论与制度构建——以适度普惠社会福利制度为例》 | 彭华民 |
| 210 | 《提高教育系统廉政文化建设实效性和针对性研究》 | 罗国振 |
| 211 | 《毒品成瘾及其复吸行为——心理学的研究视角》 | 沈模卫 |
| 212 | 《英语世界的中国文学译介与研究》 | 曹顺庆 |
| 213 | 《建立公开规范的住房公积金制度研究》 | 王先柱 |

| 序号 | 书名 | 首席专家 |
|---|---|---|
| 214 | 《现代归纳逻辑理论及其应用研究》 | 何向东 |
| 215 | 《时代变迁、技术扩散与教育变革：信息化教育的理论与实践探索》 | 杨浩 |
| 216 | 《城镇化进程中新生代农民工职业教育与社会融合问题研究》 | 褚宏启 薛二勇 |
| 217 | 《我国先进制造业发展战略研究》 | 唐晓华 |
| 218 | 《融合与修正：跨文化交流的逻辑与认知研究》 | 鞠实儿 |
| 219 | 《中国新生代农民工收入状况与消费行为研究》 | 金晓彤 |
| 220 | 《高校少数民族应用型人才培养模式综合改革研究》 | 张学敏 |
| 221 | 《中国的立法体制研究》 | 陈俊 |
| 222 | 《教师社会经济地位问题：现实与选择》 | 劳凯声 |
| 223 | 《中国现代职业教育质量保障体系研究》 | 赵志群 |
| 224 | 《欧洲农村城镇化进程及其借鉴意义》 | 刘景华 |
| 225 | 《国际金融危机后全球需求结构变化及其对中国的影响》 | 陈万灵 |
| 226 | 《创新法治人才培养机制》 | 杜承铭 |
| 227 | 《法治中国建设背景下警察权研究》 | 余凌云 |
| 228 | 《高校财务管理创新与财务风险防范机制研究》 | 徐明稚 |
| 229 | 《义务教育学校布局问题研究》 | 雷万鹏 |
| 230 | 《高校党员领导干部清正、党政领导班子清廉的长效机制研究》 | 汪曣 |
| 231 | 《二十国集团与全球经济治理研究》 | 黄茂兴 |
| 232 | 《高校内部权力运行制约与监督体系研究》 | 张德祥 |
| 233 | 《职业教育办学模式改革研究》 | 石伟平 |
| 234 | 《职业教育现代学徒制理论研究与实践探索》 | 徐国庆 |
| 235 | 《全球化背景下国际秩序重构与中国国家安全战略研究》 | 张汉林 |
| 236 | 《进一步扩大服务业开放的模式和路径研究》 | 申明浩 |
| 237 | 《自然资源管理体制研究》 | 宋马林 |
| 238 | 《高考改革试点方案跟踪与评估研究》 | 钟秉林 |
| 239 | 《全面提高党的建设科学化水平》 | 齐卫平 |
| 240 | 《"绿色化"的重大意义及实现途径研究》 | 张俊飚 |
| 241 | 《利率市场化背景下的金融风险研究》 | 田利辉 |
| 242 | 《经济全球化背景下中国反垄断战略研究》 | 王先林 |

| 序号 | 书名 | 首席专家 |
|---|---|---|
| 243 | 《中华文化的跨文化阐释与对外传播研究》 | 李庆本 |
| 244 | 《世界一流大学和一流学科评价体系与推进战略》 | 王战军 |
| 245 | 《新常态下中国经济运行机制的变革与中国宏观调控模式重构研究》 | 袁晓玲 |
| 246 | 《推进21世纪海上丝绸之路建设研究》 | 梁 颖 |
| 247 | 《现代大学治理结构中的纪律建设、德治礼序和权力配置协调机制研究》 | 周作宇 |
| 248 | 《渐进式延迟退休政策的社会经济效应研究》 | 席 恒 |
| 249 | 《经济发展新常态下我国货币政策体系建设研究》 | 潘 敏 |
| 250 | 《推动智库建设健康发展研究》 | 李 刚 |
| 251 | 《农业转移人口市民化转型:理论与中国经验》 | 潘泽泉 |
| 252 | 《电子商务发展趋势及对国内外贸易发展的影响机制研究》 | 孙宝文 |
| 253 | 《创新专业学位研究生培养模式研究》 | 贺克斌 |
| 254 | 《医患信任关系建设的社会心理机制研究》 | 汪新建 |
| 255 | 《司法管理体制改革基础理论研究》 | 徐汉明 |
| 256 | 《建构立体形式反腐败体系研究》 | 徐玉生 |
| 257 | 《重大突发事件社会舆情演化规律及应对策略研究》 | 傅昌波 |
| 258 | 《中国社会需求变化与学位授予体系发展前瞻研究》 | 姚 云 |
| 259 | 《非营利性民办学校办学模式创新研究》 | 周海涛 |
| 260 | 《基于"零废弃"的城市生活垃圾管理政策研究》 | 褚祝杰 |
| 261 | 《城镇化背景下我国义务教育改革和发展机制研究》 | 邬志辉 |
| 262 | 《中国满族语言文字保护抢救口述史》 | 刘厚生 |
| | …… | |